科文西方工商管理（MBA）经典文库（创新企业家系列）

整合未来

——《今日美国报》创办人努哈斯自剖发展历程

[美] 艾尔·努哈斯　著
北京科文国略信息公司组织翻译
李瑞珺　李淑珺　译

宇　航　出　版　社
科文（香港）出版公司

著作权合同登记图字：01-98-1944 号

图书在版编目（CIP）数据

整合末来/（美）努哈斯著（Neuharth，A.）；李瑞珺，李淑珺译．．—北京：宇航出版社，1998．10

ISBN 7—80144—197—4

Ⅰ．整…　Ⅱ．①努…　②李…　③李…　Ⅲ．①传记小说—美国—现代　②努哈斯，A．—传记　Ⅳ．1712．45

中国版本图书馆 CIP 数据核字（98）第 26995 号

出版/宇航出版社

科文（香港）出版有限公司

经销/新华书店

批发/宇航出版社发行部（010）68371105 68371057

（北京市阜成路 8 号　邮编 100013）

北京科文剑桥图书公司（010）68420599

（北京图书馆内 K 栋 1 层　邮编 100081）

零售/北京宇航文苑（010）65279190

（北京海淀大街 31 号　邮编 100080）

1998 年 10 月第 1 版　1998 年 10 第 1 次印刷

开本：850×1168　1/32　印张：14　字数：208 千字

印数：1—20000 册　　定价：26．00 元

内 容 提 要

S.O.B(混小子)是《今日美国报》创办人,美国最大的报业集团——甘奈特集团董事长艾尔·努哈斯喜欢的自称。他从讳言自己要名要利,也讲究谦逊处世的陈词滥调,因此他被形容为“什么都干得出来的混小子”。本书是这位颇具争议和传奇色彩的报业巨子在退休时撰写的自传。他不仅仅向读者展示了他从一个地方小报记者,成为国际传媒巨人发展历程;董事会内的斗争和报界内幕以及他所津津乐道的“混小子”性格给他的成功带来种种帮助。更重要的是他以新闻巨头的身份,毫无保留,一五一十地道出他的成败经验——一切商业强者,都是能够整合优势,整合未来的高瞻远瞩者。

努哈斯成功发展大事记

1950年 二战退伍归国的努哈斯大学毕业,在美联社南达科塔州分社任体育记者。同时准备创办自己的报纸《南达运动周报》。仅凭着热情、冒险精神和一份外行的计划书向人们募股。

1952年 《南达运动周报》创刊。全体编制只有3个全职人员和一个兼职人员:努哈斯和他的妻子,合伙人比尔还有一位秘书。那时,努哈斯身兼数职:老板、主编、发行人、记者和广告主管。他们靠改写其他报纸的文章以降低成本,举办读者奖励活动以吸引客户。但因广告收入不足,资金太少,发行量的增加反而给努哈斯带来了严重的财政危机。

1954年9月24日 《南达运动周报》破产,努哈斯将不值一文的股票证明贴满一墙,以铭记这次投资失败。

1954年10月30日 努哈斯以一封就自己创办《南达运动周报》失败经验为主要内容的求职信,得到了《迈阿密先锋报》记者职务。优秀的组织才能和“混小子”的勇气，使他博得了底特律耐特报业集团3位头号人物的青睐。

1957年 努哈斯被升职为底特律耐特报业集团最大报纸《底特律自由新闻报》的高级经营助理，进入集团管理层。努哈斯完成了家乡—迈阿密—底特律的“事业三级跳”。在此背后更重要的是，他完成了记者—编辑—管理者，他自身素质和事业追求上的“三级跳”。

1963年 39岁的努哈斯离开耐特报业，转入纽约甘奈特报业集团，任《罗彻斯特时代联盟报》和《民主纪事报》总经理。甘奈特集团当时远远小于耐特报系，但努哈斯发现甘奈特家族成员没有一人在集团工作，他认为甘奈特集团是一个可以有专业经理人员自由发挥的好地方。

1965年5月1日 努哈斯力劝甘奈特其他成员，在佛罗里达新兴的航空航天城以190万美元的价格买下一家当地报纸，次年改组为《今日报》创刊。展开了努哈斯将甘奈特集团发展为全国性报系的宏图。

1970年 升任甘奈特集团总裁。

1973年 升任甘奈特集团首席执行官。虽然,他进入甘奈特的引路人保罗·米勒仍担任集团董事长一职,但已是位同虚设,没有人再能阻挡努哈斯执掌甘奈特的航船。时年他49岁。

1979年1月1日 努哈斯荣任集团董事长,年薪100万美元。

1979年11月 甘奈特集团岁入首次超过10亿元。

1979年12月 努哈斯以3.62亿的价格并购了联合传播公司,加上70年代中期并购的49家报纸,甘奈特集团成为报业当时最大的公司。新的并购同时带来了董事会内部新的斗争,他成功地战胜了对手,击败了恶意反并购。

1979年12月18日 努哈斯告诉董事会,将用100万元研究新项目发展计划,并定名为NN计划。当时他并没有告诉其他人计划内容,没有要求表决。《今日美国报》偷偷登场了。

1980 年 10 月 28 日　努哈斯向董事会提出 NN 计划，并要求追加 350 万元预算用以进一步规划。也没有要求表决。

1980 年 8 月 25 日　全面提出 NN 计划研究报告。仍没有要求表决。

1981 年 12 月　NN 计划在董事会表决前 10 天，计划泄密。这项开办费用将超过 1 亿美元的全国性报纸计划被媒介暴光。舆论哗然，大家公认这会是一项赔钱计划。甘奈特公司股票在纽约股市下跌 1.25 点。

努哈斯决定低调处理，将 NN 计划改称为 GANSAT 计划—甘奈特卫星信息网络计划，声称该计划是以卫星新闻通讯网络为主要研究目的，全国性报纸仅是其中的一部分，希望能掩人耳目。

1981 年 12 月 15 日　在努哈斯精心安排，长达 1 年的铺垫后，甘奈特集团 12 名董事全票通过发行《今日美国报》。

1981 年 4 月　几种不同风格的报纸原型设计完成，并开始客户测试调查。结果发现，同业人士普遍认为前景悲观,读者调查反映良好。

1982年4月 经营计划出台。计划预计《今日美国报》会在1982、1983和1984年开创前3年内亏损1亿美元。赤字预算会延续到1985年。

1982年9月15日 努哈斯与里根总统夫妇共同庆祝《今日美国报》创刊。努哈斯为报纸定下了5年发展战略和5年计划目标:

发展战略:

1982—1983年为读者年,取悦并抓住读者扩大发行量。

1984—1985年为广告商年,拉住广告商。

1985—1986年为成本控制和高效率管理年。

1987年以后为股东年,开始收取回报的时刻。

5年目标:

1)每天发行量:100万—200万份

2)每份报纸售价0.5元

3)每期有12—14版广告

4)年收入达2亿美元

5)开始盈利

1983 年 4 月 24 日 创刊仅 7 个月后《今日美国报》发行量超过 100 万份，努哈斯创造了美国报业奇迹。

1988 年 4 月 24 日 当努哈斯在《今日美国报》总部举行 5 年发刊庆典时，具有点石成金美誉的投资家沃伦·巴菲特公开向努哈斯承认，“5 年前我本以为《今日美国报》会败得分文不剩。但我错了，现在你们创造了奇迹。”

1989 年 3 月 31 日星期五 65 岁的努哈斯在甘奈特集团工作 26 年后，载誉退休。同时得到了 13.5 万股的退休赠股。那天甘奈特股票市值 35 美元，赠股共计 472.5 万美元。在他担任甘奈特集团首席执行官的 19 年期间，他一共并购了 69 家报纸，16 家电视台（这是美国联邦通讯委员会规定一家企业可以拥有电视台数目的上限）和 29 家广播电台。

1989 年 4 月 3 日星期一 努哈斯退休后的第一个工作日，他发现甘奈特股票上涨到 38 美元一股。企业还在继续发展，但他却带着刚刚升值到 513 万美元的赠股在跃上顶峰之后及时离开了。

目　录

一　当你这么叫我时，请微笑

我怎么敢称自己混小子呢?

我已过世的、亲爱的爸妈会怎么想?

我想他们会大笑而且喜欢这个称呼——特别是我母亲。

她是一个与众不同的寡妇。靠着勇气和机智独立抚养两个男孩长大。她用她自己的方式与无情的现实生活搏斗;她也让我用我自己的方式制定自己的规则。

小时候,我是一个捣蛋鬼。长大后,是个爱开玩笑和讲究权谋霸术的人。

身为《今日美国报》(USA TODAY)的创立者及甘奈特(Gannett)企业的首席执行官,我成为一个广受争议和遭人咒骂的媒体大亨。

人们常叫我混小子,有人面带微笑当面叫,其他人则在背后边窃笑边叫。他们的意思不外是:

* 我是他们的眼中钉、肉中刺。
* 或是,我已赢得他们的崇敬、喜爱、甚至是嫉妒。

在现今世界叫人混小子有个好处,就是你希望它代表什么意思,它就是什么意思。字典的定义不是太模糊或差异太大,要不就根本没这个字。

混小子S.O.B的先驱son of a bitch，于1712年在英国字典里被界定为：鄙俗用语，对他人母亲不利的意思。

但是混小子和狗娘养的一点关系都没有。

在我的字典里，是一个人使用能掌控的所有技巧达成任务——爬上巅峰。尽可能循规蹈矩，但必要时耍点小手段。

这个世界需要各式各样的混小子以维持运作。大部分的人都蛮可爱的，许多人介于中间，一些人则非善类。

当你读本书时，将可以评断这个绰号是多么适合我。尚且可应用于你的朋友、你的敌人——甚至你自己。

只要你微笑，你可以叫任何人混小子。

1. 只有混小子能浮上顶端

“艾尔是个可爱的混小子”

——我两位前妻

那时是耶诞时节，正是欢乐的季节。

1982年12月，也是我那发行才三个月的全国性报纸《今日美国报》陷入争斗和挣扎生存的时候。我以自己特别的方式向人拜年。给家人和朋友温柔慈爱的信笺及电话。给亲近的同事温暖的感谢和祝福。

以下是我给两位主要伙伴，约翰·寇里(John Curley)、约翰·昆恩(John Quinn)的神来之笔：

搞什么鬼！

这里到底由谁负责？

每样事情一定都要我亲自动手吗？

《今日美国报》今天的头版真是天大的灾难。无聊的故事、笨拙的编排。

* 没有足够吸引人的标题。

＊没有对读者有帮助的报道。

＊没有女性或少数民族的照片——只有寻常的白人男性。

＊而且蓝色的天空居然变成紫色的！天呀！

也许你们该寄求职表到《华盛顿邮报》(Washington Post)，照这样下去《今日美国报》挨不到新年了！喂！笨蛋！下星期一请改正过来。

P.S.：那个星期没全然白费，回去找昨天的报纸，头版充满正确编排的范例，如果你们每天按照相同的公式，要推销这份新宝贝报纸给读者和广告商就易如反掌了。圣诞快乐！

我承认那是一个混小子的留言，不过我叫它“情书”。所有的留言我都称它“情书”。数年下来我已写了上千封了。有时措辞强硬，有时委婉，有时两者兼备。但从不拐弯抹角。

我最亲近的两位同事寇里和昆恩——之后成为《今日美国报》顶尖的主管——完全了解信里的每一个字，并且知道我希望他们去处理好。像这样的“情书”也是《今日美国报》5年内，从一无所有到阅读率最高的全国性报纸的原因之一。

生命中一项残忍的事实是：没有人靠安静又耐心的排队等候能爬到高峰，除非你生来就在高峰。如果你生在富贵人家，通往高峰的路已经由家人用金子铺好的话，我的故事也许没什么帮助。除非你想排遣无聊，找点乐子。如果你生在中产阶级或穷人家，需要自寻出路，这些自白应该能帮助你爬上成功的阶梯。

我出生贫困，依照平常的法则，可能注定一辈子都平凡无奇。但现在我不再贫穷，也绝不平凡。

在董事长室和卧室里

在这本书里，我将与你分享特立独行、善变、坚持己见，并告诉你我这么做对我自己、我的家人、朋友、同事和我的敌人代表什么意思。

在事业方面，我们将看到在进入董事长办公室和新闻编辑室去领略成功的销魂和狂喜以及失败的惨状。在我私人生活方面，将从家里的房间、客厅、卧室里共同分享爱、欢笑、悲伤和忧愁。例如：

* 由一个南达科塔州、周薪1美元的卖肉小伙计，到周薪50美元的美国联合通讯社(Associated Press)记者，再变成年收入超过1500万的企业总裁。

*从一个两岁丧父的家庭状况，到拥有两次维持了长时间的婚姻——虽然都以离婚收场。现在并有两个已经长大成人的孩子，他们是我最好的朋友。

*经营运动周刊失败的人，变成《今日美国报》的创刊者——一份全美读者最多及最常被人模仿的报纸。

*由购并数十家媒体的成功和新投资的顺利，到我所从事过最大的一项合并——甘奈特和哥伦比亚广播公司(CBS)——计划的失败。

*由微不足道的小学生恶作剧，升级为狡猾阴险的企业权谋。

*由一个写少棒联盟消息的小报记者，晋升到访问全美的州长及世界各国的总统、总理和国王的资深报人。

要参与这么多竞争，并想赢得大部分的胜利，你必须有双重人格，或至少假装有。那表示：有时候要愉快及轻松，有时候要充满热情且坚持己见，有时候表现冷静沉着，有时候爱激怒和威胁别人，有时候好战又藐视神明，有时候胡扯瞎说也不无帮助。

做事情不能总是用有礼高尚的方式。特别是你想赢的话，制造越多的麻烦，人们越会把你安置在适合你的位置，或者他们以为应该是你的位置上。不要在意对你说不的人。

成功后,人们的嘲笑会变成欢呼。那些讥笑你的人将会和你一起欢笑。而你自己的笑声将是最好听的那一个。

虽然我嘻嘻哈哈说故事,但这些回忆确有其严肃的一面,希望读者能牢记于心。希望读了我的书之后:你能更严谨地看待这个世界,而以更轻松的方式对待自己。

任何一个成功的混小子都必须记住,生命是由残酷的现实、不凡的机会、压倒性的胜利和受挫的失败等组合起来的惊叹号。关键在于一一处理好每件事。并且永远不要忘记,生命是多么有趣。

不用会费,不会拒绝入会

如果你照着做,欢迎你加入混小子俱乐部。不用填申请表,不用缴会费,也不必担心被撤销入会申请。只需要发誓,保证有自我驱策力、热诚、下定决心爬上巅峰。必要时愿意配合一点捣蛋和胡扯的手段。

当成功之后,必须在巅峰时下台。如此,你才会有像我一样完满的惜别。我以《今日美国报》和甘奈特企业总裁的身份退休时,在65岁生日宴会上,35岁的儿子丹(Dan)和34岁的女儿洁(Jan)是两百多位客人当中的两个。

他们俩一生中,一直在看我为了爬上巅峰扮演各种不同的角色，角色有好有坏，有时他们赞同有时则不。但在这样一个充满互相敬酒和赞颂的夜晚，两个已经长大成人的孩子送了我一个意义非凡的礼物——一件华丽的黑丝运动夹克，背后用白丝线绣着：只有混小子能浮上顶端。

实话实说

每个人身上都有些混小子的特质。

二　成为混小子

“我从不把学业和教育混为一谈”

——马克·吐温

命运使我成为一个“混小子”。

虽然我想独自居功，但事实却非如此。命运以及其他的人共同造就了我，我自己并没有多大功劳。

命运在我两岁时就夺走我的父亲，在孩童时代，我就必须工作养活自己。我在街上学的比在学校里多。

早期的一些老板使我成为一个调皮的男孩，之后变成重新为混小子定义的成人。我的母亲及祖父母对我帮助不少，他们的教养使我从挣扎求生的孩子变成站在世界顶端的成人。我遗传了祖母的农人性格，因为她，我比许多朋友更有魅力；我学习到祖父的实用哲学，因为他，我比许多敌人更狡猾；我吸收了母亲致胜的方法：奋力求生，奋斗求胜，然后享受生命，因为她，我常常能超越自己。

当我在尤若卡(Eureka)市最贫穷的地区，诞生于我父母小公寓的床上时，这一切就都注定好了。命运之笔写着：你将成为一个一心求胜的“混小子”。

我当然也可以抹去命运留下的字迹，但我很庆幸没有这么做，相反的，我将它铭刻在身上。我的墓志铭将写道：

一个“混小子”在此安息。

有两样东西是我们可以永留给子孙的：一是根，一是翅膀。

——霍丁·卡特一世，编辑，出版人，普立兹奖得主，密西西比绿村

1. 达科塔的梦想与计谋

“通常，人的一生中，首先不再想要的是金钱，接着是权力，最后是荣耀。艾尔则是一开始什么都没有，最后每一样都到手。”

——德瑞克·丹尼尔，前花花公子企业总裁

我在9岁时第一次得到工作升迁。没有加薪，但确实是大大的升迁。我从赤手捡拾城市人拿来做肥料的牛粪，晋升到骑在马背上，在南达科塔州我祖父农场上的枯干草地放牛羊。这简直就像从捡垃圾的晋升为大将军。

薪水是一样的，一毛也没有，只有整个夏天的食宿。那是1933年，世界经济大萧条的谷底，尘暴席卷美国中南部的年代。

我的祖母凯萨琳(Katharina)泄漏了我获得晋升的消息。我上四年级的最后一天，她到学校来接我。坐上爷爷的福特车之后，她说：“艾尔，你爷爷要让你做你一直想要的新工作了。今年夏天你可以骑在马上放牛，因为去年你捡牛粪的工作做得真好。”奶奶滔滔不绝地说着：“不过别让他知道我告诉你了。”

我知道她以我为荣。奶奶很喜欢我,也为我的处境感到难过。

我两岁时就去世的父亲丹尼尔(Daniel),是奶奶的第一个孩子。奶奶是个纤细温柔的女人,除了怀孕,她的体重不曾超过100磅。除了我父亲,她还生了15个孩子。她一直活到90岁才去世。在世的时候,她对她第一个孩子留下的两条血脉总是特别怜惜;我父亲死后,奶奶总是特别关照我和我当时7岁的哥哥华特(Walter)。

但爷爷约翰(John)则不然。爷爷遗传了德国血统的坚毅性格,他深信每个人都应该自立更生,他也坚持对大家一视同仁。我花了一整个夏天想说服他明年给我较重要的工作,并在私底下拜托奶奶帮我游说,因此我才得到新工作。

我和爷爷来到农场,他正式把新工作交给我。他只说:“你去年夏天捡牛粪的工作做得很好。现在,挑1匹马,你就可以去放牛了。”

我从这次经验中学到的是:如果你的工作很烂,你最好埋头苦干,尽力而为,而不要怨声载道、把工作做得一塌糊涂,才可能得到升迁机会。再者,结交位高权重的朋友总是有助于你升迁的——即使是自己的祖母。

收集牛粪的艺术

如果你觉得这个升迁没什么,请容我解释。

我们要收集的是在太阳下晒干的牛粪。我的工作是推着一辆手推车来往于草原上,捡起牛粪,推回屋旁,一块块好好的叠在燃料棚里。这些牛粪将放在那里晾干,供作整个冬天厨房的燃料。

已经在太阳下完全晒干的牛粪既不臭,也不会弄脏你的手或衣服,但是没晒干的牛粪就不是这么回事。一个只有 8 岁大的孩子也可以迅速分辨出两者的差别。

大部分的农人烧牛粪,因为没有木柴。许多农人都没法子撑过尘暴席卷的那几年。但是我爷爷撑过了,因为他分散风险。

爷爷经营 1000 多英亩的农场。他种小麦、玉米,养一大群牛羊。但他也是当地的估税员,兼卖农民保险。所以作物亏损时,他还有收入。1904 年曾祖父去世时,爷爷继承家传农场。31 岁时,他开始扩张计划。他借钱买了更多土地,并在老茅草房子上加盖第二层楼。

爷爷有个与众不同的继承计划。他不想让他的孩子等他死后再继承,而是每个男孩子结婚时就得到他应得的一份遗产。爷爷奶奶总共有 11 个男孩。女孩子则不包括在他的继承计划里，因为在那个时代，总认为女孩子应该嫁出去，由丈夫来照顾。

农夫的传家宝

我珍藏的文件之一是一张1916年手写的德文字条。这张字条上列明我爷爷给我父亲的传家之宝：

* 4栋房屋，两套马具。
* 1辆马车，一具犁，一个耙子。
* 8英亩田地。

爷爷写的这张继承清单估计这笔财产总价为3000美元。

我的父亲，当时21岁的丹尼尔，凭着这8英亩土地和农具，娶了他当时23岁的新娘克丽丝汀(Christina)，准备去闯自己的天下。但是1匹马和1具犁害死了他。

父亲的一只脚在耕田时被压断，由于不能再作农事，他和我母亲搬到人口有1288人的尤若卡小镇。父亲卖掉他继承的一切东西，开始做奶酪生意。他向农民买成桶成桶的牛奶，然后卖牛奶、奶油和乳酪给镇上的人。其他卖掉继承财产所得的钱，则用来在城里贫穷的一区买下一栋房子。我就是在那里出生的。

奶酪事业景况日好,但我父亲的健康情况却不然。虽然他数次前往明尼苏达州的玛由诊所看病,受伤的那条腿却一直好不了。他死于我两岁生日的两个月前。

我从没有机会认识我父亲,除了我母亲与哥哥告诉我的事以外,我对他也没有任何记忆。因为我从不记得有过父亲,所以我相当确定我并不需要父亲。

我母亲考虑过再嫁,但我讨厌任何前来拜访她的男人。我上一年级时,她召开家庭会议,询问我哥哥和我对她考虑嫁给一个务农的鳏夫有什么意见。她解释说一旦她答应,全家就得搬到他的农场。不过她也强调我们会住在比较大的房子,有一大片土地让我们尽情的玩,而且再也不用担心吃穿。

当时 7 岁的哥哥比我懂事得多,他说这应该由妈自己决定。我则大发脾气。我不要爸爸,我不需要,我们的家人够了。我大叫:如果你嫁给他,我就离家出走。

我当然是在唬人。那时我还没有胆量离家出走,我只是撒泼耍赖,为达目的不择手段。结果成功了。

混小子首次登场

我母亲拒绝那个人的求婚,我想她从此没有再与人约会。我常常怀疑自己对母亲做的事是对是错,但我知道结果这对我而言是件好事。如果她真的嫁给那个家伙，我的姓就会变成史密特，可能到今天还呆在农场里，出不了头。

那次闹脾气，可能是我首次以混小子姿态登场。

一个6岁大的孩子驳回他母亲和大哥的提议。从那天起，我变成家里的决策者。妈尽一切努力维持生计，奶酪的买卖赚的钱还有几百元，她还帮住在城里另一头的有钱人打扫房子，赚取微薄的报酬。

可是我从捡牛粪的工作晋升为牛仔之后的那年冬天，妈召开了另一次家庭会议。

"我们的钱快用光了，"她说："除了卖掉房子，我想不出其他方法筹钱付帐。"

外公外婆和母亲娘家的兄弟姊妹都住在人口只有499人的小镇艾潘纳，在尤若卡市以南约125英里。自我父亲去世之后，他们就一直要她回家乡。我们或许可以在艾潘纳用较少的钱买到一栋房子，而且在那里，我也可能比较容易找到工作。

我们愿意搬家吗？

这次我对这个主意雀跃三尺。在一个500人的小镇可能比在一个1200人的城市容易受到重视。说不定我们还可以在好的住宅区买到房子。

我们搬吧！这次投票结果三比零。

我母亲以1700美元卖掉我们在尤若卡市的房子，那时我觉得我们是世界第一富翁。把支票存进银行前，她让华特和我将支票握在手中一分钟。10岁时，我已经知道感觉真正富有的滋味！

妈以1000美元向《艾潘纳周报》(Alpena Brigham)的发行人艾伦·布里汉(Allen Brigham)买下一栋房子。布里汉因为拥有一家报纸而致富，买得起大房子。那时我首次了解到报纸可以帮人赚到很多钱。

但即使是他那现成的房子，也是在铁轨的右侧。事实上，艾潘纳所有的房子都在铁轨的同一边，那条铁轨穿过城镇的最东边缘。住在贫富不分的地区让穷人觉得比较舒坦些，我想。

当时我不知道我们贫穷的程度，不过既然在买房子之后妈还剩下700元，我确信我们不会再穷了。可是妈比我清楚得多。

“我会去找任何我可以做的工作。但是，除非你们两个都找到有薪水的工作，否则我们的积蓄不到几年就会用完。”她这样告诉我和华特。

这3个要挣钱养家的人找到以下的工作：

妈到“你我咖啡馆”洗盘子，一天1块钱。晚上带衣服回来洗熨。有时候她一星期可以赚到10块钱。

华特当时 17 岁。放学后和星期六，他在蓝柏杂货店负责把农人卖来的鸡称重装箱。周薪 2.5 元。

我只有 10 岁，工作的选择十分有限。《明里亚波利论坛报》(Minneapolis Tribune)的送报工作刚好有缺。镇上有两个订报的客户，每星期付 15 分钱的报费，我得 6 分钱，报社拿 9 分。我的第一份工作一星期帮我赚进 12 分钱。

一年之内，我跑的两条路线上的客户增加到 11 人。大部分的新订户都是我们家的亲戚，他们订报是因为觉得我很有毅力，或觉得我可怜。如今我一个星期可以赚 66 分钱了。几年之后，我向我的那条路线的经销人吹嘘，我帮他在一年之内增加了 4 倍半的营业收入。

我喜欢送报，更喜欢看报。可是送报还是有风险，每个星期五我去收报费时，有些客户会找不到人，有些则付不出来。不管有没有收到钱，每个星期我都得交给《论坛报》9 分钱。有些时候，每周 66 分钱的收入会降低到 51 分，或 36 分，甚至只有 21 分钱。

晚餐桌上的肉

我 13 岁时，决定找一份稳定的工作，有固定的薪水。肉店老板汤姆·罗素是我送《论坛报》的客户之一，他很欣赏我送报的迅速和我的个性。我问他可不可以给我一份肉店小伙计的工作时,他说:“我会付你每星期1美元,还有你能吃下的所有奶酪和意大利香肠。早上上课之前,你先来打扫。每天下午下课后还有星期六,就负责卖肉和帮我杀牛、杀猪。”

当肉店小伙计自然比送报纸强多了。我从不觉得饿,因为上班时间可以吃东西。妈、华特和我在家里也吃得比较好,因为罗素常常给我快要坏掉的汉堡肉、猪肝或便宜的零星肉块带回家。我们家晚餐桌上的肉比一般人家里还多。

罗素是个好人,可是谈到生意,他也是个混小子。我开始工作没几天,他就指导我:称肉的时候把你的大拇指放在秤上,这样就可以多收客人几分钱,不过别对穷寡妇这样,只要找那些付得起的人,你每个星期的工钱就打这儿来。

我告诉妈这件事,她说这不是好事,“可是你得照老板的吩咐做。”我照做,可是对于要对哪些人作弊,我分得很清楚,我可是个有选择性的混小子。

我们最忠实的顾客之一是杂货店的老板娘。工作一阵子之后,我觉得改行去卖冰淇淋苏打可能比卖牛肉有趣,于是开始提供班森太太特别服务,把最好的肉分给她,还常花时间和她聊天开玩笑。

既然奶奶可以说服爷爷让我升迁,我相信班森太太也可以叫她丈夫雇用我在杂货店工作。果然没错。我刚开始工作没几年,已经迷倒两个女人为我游说。

在肉店当了 3 年小伙计之后,班森先生提供我新的工作,每天下课后和周末时,在杂货店卖汽水,当店员。

这份新工作让我有机会了解镇上邻居的生活方式。班森杂货店什么都卖,从冰淇淋到卫生纸,从酒类到保险套。我当时才 16 岁,已经知道镇上哪些人喝酒或酗酒,还有哪些结了婚或没结婚的人利用保险套做避孕措施。我发现大多数买保险套的男人都对老婆不忠。当时的夫妻根本不在意到底生几个孩子。

造就媒体独行侠

我读高中时就了解到对我而言,权力比金钱重要。

我一当上我们的校园报纸《回声报》的主编,立刻就为媒体的力量倾倒。其实这《回声报》根本不算报纸,而是艾普纳高中双周刊里四分之一页的一个专栏而已,可是镇上几乎人人必读。

我的运动细胞没有好到可以当运动明星,但是做了《回声报》主编后,我在学校里可以呼风唤雨。我决定谁的名字可以出现在校刊上,报道里说的是好话还是坏话。我的好朋友经常上报,他们在各种课外活动的成就,不管是运动、戏剧，都被夸大报道，而我讨厌的同学则根本没有曝光的机会。我自觉仿佛是全校最有权力的学生。

如果控制一份报纸能给我这种权力，我喜欢。当时的经验正造就着一个将来的媒体独行侠。

❊实话实说❊

街上学来的最有用。

2. 改过自新

“努哈斯的学业成绩顶多是个 C^+，但谈到在校园里搞活动，他绝对可以拿个 A^+。”

——哥登艾蓝，南达科塔大学华伦泰报，前专栏作家

二次大战的最后一个星期，在德国海德堡附近一个交叉路口，我遇见我生命中第一个混小子的典范。他曾经威胁要把我关在装倒刺的铁丝网里。

他就是乔治·巴顿将军。他有时是个不折不扣的坏蛋，但一直是盟军里的常胜将军。

我参加的第 86 步兵师隶属于他统领的第三军团。我是陆军中士，带领情报侦察排。

当时来自威斯康辛州的法蓝德威下士和我正押着 24 个德国俘虏士兵，带他们到一个监狱营地接受侦讯。我们在那个交叉路口略作休息。

巴顿命令司机停下他缀着星形徽章的吉普车。他一向勇往直前，绝不停下脚步，而且脾气火爆出了名。

他从吉普车上跳下来，对着我们大吼："叫这些混蛋继续走，否则我就把你们两个一样关到铁丝网里去！"

我们立刻敬礼，遵命向前走。

德威一路嘟囔着巴顿是个混小子，我忍不住笑出来，他当然是个混小子，但也是个赢家，他知道怎么指挥士兵，打赢战争。当时如果要我用脚走的，我也会一路跟着他走到柏林去，我只希望能学到一些他的混小子的特质。

他至今仍是我心目中的英雄，电影《巴顿将军》我就看了 11 次。

军旅生涯使当时 18 岁的我有机会离开乡下，脱去乡巴佬气息。

* 我受训的地方包括明尼苏达州、德州、路易斯安那州、加州、新泽西州。

* 服役期间到过欧洲和太平洋地区。

* 休假期间在巴黎、伦敦、马尼拉、纽约和洛杉矶度过相当愉快的时光。

德军投降后，我们第 86 步兵师和第 84 步兵师是最先从欧洲战场返回美国的。我们在纽约第五街参加胜利游行。在家乡狂欢庆祝，休养生息 30 天后，我们也最先被征召返回太平洋地区,继续未完的战争。

幸运的是,在我们搭乘的军舰航向菲律宾的途中,原子弹在日本广岛爆炸了。日本的灾难却是我们的喜讯。

吹牛事业

从菲律宾回加州的路上,我们的军舰简直就像个大赌场,每个人都想趁退伍前大捞一笔。

以前在艾潘纳的肉店打工,店里比较清闲的时候,汤姆罗素教过我玩梭哈,后来梭哈成为我最爱的消遣之一。玩梭哈只要懂得吹牛自然赢得多,这是个相当实用的游戏,可以让你学会何时该抓,何时该放,该冒多大的险。

我从中士的薪水里存下了 200 美金,下定决心回家的时候,要不就一文不名,要不就要荷包满满。我的预定目标是 1000 美金。

在连续九天九夜的扑克赌戏里,我用 200 美金的赌本赢到 1100 美金。这是我生平第一次孤注一掷,而我赢了。1946 年 6 月,我和萝瑞塔结婚时,就是用这笔钱买了一辆二手拖车屋,做为我们的新家。

那年夏天,我们把拖车屋挂上萝瑞塔的 1937 年老福特车,跟着一个巡回表演团工作。我们在每个小乡镇停留两三天,足迹遍布南达科他州、爱荷华州西北部和明尼苏达州西南部。

我们在市集里学会怎么用一种自认无辜的方式欺骗大众。我们被指派到拉绳拿奖品的摊子。萝瑞塔一直觉得不太舒坦,因为摆出来的真正好的奖品其实都没有连在顾客可以拉到的绳子上。

我觉得那就像以前在肉店,把大拇指一起压在秤上一样。我的老板使我不得不成为一个混小子。

我进南达科塔大学念书时,萝瑞塔则在学校附近只有一间教室的小学校里找到一份教职。她一年 1200 美金的收入补贴了我每个月 90 美元的退伍军人津贴。

我希望得到新闻学学位,可是在军队待了 4 年后,在教室里上课变得很无聊。而且,我真正有兴趣的不是拿到好成绩,而是成为校园里的风云人物。

我在艾潘纳高中时就深知媒体的力量之大,于是在大学的头两年,我为校园里的学生报纸《华伦泰报》(Volante)写运动新闻,第三年,我就成为报纸编辑。

我和报社经理比尔·波特(Bill Porter)成为好友。他和我个性互补,合作无间。

他家里有钱,参加某个兄弟会组织——Phi Delta Thetas,我从来不参加兄弟会,那里全是特权子弟。我从来不跟特权团体混在一起,从那时到现在都一样。

兄弟会和姊妹会控制了校园里大部分的活动,而我认为不结盟者或独立分子才应该掌权,我则要作掌权者背后的力量。

大展鸿图

我想如何和波特一起打败兄弟会组织,最好的方法就是利用他们内部的一员——波特。

每一年选举时,按照兄弟会名希腊字母顺序,由其中一个兄弟会推出一名男学生作学生会长,其他兄弟会推举的人则照排下去担任各干部。按照这种循环制,那一年并不是轮到 Phi Delta Thetas,所以波特不可能担任学生会长候选人。独立候选人几乎毫无机会,女性候选人也一样。

虽然波特在他所属的兄弟会里很受欢迎,但他有更高的野心。我们于是结合了以下各种看来毫不相关的族群,创立了一个新的政党。成员包括:

* 退伍军人。
* 独立学生。
* 一个兄弟会——波特所属的 Phi Delta Thetas。

我们在《华伦泰报》的独家报道中,宣布这个新的“草根性"社团正式成立。虽然报道中看不出来,但这个由一小群人组成的社团将会壮大成为一股新的政治势力。我们提名波特为主席。

兄弟会和姊妹会的人都愤怒不已,波特从此被他们称为叛徒。

我一点也不感到愧疚的大肆利用报纸的力量,要将我们的伙伴送上公职宝座。《华伦泰报》专访两位候选人时,我请希腊字母兄弟会的候选人汉克郝格穿西装打领带来拍照,而波特则穿着运动衫,笑容满面,完全普通人的样子。

《华伦泰报》身为校园唯一一份报纸,理应为全体学生服务,但我在社论上大力支持我的同志,呼吁独立的学生们打倒希腊兄弟会的少数统治。

虽然有《华伦泰报》大声疾呼,我想还是可能输掉选举,因为那些兄弟会的会员总是会大举动员,成群结队的投票。我们必须作一些戏剧化的事破除这种集团。

很多姊妹会里的女孩子认识而且喜欢英俊又平易近人的波特,对兄弟会称呼波特叛徒不以为然。怎么让她们转向我们这边呢?

我组了个搞政治抹黑把戏的两人组。

选举前一天晚上,我和波特弄了几罐白油漆和刷子。

半夜两点到四点,我在我们打算用来脱身的福特车旁把风,波特则在行政大楼和学生中心前的人行道上漆了十几个攻击他自己的标语,选举第二天将在学生中心举行。

我说他应该自己动手漆,才不会良心不安。

他漆的自我攻击标语是:“打倒叛徒波特。”

第二天,标语的事传遍了整个校园。有些姊妹会的女孩还难过地哭了,哀叹劣质的竞选风气。她们责怪的当然是兄弟会的人。

叛徒波特轻松得胜,867 票对 693 票。

可耻的我

第二天早上,行政主任比尔费柏教授在人行道上叫住我。

“你觉得如何?”他问道。

“很好呀,”我大言不惭,“校园里终于民主当家了。”

他斥责我:“你控制了校园里唯一的舆论声音,这份舆论应该是为大家服务的,你却利用来帮你的朋友选上学生主席,你觉得很光荣吗? 你不觉得你鼓励了卑劣的竞选方式?”

我有预感他似乎知道那些标语是谁漆的,他说:“你应该觉得可耻。”他说的一点也没错。

我耸耸肩满不在乎的样子,但是他的确令我思考、了解自己破坏了游戏规则。

用那些自我攻击的“叛徒”字眼诬陷对方固然可耻，但我们的政治敌人既然指控我的朋友是叛徒，那我们不妨以牙还牙。

可是我为自己的目的，利用报纸评论支持某位候选人，这种行为却是不可原谅的。

事后，我发誓自己绝不重蹈覆辙，从事不公正、不负责任的报道，也绝不容忍别人相同的行径。所以：

《今日美国报》绝不在文章中引用不具名人士提供的消息，也绝不在总统大选中支持任何候选人。

对于那些报道不公正，甚至自以为有权拥护或拉垮某人的报纸，我绝对大肆抨击。

我花了一些时间才改过自新，但是我很高兴能在进入“成人”的报业前，彻底离开了不负责任的“幼稚”报业。

实话实说

培养混小子，同时也该培养责任感。

三　事业路上三级跳

“只有敢摔得重的人才爬得高。”

——罗伯·甘乃迪(Robert F. Kennedy)

我付出惨痛的代价才学到做事要跳过别人往上爬的教训。因为早年曾从事业的阶梯上摔下来,跌得很重。幸运的是,当时我才29岁,还算年轻,可以重整旗鼓再尝试。

既然在南达科塔州,从一个建得不稳固的小阶梯上掉下来,下一步当然要在更大更坚固的阶梯往上爬。例如在迈阿密、底特律、罗彻斯特、或其他的大城市等。

遵循以下的教训,我学到如何跳过别人往上爬:

*不要跟别人一窝蜂——除非你能居于领先地位。

*做自我的推销者,促销自己,谦虚的人从不会得到注意。

*计划或图谋升迁,表现给老板看,让他知道你可以多做多少事,他则可以多享些福。

事业越爬越高就越来越难爬。要学的功课也更困难,尤其如何与老板相处更是门大学问。如果老板认为你对他有好处,就会提拔你一起往上爬。但如果老板担心你做得过份漂亮，他很可能会想办法把你给挤下阶梯。假使你的老板没远见，换个新的吧。无论如何，将目光摆在你的理想上，并且不断向前迈进——即使是迈向月球。

哎！人可以达到的境界，难道不该超过他的能力？否则天堂又代表什么呢？

——罗勃特·白朗宁(Robert Browning)，英国诗人

1. 凄惨的 29 岁

努哈斯像何瑞修·艾加(Horatio Alger)小说中的主角一样,从每天吃烤马铃薯和沙拉的苦日子,一路走到如报业巨子威廉·赫斯特(William Randolph Hearst)天天有香槟和鱼子酱的生活。

——丹·葛尼(Dan Greaney)《哈佛讽刺报》前编辑

如果你已经超过 30 岁,在事业或工作上还没有遭遇任何重大挫败的话,那么,你快没时间了。

在追求金钱和权势的梦想之路上,我"成功地"将 29 岁的那次失败列入个人第一次重大的挫败。我和一个朋友第一次投资就损失将近 5 万美元,那些钱都是从小股东手上募集来的。结局是破产、负债、悲痛,但绝不是屈服。

每个人都该在 40 岁前至少重重的失败过一次。我不是指小小的失望,比如搞砸一项任务,也不是辞掉一份好工作,更不是被炒鱿鱼。一定要是很严重的失败。敢冒大险,才可能跌得重;跌得越重,以后才有可能爬得越高。

失败降临时,最好你已经老得足够从中真正学到教训,但也最好足够年轻，让你还有本钱振作精神，拍拍灰尘，重新出发。

有些父母担心子女可能会失败，我则担心我的小孩到30几岁还不曾失败过。如果不赶快的话，想要从中学到什么，对他们而言实在太晚了。如果没有在20几岁时从小规模失败的经验中所学的教训，就不可能有日后成年时大规模的胜利。

年轻时，我追求名利的计划因处理不当失败了，是我自己搞砸的。

杞人忧天是错误的

在后半生，我从失败中所学的比从成功中获得的还多。我学到最重要的一件事是：不会因为你失败天就塌下来。可见杞人忧天是错误的。月亮和星星仍牢牢地挂在天上。等下次你伸手去抓时，就更可能掌握在手中。当然，只有真正从失败中记取教训的人才是如此。该怎么做呢？你必须分析原委，并负起失败的责任。

1949年到1950年就读南达科塔州大学4年级时，我就构思我第一个投资计划，也就是后来变成最大失败的那个。在校园的最后一个月是做梦和规划未来的好时机。考试只要偶而看看书应付就可以。

我的好朋友比尔·波特和我因为大学生活的成功而意气风发，我们主宰整个校园。现在，我们准备好在现实世界里争名夺利了。

波特对财富比较有兴趣，可能是因为他父亲在南达科塔州麦迪逊有间家具店，他在富裕的环境中长大，已经觉得自己是个要人了。

然而，名气对我而言比财富更重要，也许是因为我在尤若卡这种贫穷的地方长大，是个无名小卒，所以想成为一个重要人物。我不想做一辈子朝九晚五的记者，我清楚地预见未来——办一份属于自己的报纸——一份我能拥有或控制的报纸。而我又想跳过平凡、沉闷的进阶之路。因此我向波特提出如下计划：

* 我们可以创办一份南达科塔州全州性的体育周报。取名叫《南达运动周报》(SoDak Sports)，有点像全国性的《运动新闻》(Sporting News)，只是更有趣。我可以做编辑和发行人，他当营业部经理。创业所需的资金可由出售股票筹得，我开玩笑地说那算是乞讨、借用和偷来的。创业的资本加上头两年的薪水，比尔和我该拥有全部股权中至少51%的股份。而在共有的股份当中，我占51%，比尔49%。我们握手同意。

任何交易中，占51%是很重要的。50%对50%绝不是办法。即使是朋友间的往来。平手的表决代表什么事都做不成，一事无成的生意根本行不通。

因为我们俩都没什么钱，所以都无法投资。我们也没有私人的贷款，可能损失的只有时间、精力和声誉而已。

当时比尔还要上两年的法学院，他想拿法律学位当预防措施。我则认为要花上几年才能筹到钱，并改进《南达运动周报》的计划。所以，同时我试着在南达科塔州找份记者的工作，希望能对日后创业有所帮助。

二年级暑假时，我曾在南达科塔州的《米契尔共和日报》(Mitchell Daily Republic)当记者。三年级暑假时则在南达科塔州的《快捷城市报》(Rapid City Journal)实习。两家报社都答应毕业后给我职位。

但是这两家报社发行范围都只涵盖本州的一小部分。既然《南达运动周报》的目标是全州性的，我当然希望在一个工作岗位上的文章署名整个州都能看得到。然而只有美联社和合众国际社(United Press)才能提供这种可能性，但他们根本不缺人。我向美联社南达科塔州办公室的主管贺尔·安得森(Harl Andersen)毛遂自荐，说服他雇用我来扩充原本两个人的编制，特别是在全州性的体育报道方面。他向明里亚波利斯美联社的上级请求指示，很幸运，毕业的前一个星期他们批准了。

机会重于薪水

1950 年安得森给我在美联社的周薪是 50 美元,《米契尔共和日报》则愿意给 60 美元。但我选择薪水较低的工作,这样做是为了替《南达运动周报》铺路。

事实上,接下来的两年我回绝了两次升迁机会,一次是调到明里亚波利斯,周薪 70 美元。另一次是调到纽约,周薪 85 美元。但是我需要利用在苏瀑镇的这份工作,增强我在南达科塔州基地的实力。当一个人 20 岁时,多一点小钱不会比适当的机会来得重要。

比尔和我两年来利用晚间、周末、假日来规划《南达运动周报》。比尔还没拿到律师执照就开始营业了,第一件工作就是草拟公司的组织计划。

一旦公司成立,我们就开始兜售《南达运动周报》的股票。大多是 100 美元一单位。刚开始实在很难卖,我们没有详细精密的计划书,能推销的只有理想和充分的热诚。

我们的确研究了一份挺外行的营业计划,可是那全是凭空想象出来的。规划中应于发行两年后就会有利润,而且猜想需要 5 万美元来支付开业费用及承担前两年的损失。

比尔卖股票比我卖得好。我可以敲开人家的门向人狂热地诉说创业理念，可是不大擅长开口让人买股票完成交易。结果比尔卖的有我的两倍多。如果要推销一样专门的小东西，我实在不是个优秀的推销员。但是我比较熟于招揽生意的手腕，这也就是为什么我可以轻易地推销数百万美元的理念而很难卖5美元一件的东西。

我靠替美联社写体育报道时帮忙散播《南达运动周报》的消息。每次采访重要的体育活动时，我人到哪儿就谈到哪儿，从运动员休息室到酒吧都有。

大多数投资的人是以感情因素和我们一起冒险，出发点是对运动的感情和热爱。他们很喜欢这个主意，并希望它行得通。但是没有人期望能由此致富——除了比尔和我之外。

绝大多数的投资人分担100美元，最大的冒险者下了700美元的赌注，平均起来每人的金额不会超过200美元。

1952年夏末，一切准备就绪。我们决定于当年的11月21日发行创刊号，正好赶上美式足球季快结束而篮球季将开打时。篮球是南达科塔州最多人看的运动。许多高中因为人手不足而无法组成一队需要11个人的正式足球队，因此有些城镇用6人或8人一队的足球队来取代。

由于《南达运动周报》是小本经营，我们只能用微不足道的钱来打广告。大部分的现金都必须用来支付印刷、投递邮资和位于苏瀑镇席德酒店后面一间小办公室的租金。

我们两人大多数的薪水都存起来没拿,一个月各拿100美元现金,刚好足够买食物和金酒。比尔和我都喜欢马丁尼,最典型的晚餐是汉堡和通心面与干酪粉烘成的布丁,这样我们才有足够的钱在晚餐前喝一杯马丁尼。如果限量只喝一两杯,马丁尼对梦想家而言是很好的饮料。

比尔和我对《南达运动周报》的期望之一,就是保证往后一生中每天都至少能喝到一杯马丁尼。结果我没漏掉多少杯,不过60岁时换成喝伏特加。

对换酒这回事我学得很慢。伏特加几乎没味道,所以好的伏特加和劣等的伏特加尝起来没什么差别。上等的金酒尝起来像汽油和洋葱汁的混合,但你会渐渐习惯这种味道。劣等金酒喝起来更糟,而且会带来头痛和宿醉。我们一起喝金酒时,想出一个免费宣传《南达运动周报》的计划。关键在于本州的体育记者和体育播报员,因为他们已经拥有我们想要吸引的观众群。

我在美联社当体育记者时就认识他们了,于是我让他们每个人都挂名在《南达运动周报》上做特约编辑。大家都很乐意。虽然没有报酬,不过他们的名字能出现在这份全州性的新报纸的发行栏中。在发行的前后,他们提供许多篇幅和广播为我们做宣传,并出点子帮忙有关特写和报道的意见。

大部分南达科塔州的日报发行人并不反对他们的体育记者帮我们,因为他们明白我们反正不会成功,所以也不担心我们会变成具潜力的竞争者。

解除敌人的武装

我说服其他的发行人,我们对他们原有的运动迷读者只不过是"第二选择"而已,没有任何竞争性。30 年后,我运用相同的战术消除全国性报纸发行人的敌意,推介《今日美国报》。不过他们更老练世故,一开始就谨慎地观察我们。

《南达运动周报》草创时,全体编制只有 3 位全职人员和 1 位兼职人员:比尔、1 位秘书、我妻子萝瑞塔(Loretta)和我自己。

我扮演的角色有:老板,主编兼发行人,唯一的新闻部人员,文字兼摄影记者,广告主管,主导促销活动。

那是一份 12 到 16 页的小报,我亲自撰写每篇报道每条标题,但仍然还能赶得及截稿时限,唯一赶不及的只有银行的 3 点半。大部分《南达运动周报》的文章都是由州里各种日报偷过来或改写而成的。不过我自己创造了许多民意调查和读者参与活动。

各种比赛我们都举办,从本州最漂亮的啦啦队长到最佳递茶水小伙计的选拔都包括在内。

《南达运动周报》用桃红色印刷,这个点子是由《明尼亚波利斯论坛报》(Minneapolis Tribune)和《德莫内注册报》(Des Moines Register)偷学来的。这两家报纸星期天都有桃红色的体育版。

我们甚至偷用他们的促销口号:抓住桃红色!直到今天,对采用别种出版物的好主意并改良为己用,我从不迟疑。大部分所谓的新点子其实并非是前所未有的,通常是旧点子翻新跟上时代潮流而已。

创刊号的头条是全南达科塔州高中美式足球校队的排行榜和他们的照片。包括第一名、第二名、第三名及佳作等。数十位来自小城镇的运动员顿时成为英雄。除了当地的小周报,他们从没上过任何报纸。打着全州性的旗帜,《南达运动周报》使他们成为全州的明星,我们也借此打响报纸的名字。

创刊号共印了7000份,全部销售一空。

布洛考的圣经

国家电视广播公司(NBC)主播汤姆·布洛考(Tom

Brokaw)当时是体重 135 磅的 4 分卫，属于南达科塔州皮各镇一个 6 人的足球队。镇上人口只有 2,217 人。

布洛考回忆道："《南达运动周报》简直成为我们的圣经。"他也记得如何利用《南达运动周报》让他一个同学难堪。对方是跟布洛考在皮各镇竞争最热门人物的对手。"想当年，跑卫乔治·哈尔(George Hall)比我还行，也比较有女孩子缘。我决定要锉锉他的锐气，于是我开始散布谣言，说下一期《南达运动周报》全州球队报道里会有他。

"乔治和他的崇拜者群集在邮局等那一期《南达运动周报》送达，结果他当然没在上面。大家都很失望，我则很高兴地站在人群边观望着。"布洛考回想道。很明显的，在当时布洛考已经具备形成一个可爱的混小子的特质。

我们也推出许多促销活动，即使不能增加发行量或广告量，至少也带来欢乐。最大的竞赛活动奖品包括：

* 免费招待两位读者参观 1953 年两大棒球联盟冠军对抗赛；那年由我喜爱的洋基队以 4:3 打败布鲁克林道奇队。

* 赠送一位读者(预算削减已经开始)一趟 1954 年玫瑰杯美式足球赛之旅。那年密西根州立大学赢了加州大学洛杉矶分校，28:20。

这些比赛活动是设计来提高发行量的。当然最重要的是我也能跟着去看我头两次最重要的体育活动。

因为没办法拿到入场券,所以我从卖票黄牛那儿学到一些事。

在曼哈顿的将军饭店,我以每张 15 美元从一个黄牛那儿搞定 3 张票面 7 美元的左外野座位。然后居然发现在另一位黄牛那儿,以同样的价钱可以买到包厢的座位。当我试着要推销掉之前的 3 张票时,一个块头颇大的便衣警察盯上我,以为我是业余黄牛并捉住我。他威胁道:"以票面价卖给我,否则我就以卖黄牛票的罪名要你去坐牢!"结果我损失了 24 美元。真是纽约的好见面礼!

稍后我知道,体育馆附近快开赛时,黄牛都会很乐意以票面价或接近票面价成交。以后即使没有票,我也毫不犹豫地前往重大的体育活动。甚至好几次等到比赛开始,黄牛开始惊慌,就能买到比票面价还便宜的票。

像这样的促销活动很有趣,而且吸引群众注意我们。我们还求什么呢? 利润。对,就是利润。

快满周年时,《南达运动周报》拥有:每周 1.2 万份订阅发行量,一个星期两页广告,损失达 4 万美元;而我们的目标是:发行量 1 万,广告 5 页,本来预期只有 2.5 万元的损失。

三个目标中只达成一个实在不够好。我们成立才一年,就陷入严重的财务困难。事实上,发行量的成功反而造成问题,却不能由此受惠。《南达运动周报》1 份卖 10 分,不够应付发行和递送的费用。像大多数的报纸一样,我们希望广告收益能支付帐单并且带来利润,但是我们的广告搞砸了。以至于发行量不断增加,报纸卖得越好损失相对的越多。

投资计划实施了 22 个月之后,时间没了,钱也花光了。1954 年 9 月 24 日我们出版了最后一期。比尔的法律学位再度及时发挥效用,当初没有付任何法律费用就能组成公司,现在我们也可以用同样的方式,不花一分钱清算资产,结束公司。我们真这么做了。

股票凭证:不值钱的壁纸

当我们开门准备拍卖桌子、打字机和其他的办公室设备时,我振作精神做最坏的打算。料想会有忿怒的持股人冲进来骂我们是强盗或恶棍。

相反的情况发生了,有好些投资人过来看看,有的人出钱买下一些设备,虽然身为投资人,他们早就拥有这些资产。大家和善地表示很高兴和我们一起走过这一段。没有人损失大钱,他们都觉得我们的合资计划很值得。

卖完所有的资产后，每位债权人分不到3角5分。

《南达运动周报》的股票一文不值。我有足够的股票凭证，多到可用来当壁纸贴满一整面墙，我的确这么做来提醒自己失败的投资计划。

我总是喜欢保留失败的痕迹来唤醒自己的记忆。这也是为什么到今天我用的留言条仍保持桃红色——和《南达运动周报》印刷用的颜色相同。

这样的纪念物并不会教我要谦虚，不过它们提醒我，没有人是完美的，下一个失败可能就在不远处，所以，要提高警戒。

在我们"灾后大拍卖"的那夜，最后一次走出《南达运动周报》办公室之后，比尔和我像往常一样，分享马丁尼。第二杯、第三杯、第四杯……我们流下一些眼泪。

从那时起，我却常常笑自己是多么幸运能像当时那样失败过。假如我当时成功了，很可能就此一生满足于苏瀑镇米里哈哈乡村俱乐部的金酒、纸牌游戏、高尔夫等乐趣。

相反的，我远离家园。

失败就像是犯毒瘾一般缠在我背后，而我还年轻，发誓要跑得够远来努力甩掉它。而且我果然做到了。

❀实话实说❀

小联盟的失败才是通向大联盟的成功之道。

2. 促销自己

《南达运动周报》的失败确保了努哈斯的未来。他开始将重点摆在如何成为一个编辑以及和商业利益有关的发行人。而非一位记者。而且他学会如何两面下注,立于不败之地。

——时人杂志(PEOPLE MAGAZINE)

1987年9月28日

失败不该阻挡你想成功的动力。如何应付失败才是关键所在。我当时有两种选择:(一)在南达科塔州混下去,沉溺于自己的伤痛,并博取别人的同情。(二)重新振作,拍拍灰尘,朝新冒险前进。

我梦想的不只是求生存,还要发展。因此30岁时我远离家园。

目标:佛罗里达,机会之州。我希望能在那儿有所成就,也能在阳光下享受乐趣。

我把目标直接瞄准《迈阿密前锋报》(Miami Herald),南方最好的主要报纸之一。对我而言,那真是一大步。《南达运动周报》在南达科塔州外没人听过。巅峰时期一星期一次的发行量也只不过 1.8 万份;但《迈阿密前锋报》每天发行量超过 20 万份,星期日则将近 30 万份。

我对《迈阿密前锋报》新闻部的主管做了点研究。总编辑乔治·毕波(George Beebe)曾在蒙大拿州碧崚市工作,他的妻子也来自蒙大拿。由背景研判,他至少会知道南达科塔州在什么地方,这点可能对我有帮助。

给毕波的求职信是我写过的故事里最好的一篇。我并不想隐瞒《南达运动周报》的经验,我告诉毕波这可能是他头一次有机会雇用"自首的失败者"。我还附上一期《南达运动周报》和南达科塔州州长西格·安得生(Sigurd Anderson)的推荐函。州长是个狂热的运动迷,他大肆吹嘘《南达运动周报》对该州而言多么伟大而忽略它在财务上的失败,就好像破产是常发生的事一样。

毕波上钩了。他打电话来给我一份记者的工作,前景未知,周薪 90 美元。

虽然自己破产又失业,我还是让他等了一下。我对他说:"这对我和我的家人是一大步,我想先南下看看情况。"

毕波解释说他们的政策是不负担来应征工作者的旅费。后来我晓得为什么了,他有一整个抽屉的求职信,全都是一些北方的记者想到迈阿密来工作。我决定自费去看看。从姐夫那里借了200美元后,坐上两天两夜的火车才到达目的地。

让自己看起来很酷,即使根本不是

走进《迈阿密前锋报》的新闻室时,我吓呆了,可是表面假装镇定。满坑满谷的记者,大约超过200人。

我急需一份工作。但我表现得好像只是随意看看。事实上毕波有太多的人选可以考虑,他却想说服我接受这个职位呢!如此一来情势对我有利。

从那天起,做任何决定,不论大小,我都不再冒汗。表现冷静,凡事有把握,是成功的关键,即使事实上你根本不是这样。

当天晚上我在城里闲晃,迈阿密市和迈阿密海滩让我联想起二次世界大战时,在巴黎和马尼拉的情景。隔一天,我回家并接受这份工作。我们说好10天后,10月30日报到上班。

我再坐火车回南达科塔州,又向姐夫借了300美元,把所有的家当装入一辆出租的旅行露营车,朝新冒险出发。怀孕6个月的萝瑞塔和我一岁的儿子丹,两个星期后搭飞机过来。

在《迈阿密前锋报》待1个月后,我发现这工作太简单了，为什么呢？

《南达运动周报》时代，每个截稿日我都得又写又编30到40个报道。而在《迈阿密前锋报》，大多数的记者平均一天负责一到两则报道而已，他们还常常好几天报道同一件事。

我仍保持在《南达运动周报》工作的脚步，接到由街上跑的记者打来要求改写的电话后，我会在10或15分钟之内三两下就解决掉，再准备下一项任务。守旧派和需要长时间作业的记者不喜欢我的步调，他们在背后叫我“麦田小子”。然而，本市新闻代理主编莫林·特斯(Merlin Test)不久就派我外出采访，真正成为记者，这是我在迈阿密第一次升职。

几个月之内，靠运气和毅力，我抢得许多独家头条新闻。包括警察丑闻、宗教邮购骗局、释放一个因为一件子虚乌有的谋杀案而被囚禁、心智迟钝的流浪汉等报道。

我非常努力地工作，不过也玩得很凶。第一个采访到的重大国际新闻就是两者结合的结果。我被指派参加艾森豪威尔总统(Dwight D. Eisenhower)前往中南美洲访问的“睦邻行动”，为《迈阿密前锋报》和姊妹报《芝加哥日报》(Chicago Daily News)发电讯。

不要一窝蜂

抵达里约热内卢之前，我写的都是相当例行公式的文章，就像那些白宫的新闻媒体所做的一样。在那儿的头一晚是庆祝的嘉年华会。接下来那天，当媒体的飞机从里约热内卢起飞随同艾森豪威尔前往圣保罗市时，我没上机。准备在哥本哈邦纳海滩待一天，放松心情，想点事情，做些规划——当然还包括观赏漂亮的女郎。

沐浴在阳光下的同时，我听到激动的谈话，也瞥见一堆人挤在收音机旁，他们喊着"美国人！美国人！"

一位美国游客翻译了片段的报道：一架巴西的航空客机和DC16军用运输机在靠近里约热内卢机场的上空相撞。军机上载有19名美国海军乐队团员，全部罹难。他们原本预定当晚为艾森豪威尔总统和巴西总统胡瑟里诺·库比契克(Juscelino Kubitschek)演奏的。

我赶到失事地点，访问目击者，并打电话给《迈阿密前锋报》要他们记下我的报道，再加上由目击者用戏剧性的第一人称所提供的补充背景资料。等我结束报告后，我老板毕波来接电话。

"干得好！"他说："顺便问一下，你今天怎么没跟艾克以及其他的记者一起在圣保罗市？"

“乔治，我就是有预感，今天最重大的新闻会在里约热内卢发生。”我俏皮巧妙的带过去。

毕波笑了。他是个善体人意的老板，在意结果，不计较规矩。

毕波给我一个更重大的考验——到《迈阿密前锋报》华盛顿办事处工作3个月。然后他给以下的选择：“你要不是等艾得·拉赫(Ed Lahey)退休后，做我们在华盛顿的头，要不就主管这儿的本市新闻组。仔细想一想，再告诉我哪个最吸引你。”

这选择对一个从南达科塔州来、3年前输得一蹋糊涂的小子而言，实在不坏。

升迁会带你到哪儿？

管理像《迈阿密前锋报》或是耐特报业集团(Knight Newspapers)这样的报纸在华盛顿办事处的差事，的确令人陶醉。有威望；对一个记者来说，薪水也很好。但是我的研究显示，大部分地区办事处主管都把它当成终身职。不错，他们位于首都的主流，但相对于报社的权力阶层观点，实在是处于边陲地带。

每一次升迁的机会，我都会事先弄清楚新职位的发展空间如何。有些人把升迁看成到达一个阶段的目的地，我却视为迈向下一个更大成就的出发点。本市新闻主编的工作才能使我变成当地新闻部的要角,参与新闻室里的每项重大的决定,并持续地和领导阶层有所联络。

这可能是往管理阶层晋升的一大步,金钱收入也会跟着水涨船高。我当然视后者为较佳的长远的机会,不过我要照我自己的方式得到它。

"让我到本市新闻组当几个月特别助理,然后在各部门间到处看看,营业部、州新闻部、体育部,这样一来我就能知道整体架构如何运作——而且也会发现谁真正在做事,谁在混。"

毕波接受这个意见。有 3 个月我到处巡回,人们对我吐苦水也透露他们的野心,他们不大确定我在这儿的目的是什么,不过都觉得他们是在对一个同事说话,而不是对一个上司。接下来我告诉毕波我准备好了。他告诉本市新闻代理主编莫林·特斯,明天起有人接替他的职位了。但没说继任者是谁。

那晚下班后,特斯邀请一群本市新闻组的朋友喝得酩酊大醉,以便得到同情,顺便猜测继任者是谁。我跟他们一起喝,但没说什么话。第二天毕波宣布后,每个人都认为我做了 3 个月鬼鬼祟祟到处打探的混小子。

你可以说我是个越界的混小子,但是有这样的一段经验让我成为一个好得多的主编,如果没经过这段,我可能做不到。最后,同事也了解这点。一如《迈阿密前锋报》优秀的信誉,大家一起学习为读者办出更好的报纸。

在你身旁缀满明星

在我先前职务身份不明的期间,与我坦承相对的其中一人是德瑞克·丹尼尔,他属于瑞雷(Raleigh)报业家族的一员,在《迈阿密前锋报》编辑部工作,并撰写标题。

“这地方有一些很好的记者,可是有个很烂的本市新闻组。”他说。并告诉我他要如何整治。所以我头几项措施之一,就是任命他为本市新闻部的首要助理。他让我在那儿很得意,后来也成为我在《底特律自由新闻报》(Detroit Free Press)的本市新闻组主编。

我在大学里从没修过管理的课程。教我如何往前冲的教科书只有何瑞修·艾加(Horatio Alger)的小说而已。但我知道成功不光是靠努力工作——在身边围绕的第一流人物越多,自己会越光彩。寻找并训练优良的助手,对往上爬是非常必要的。你不能事必躬亲,果真如此,将导致你太注重细节以至于局限自己的成就。

我尽可能用这样的属下:

* 够聪明能把事情办好。
* 够忠心以我要的方式做事，并让我看起来光彩。
* 当我准备更上一层楼时，要够优秀能接替我的工作。

这样一来常会由下逼使我往上爬，一如由上级提拔我那样。

我也相信，如果你不能打败对方，就加入他们。甚至更妙的，要对方加入你。这样的机会很快就出现了。

我们得知，较小规模的竞争对手《迈阿密新闻报》本市新闻组主编约翰·麦慕伦(John McMullan)在那儿不是很满意。事实上，麦慕伦在哪儿都不满意，他不能与人们好好相处——不论是下属、上司、或大众。

可是他确有与其个性极不相称的新闻第六感觉，他经常在本地新闻上打败我们。我告诉毕波，我有正好合适麦慕伦的职位。

“升我做本市新闻组执行主编，然后雇用麦慕伦做新闻主编。他专门处理新闻就好，我来应付群众和主导新点子。”

新闻部里有些人对我会“放弃”职位，让给我们的对手感到非常震惊。他们不了解，我也只是把本市新闻组执行主编看作另一个中途休息站而已，而且我已经把目标放在下一个升迁的机会上了。

毕波的第二号助手是夜间副总编比尔·唐尼(Bill Townes),他是个好人,有好点子,但不是个好经理人才。毕波对唐尼的无力感表现得非常明显。

做了本市新闻组执行主编几个月后,我在毕波的心里埋下一颗种子。“你知道么,我们的本市新闻组现在相当不错,实在没必要同时要我和麦慕伦都在。如果你升我做副总编辑,麦慕伦可以把本市新闻组弄得很好,我则可以帮你运作整个新闻部。”

当唐尼发现到底怎么回事时,他已经要到巴尔的摩找工作了。而当办公室里一些爱开玩笑的人明了发生什么事之后,他们把我的绰号改成“黑骑士”。

向各色的良师益友学习

毕波指派我做副总编辑后,他自己越来越忙着处理社团的杂务。他比较喜欢那样的工作,而不喜欢新闻室里截稿的压力;但我喜欢这种压力——而且事实上,耐特报业集团的头三号人物正密切注意我。

第一个是杰克·耐特(Jack Knight),当时64岁。

他从父亲手中继承了《爱克隆瞭望报》(Akron Beacon Journal),之后运用各种方法发展成为报业连锁,包括《迈阿密前锋报》、《芝加哥日报》、《底特律自由新闻报》和《查洛特观察报》(Charlott Observer)。

他在迈阿密过冬，而且几乎每天到新闻室。他是一个好战者，喜欢赌博、赛马、冒险和玩乐。拥有杰出的新闻本能；对事实眼光锐利。就我所知，不失为一个多才多艺的新闻从业人员。是个和我同类的家伙，行事轻松且讨人喜爱。

其次是吉姆·耐特(Jim Knight)，当时49岁。

这是个眼里只有钱的人。总是和新闻室里的人作对，因为他老觉得记者根本不了解一块钱到底价值多少。经济衰退时，他把放新闻的版面减少5%，并期待我会去抗议。

但我没去。“没问题，吉姆，”我回答：“我们把字写小一点儿，挤一点儿，就能印出和现在一样新闻份量的报纸了。”从那天开始，吉姆对我一见钟情，他让我参加新闻委员会并参与经营会议。为我开启新闻室外的另一扇门。不过他和我不同类，他太正直又太僵化了。

最后一位是李·希尔(Lee Hills)，当时52岁。

他主要的职务是《底特律自由新闻报》执行总编辑。他是社里真正的常驻发行人，虽然挂名的是杰克·耐特。不过希尔仍保有《迈阿密前锋报》执行总编辑的头衔，好给毕波提供个保护伞。

他是个聪明的北达科塔州原住民。一个有创意的思想家，伟大的计划者，有野心。不过相对于其能力和成就所得而言，他有点缺乏安全感。

这3个人都成为我的导师。他们提供多样化的经营风格和不同的处事哲学。他们当时正当人生的黄金时段，正发挥其毕生所学；而我30多岁，正是学习的好时机。我真的努力在学，也学得很快。

实话实说

帮你老板一个忙，让他助你得到下一个职位。

3. 从玩软的到来硬的

“当努哈斯走进一个房间时，即使没有事先宣布，众人的头也会随着他转，就好像被磁铁吸着走一样。他是那种驱策力巨大、注意力集中的人，只要皱一下眉头，就能使一群大人开始工作。”

——《底特律月刊》(DETROIT MONTHLY MAGAZINE)

1987 年 8 月号

迈阿密快速的脚步引导我到一个更大、更艰苦的比赛场地——底特律的“硬式棒球”联盟。

当时，激烈的竞争正在损耗这个汽车城：汽车工业的三巨头互相倾轧，夺取主控权和利益；全美汽车公会(UAW)和全美货车司机公会(Teamsters)领导劳工公会争取全国最高的工资；3 家主要的报纸在这儿进行最严重的争夺发行和广告优势战。

两位底特律的领袖——一位朋友、一位敌人——帮我学到街角智慧并见识其困难的一面。

杰克·耐特，我的导师，在渥华斯餐厅的午餐柜台上，向我解释最有价值的一课。耐特是报界在五六十年代最厉害的人物,他知道该如何吸引朋友,也知道该如何威胁敌人。他强硬、不废话的风格博得广泛的注意和尊敬。

吉米·霍法(Jimmy Hoffa),全美货车司机公会里强悍的人物,在谈判桌上给我上了永志难忘的一课。他对想要到手的东西丝毫不放松的态度,正符合其莽夫形象。为达目的,不择手段——主要用威胁和恐吓——来取得全美货车司机公会的尊敬及其经营权。

这两个例子告诉我,光靠聪明或光靠强硬是不够的——要两者兼顾。街角智慧再加上强硬的态度是他们的特长。

当我在迈阿密的良师决定我已经准备好,可以在耐特报系最大的报纸《底特律自由新闻报》工作时,我毫不迟疑。

"听候差遣,你要我到哪儿,我就到哪儿。什么时候去?"

"明天早上。"李·希尔回答。他是《底特律自由新闻报》和《迈阿密前锋报》的执行总编辑。

希尔向我解释那个周末底特律发生了什么事:属于赫斯特报系,本市排名第三的《底特律时代报》(Detroit Times)关门倒闭了。

排名第二的,隶属史贵—布斯家族(Scripps Booth)的

《底特律新闻》(Detroit News)买下了《底特律时代报》所有资产,包括订户名单和发行部。

两面下注的失败者

“在3家报纸竞争的市场上,我们的《底特律自由新闻报》是第一名,现在我们要变成两家竞争市场上的第二名了。但我有如何扳回局面的计划,希望你能来做我的副手。”希尔说。

我迫不及待地把握这个机会,不问薪水或头衔。我看过别人为做这种决定绞尽脑汁满头大汗,我可不会。机会一认定,我就会急切的把握。《底特律自由新闻报》是耐特报业集团中最大的一家报纸。发行量为50.11万份,相较之下,《迈阿密前锋报》只有30.51万份。

和希尔谈完之后,他告诉我杰克·耐特想跟我聊一聊底特律的情况。

“我在底特律的两面下注失败了。”耐特说。“我以为赫斯特企业会把《底特律时代报》卖给我,但《底特律新闻》那帮混蛋出价高过我。现在我们得同时打败他们两个。”

然后他对我的角色做全盘性的考量:“小伙子,你在迈阿密的软式竞争里表现得可圈可点,现在让大家看看你在底特律的强硬竞争下表现如何。”

来硬的,的确。每一件事脚步都更快,更紧张。赌注下得更大。每一个人都在求极致表现。

迈阿密是因外来客和松散的生活形态而繁荣;底特律却是一个根深蒂固,基础稳固的工业城。24 小时之后,我就坐在《底特律自由新闻报》星期日上午的重要主管会议上了。希尔对高级主管勾划出如何把《底特律时代报》的读者群赢过来的计划。

会议结束时,出人意料地,希尔对大家宣布他把我从迈阿密请过来助他一臂之力。他对我更是直言不讳:“我出主意,拟定计划,你负责执行,主要是有关新闻室里的事务。不过我的确需要你在行销部里当我的眼睛和耳朵。”

我梦寐以求的工作,更多责任,更高的曝光率,更有机会学到做生意的技巧而不用放弃我的最爱——在新闻室工作。

《底特律自由新闻报》里很多人憎恶我的存在,并给我贴上“迈阿密黑手党”的标签。可是我是老板的红人。这样的身份的确帮我达成许多任务。

《底特律自由新闻报》很可能永远都不会成为底特律第一名的报纸;但由于希尔的计划和我们的谋略,我们一直紧跟在后,是一个竞争力强劲的第二名。

从各种好的、坏的混小子身上学习

上任新职的几个星期之后，耐特邀我共进午餐。我充满期待，因为他是个好老师。他虽然板着脸，姿态强硬，但是知道该如何引导出产品或人员表现最好的一面。

他沿着街角从《底特律自由新闻报》走到无聊沉闷的“底特律俱乐部”。他点了马丁尼，纯的，我也点了马丁尼，加冰块。我们谈了一下他星期日的专栏“编辑手札”，这专栏曾得过普立兹奖。然后他放下酒杯，说“走吧！”

“我们不是要吃午餐吗？”我问。

“对呀！我们走。”

我们走了6条街，到一家“老渥华斯”小馆。他带我到地下的午餐柜台。

“你想要什么？小子。”他问。

“是你要付帐，你要什么？”

他点了一客热狗，附上芥末、番茄酱和一杯可乐。我点了同样的。

这位衣着考究、一尘不染的百万富翁，望着底特律中下阶层的人们站在柜台旁吃午饭。

他指着一位肥胖的女黑人问我：“你想她今早在报纸上看到什么？”

“我怎么会晓得！”我回答。

然后他指着另一位衣衫褴褛的年老白人，靠着一根拐杖。“你想他读了什么？”

“这是个测验吗？”我问，我以为他开我玩笑，但其实不是。

“为什么你不去问他们？”他态度坚决的建议。我问了。当然那两个人都没看报纸。他们都说太忙着讨生活哪来时间看报，报纸又不能当饭吃。

耐特笑了，“现在我希望你懂了，希尔将会给你《底特律俱乐部》和《底特律运动俱乐部》的会员卡。但是，别理它。不要每天在那儿吃午餐，希尔就是这样。结果他每天和相同的人聊该死的同样的话题，别掉入一样的陷阱。”对任何一个销售消耗性产品的人而言，这的确是个很好的劝告：

* 常在街上走动。
* 不要被自己的舒适环境所困。

而我第二个最重要的教训来自吉米·霍法。当时他掌管全美货车司机工会，而全美货车司机工会和全美汽车工会事实上掌控整个底特律。

霍法是我所见过最聪明的强人。我见过更聪明的，少数几个更强悍的，但没有人像他一样既聪明又强悍。他是个坏的混小子。

考验的时刻终于来临。全美货车司机工会为《底特律自由新闻报》新的工资决议举行罢工。停工29天之间，我方答应协商。我加入报社的三人组谈判委员会，我们的头头是业务部经理亨利·伟勒(Henry Weidler)，当时已是个疲倦的64岁老人。

霍法强悍、充满活力，才47岁。他看起来像个拳击手，短小精干，散发男子气概。脖子像牛一样粗，头像牛头一样硬，身体也壮得像条牛。领口打开的T恤内露出毛茸茸的胸膛。

吉米·霍法的洗手间休息法

我们几乎毫无休息地谈了36小时。霍法想要休息的讯号总是一样："我要去上个洗手间。"然后，他将全美货车司机工会代表带离谈判桌。上厕所、泼些水在脸上、有时喝杯啤酒，再冲回房间，准备继续战斗。

相反的，伟勒会上洗手间，仔细的检查拉链，洗手，擦得干干净净，弄直领带，喝杯咖啡，再慢慢地拖回会议室。

他根本不是吉米的对手。

我由此学到：旺盛的精力加上心智的聪明，才是胜利的组合。

谈判结束时,全美货车司机工会几乎得到罢工前他们所提的全部要求。

由于我在排行上算是新手,地位又低,实在不能对谈判做出任何实质的贡献。但当报纸重新开始出版时,版面是我的了,我可以好好利用。

罢工时期霍法和他全美货车司机工会的人在街上游行,好像他们是待遇奇差的货车司机。但在罢工后复刊的第一天,我们列出全美货车司机工会人员前一年的薪水。结果显示,他们赚的钱比大部分汽车城的汽车厂工人还多——甚至比报社里的记者或拉广告的还多。

报社的印刷人员泄密给全美货车司机工会,说这项消息已经排好版了,霍法很生气地打电话给我。

“你要是敢登出来,你就完了。你让我手下的妻子知道他们赚多少钱,我会让你吃不完兜着走!”霍法威胁我。

我们还是登出来了。但他来不及找上我,他的敌人先找上他了。

我从“硬式棒球联盟”中学到许多,可是不像在迈阿密那么有趣。毕波行事轻松自由,又能欣赏我的笑话;希尔是个较佳的记者,但他太严肃,而且认为大笑是不礼貌的。好多次他都告诫我:“你不知道别人常常对你的玩笑会错意。

你不了解这对你的伤害有多大。”我说笑话时，唯一不笑的人就是他。

不好玩就溜

对我而言，如果事情很有趣，工作效率会比较高。我追求的理想工作环境是：在环境许可下，能吸引并留住有趣、幽默、甚至有点不正经的人。鼓励员工放松自己、别太严肃。奖励同仁在认真工作的同时，也能乐在其中。

此外，离我上次升职已经有两年了。迈阿密快速的经历之后，这样情形实在有点慢，更教我坐立不安。况且我对耐特报系未来的领导结构开始产生怀疑。它当时是全国最大的报业连锁，是杰克·耐特和李·希尔共同造就的；但显然的，吉姆·耐特很快的会接收，而且行销方面的事务将由他主导。这点使我很不以为然。

生意人不会了解报纸的精髓和灵魂所在——新闻。大部分报纸的行销主管觉得办报和卖鞋没什么两样。

吉姆·耐特挑选了艾瓦·查曼(Alvah Chapman)做他的亲密战友。艾瓦后来成为首席执行官，他是个会做生意的聪明人，不过不是我这类型的。他是那么的正直，希尔和他比起来简直可以算是个喜剧演员了。和查曼一起工作就像要我爬墙一样无趣难忍。

如同许多坐三望四的专业人员，我已经准备好接受更佳的工作机会了。

实话实说

再刺激的工作，碰到无趣的老板也变得无聊了。

4. 破箱而出

“你无法想象有(比努哈斯)更具竞争力,更努力不懈,主宰性更强的人物。”

——《华盛顿新闻评论》(Washington Journalism Review)1986年8月号

快到39岁生日时,突如而来的一通电话给我一个期待已久的机会。甘奈特报系执行总编辑梵·琼斯(Vin Jones)邀我到明里亚波利斯参加编辑年会的早餐会。见面后,琼斯告诉我,他代表保罗·米勒(Paul Miller),甘奈特公司的总裁及首席执行官,问我有没有兴趣转到甘奈特发展。这家公司位于罗彻斯特,总部设在纽约。

我告诉琼斯我很满意现状,不过我不会没听清楚任何事就拒绝送上门的机会。他说,米勒会和我保持联络。

这段谈话留给我复杂的感受。有人挖角当然使我受宠若惊,但我真的想为像甘奈特这种小公司工作吗?那是个相对而言相当小的公司,只拥有16家报社,平均发行量不会超过5万份。不光是规模小,知名度也比耐特报系低了好几节。报纸是赚钱啦,但内容淡而无味。

一定需要某个非常特异的机会,才能把我拉到甘奈特。不过,推动我的另外一个因素是:无聊。一生中,无聊常把我推向新的冒险。我很容易就感到无聊,无聊就像常抽筋或常拐到脚的毛病一直跟着我。只有动来动去或往前走才能治好它:换新的工作,新冒险,新局面。

许多人感到无聊,但大部分人不知道该拿它怎么办。

作家希奥多·怀特(Theodore H. White)如此描述:“大部分的普通人生活在箱子里,就像蜜蜂活在蜂房里一样。”我从不满意继续活在一个箱子里。底特律的无聊为我铺了到罗彻斯特的路。

米勒邀我到罗彻斯特看看,并见一见他的高级主管。他们都是亲切的绅士,但显然是格局狭小的经理人,经营着格局狭小的公司。

我在底特律的年薪是2.5万美金,米勒给我3万,要我当罗彻斯特两家报社的总经理。我告诉他我会考虑。

反射动作泄天机

几天后米勒打电话来,过几天后又打来。

“我真的希望你能加入我们。”他说:“还记得我答应给你多少吗?不管多少,再加5千块。”

如此一来，我看出米勒一些端倪：

我一向由人们不经意发出的讯息了解他们真正的个性，例如：酒后失言的评论；脸上表情的改变；不寻常的特征，例如颤动的手、流汗的手掌或腋下；不成熟的批评——未经思考就出口的那种。

学着解读他人能让你占些优势。

要了解米勒太简单了，加我薪水5千块的举动就像膝反射那样不经大脑思考。他很容易就像这样未经思考直接反应。为他工作后，我常因此占到一些便宜。

米勒告诉我，他注意到我是经由蒙提·科第斯(Monty Curtis)推荐，他是哥伦比亚大学美国新闻学院的主任。此学院总部位于纽约，我曾在那儿演讲过几次。

我向科第斯请教有关我换工作的决定。“列出你觉得事业上和你个人生活中最重要的10件事。”他提议：“再来排名比较这两家公司。”

我做了。

两张评量卡都着重在：公司未来的成长、冒险性、新的投资计划、个人的升迁可能性。现在的薪水或头衔则比较不那么重要。

我给耐特报系加了十分“忠诚度”。即使如此，甘奈特还是赢了，94对92分。更重要的，我的勇气告诉我：第一，没有姓甘奈特的人在甘奈特公司里，一位专业的经理人可以照自己的意愿发挥；其次，如果我真有自己想象中的那么好，我就是那个人了，整个公司就是我的，由我控制。

关键性的转折点则是米勒告诉我，他希望甘奈特能向外扩展，跨出西北区域。他是个喜欢佛罗里达州、可以整年打高尔夫的人，曾试着买下那儿的一些小报纸，但都没有成功。他对我能和他一样那么了解佛罗里达印象深刻。我也盘算着退休后到佛罗里达做些新奇刺激的事，米勒可以帮我实现这个梦想。

跳槽戏法上演

我打电话给米勒说我接受时，附带一个条件，他要打电话通知他的朋友杰克·耐特，说明是甘奈特主动找上我的，而且我本人一定要在现场目睹这通电话。我要百分之百的保证记录清清爽爽，证明不是我主动在找工作。

我捏造个借口，正好下午一点整时进耐特的办公室；正是我和米勒约定的时间。

电话响了。

“嗨！保罗。”耐特开始说。

我只能听到耐特这边的谈话。不过后来米勒给我补上剩余的内容。

“我只是想让你知道,你手上有个年轻小伙子,我们很感兴趣。”米勒说:“我们已经与他接触,也提出条件,我想他会接受。他的名字是艾尔·努哈斯。”

“他正坐在我对面。”耐特说。

“嗯……我只是想让你知道……”米勒说。

耐特忽然变得很不高兴。

“我不懂这是什么意思!”他吼起来。

米勒再说一次,这只是礼貌上的打声招呼。

“我还是不了解这通电话的目的! 我们高尔夫球场上再说!”

耐特挂掉电话。转向我。

“那么,小子,你决定接受了吗?”

“是的。”

“要是我觉得你正在犯一个愚蠢的错误的话,我会劝你别去。”他说:“但是保罗的那间小公司的确用得着你。我们会想念你的,祝你好运。”

典型冷静而专业的反应,你可以预期一个沉着有自信的人应有的表现。耐特和我一直保持友谊,直到18年之后他去世为止。

大部分的朋友认为我疯了才会离开底特律到罗彻斯特那种鸟不生蛋的地方。我不这么想,我已准备好迎接新冒险，才不管其他的人怎么想。有太多的人错失大好的机会，只因为害怕别人会怎么说。

我在“大联盟”的“硬式棒球”场上已尽力表现，现在我准备领导一个小联盟的队伍向大联盟迈进。

了解企业文化

搬到罗彻斯特之前，我读了两本书：一本是法兰克·甘奈特(Frank Gannett)的自传，他就是甘奈特企业的创办者。他的性格和眼界曾主导整个公司，而我想对即将加入的企业文化有所了解。读这本书让我对当时仍在公司的主要人物有概略的认识。另一本是《美国安乐城》(SmugtownU. S. A.)，一本有关罗彻斯特半写实半虚构的作品。两年前由此地一位周报主编科特·杰林(Curt Gerling)出版。认识罗彻斯特与认识甘奈特企业同样重要。

杰林如此描写“安乐城”：

“一开始，你需要几件干净的衬衫，修剪整齐的指甲和一套‘海奇富利曼’(Hickey Freeman)的西装。当然你要加入共和党，并在林肯—罗彻斯特银行开个户头。再来你要向扶轮社宣示效忠，和狮子会的会员手牵手一起唱‘天佑美国’。如果一个人想得到(罗彻斯特)‘时髦人物’，或‘最有价值的青年才俊’的称号的话。以上这些全都是必要的措施。”

我不赞同拥有决策权影响力的记者加入俱乐部——或是和特殊的利益团体结盟。所以在罗彻斯特，我没加入共和党——也没加入民主党，当然也没入扶轮社或狮子会。我与每个团体保持友善关系，但从不加入成为会员。

我的确买了两套当地制造闻名的海奇富利曼西装，但很少穿，我比较喜欢休闲一点儿的服装。

我从来都没成为一个带着一大堆卡，要求穿西装打领带的俱乐部的会员。太制式化了。这些年来，对非正式但品味独特服饰的偏好，已变成我个人风格中不可或缺的一部分。穿着简便并运用同一种颜色——大多是黑的、白的或灰的——是我故意引人注目的方式。具有独特的风格是当老板的要素之一，也是传奇形成的根源。

我就是故意不结正式领带想通过餐厅经理那一关，所以当我结着一条领巾状的领带进纽约的豪华餐厅去时，制造出一则也许全国出版界会传说数年的小故事。

“先生，我们这儿要求客人打领带。”他以纽约餐厅经理典型的傲慢语调这么说。

我轻声耳语说：“不好意思，但是我有喉癌。医生严格禁止我戴太紧的东西在脖子上。”

那是我第一次见到纽约的餐厅经理道歉。然后他细心地带我和我那些穿着正式的朋友到预定的位置。

很明显的，我正要进入一个谨慎、保守、舒适、温馨的社区。而我需要放慢脚步——至少一阵子。我希望能了解这里的体制，虽然并不想真正成为它的一部分。

窥伺军情

米勒和我达成协议，我将出任《罗彻斯特时代联盟报》(Rochester Times Union)和《民主纪事报》(Democrat and Chronicle)两家报社的总经理和实际负责人。这两份报纸发行量加起来有26.37万份。不过，根据以往在《迈阿密前锋报》的经验，我建议还是先四处观望，再慢慢的接手。

我们宣布一个笼统的职衔："甘奈特企业总裁"。大约1个月，我没有明显的任务。身份混杂了行政人员、编辑、记者、广告代理、行销经理——出现在任何场所，不管是在工作岗位上、酒吧或餐厅、或在员工的家里。这样的好处是，他们没把我当老板看；把我当同事，对我掏心挖肺。

很少下属会告诉上司他们真正的想法，尤其是不在正式的工作场合中。后来这几年，我用打牌、邀请他们参加体育活动、或到酒吧的方式来刺探属下。在这些场合中，如果保持一个新闻记者的敏感度，就能得到很多资讯。

甘奈特企业中大多数人对米勒都非常忠诚。16年前，当法兰克·甘奈特带他来罗彻斯特作副手时，他是美联社华盛顿办公室的主任。1957年甘奈特去世后，米勒成为大老板。他对新闻室的运作异常敏锐。但生意方面都交给别人处理。

我前任的总经理，唐诺·布基（Donald Ulysses Bridge），当时69岁，是个严格秉持"不干涉主义"的经理人。我的做法却总是如下：要不是"全盘操控"就是采用"完全放任"方式，视情况而定，但决不模棱两可。

参与某件事时，我会尽全力感觉、掌握、解析它。当上司插手一件事时，大家都会知道那件事很重要，也才会更投入。然后，当我相信一切已成功地上轨道之后，就完全放手让别人接手去做。

这种"全盘操控"和"完全放任"交替运用的风格，当人们有需要时，能给他们树立一个典范。如此，在适当的时机，当他们希望追求自我表现时，才能享有根本的自由和满足感。

调到罗彻斯特1个月后，我的职衔"总经理"公布后，并不是每个人都欢迎这种"全盘操控"风格的转变。我在新闻室里重改标题，和拉广告的人一起打电话，跟着送报卡车一起出去，半夜出现在印刷室检查印刷的品质。我把大部分的注意力放在报纸的制作上：加大新闻的版面，将两份报纸每天的版面都清楚地分成4大部分，把广告从每版的前页移走，换成较佳的新闻报道或图片。

“让每件东西各就各位”成为我的座右铭——直接由底特律的李·希尔和迈阿密的经验中偷来的。

新瓶装旧酒

事实上，我们所做的没有一项是全新的点子。一如以往，最好的主意都是从别的地方偷来的，然后加以修饰，扩大规模，或分开成几部分做。

不论是从《南达运动周报》来的小点子，或从底特律和迈阿密来的大主意，重点在于如何调整适用规模和范围。假如你算术还可以，会乘法和除法的话，就可以有效地把小场地的技巧运用到大场地；反之亦然。

两年来，我把罗彻斯特的报纸办得有声有色：总计发行量由26.37万份增至27.76万份；年营业额增加三分之一，从270万美金增至360万美金。

几乎每个人都认为我最终势必会接收甘奈特企业，我所要做的只有顺水推舟。《罗彻斯特时代联盟报》的老总编辑维农·库柏(Vernon Croop)曾告诉我如何才能当上甘奈特的大老板：“准时上班，准时下班，远离是非，别制造麻烦。”

但那实在不是我的作风。顺水推舟太无聊。41岁的我仍想大声嚷嚷地往上爬。我的梦想集中于重返佛罗里达,以及发动新的计划,好为我《南达运动周报》的失败复仇。

实话实说

顺势而下只能算是小孩骑单车的把戏。

5. 贪婪与梦想

“乐观一向是努哈斯最主要的教条。”

——《哥伦比亚新闻评论》

(Columbia Journalism Review)1985 年 5—6 月号

贪婪者以各种形体出现,鸟类,野兽,人类。他们猎食死尸,或年幼者,或新手。人类外表的兀鹰以梦想为食物,他们喜欢摧毁创意。

我常以贪婪之心激励自己和别人。贪心,不知不觉的,在佛罗里达帮我实现梦想。

上演的舞台在太空海岸(Space Coast),那儿每平方里的梦想比世界上任何一处都多。

保罗·米勒和我对佛罗里达都有计划。他想收购那儿的报纸和在那儿打高尔夫,我则想在那儿发行新报纸,期待能轰轰烈烈的成功,希望借此赢得声名。

《南达运动周报》的失败并没有扑灭我想从头开始创办一份全新报纸的渴望,反而更激励着我向前行。而且我已学会该如何“不”怎么做。

米勒对我计划感兴趣的程度,和6年前我在《迈阿密前锋报》遭遇的挫折,形成极强烈的对比。

1959年年底时,我沿着大西洋岸旅行到卡纳维尔角(译注:美国航空太空总署所在地),到那儿为《迈阿密前锋报》设立新办公室。那原本可能是改变我一生的一趟旅程。当"红石飞弹"发射升空时,我在当地先锋饭店的阳台上用望远镜观看着。这枚7层楼高未命名的火箭是为载人的太空旅行计划铺路——用不着企管硕士或天才就可以看出来,我们未来的希望在那儿。1950年时,当地的人口是2.3万人,预估1960年时将达到7万人,1965年可增至25万人。

苏联已经成功的发射史泼尼克卫星(Sputnik)绕行地球轨道,美国才正想迎头赶上。太空竞赛正上场,且肯定脚步会越来越快,我的想象也是如此。

回到《迈阿密前锋报》后,我要求见管钱的人——吉姆·耐特。

"我刚从卡纳维尔角回来,"我说:"人们从各地蜂拥而至,大多数是受过高等教育的人,而且参与太空计划的人能赚到的薪水都相当可观。在未来5—6年,那儿会有25万像这样的人。更棒的是,那儿没有一家当地的日报!如果我们比别人手脚快一点,就能填补这个真空状态的市场。"

“你有什么计划?”他摆个扑克脸问。

“我认为我们该在当地开办一家新日报。现在我还没有任何实际报告或数据给你,但是我的第六感觉告诉我那一定会成功。”

他的表情没变:“我们现状很好。只管专心办好《迈阿密前锋报》即可。”他摇摇手,否决了这主意。

这是我开始明了事实的序幕,事实是:大部分管钱的人和大企业对新点子都没兴趣。舒适的现状主导着大部分的企业,而那使我发疯!

4年之后,当我和保罗·米勒协调加入甘奈特时,他告诉我他有意向外扩展,特别是向佛罗里达州。我也简短地说明想在太空海岸办日报的构想。

当他表示有兴趣后,才促使我离开耐特报系加入甘奈特。我希望能为一个愿意尝试新事物的公司工作,而一个总部设于长年刮大风的纽约州罗彻斯特的公司,应该对佛罗里达州有特别的构想。

活该倒闭的报纸

五六十年代,报界非常不景气。日报成打的倒闭:纽约两家,波士顿3家,洛杉矶3家,蒙特利尔3家,整个美国和加拿大合起来有365家。

这些广泛的倒闭状况,使得许多灾难预言者预测新闻工业即将结束,我的反应却不然。我认为大部分这些消失中的日报都该死。当时这种反应在我新闻界的朋友中并不多见,特别是管理阶层中更是稀少。他们只会怪罪工会把印刷价格抬得太高,我却认为罪魁祸首是经营不善。那些搞砸的老板犯了我在《南达运动周报》所犯的错,只是规模更大。如果他们懂得如何吸引电视世代,懂得如何运用现代化设备降低生产成本,制造更高品质的报纸,以及如何在人口急速增加的区域吸收新读者,报纸不仅能求生存,还能茁壮。

发行人和编辑必须把他们的眼罩拿掉,他们需要注入新血液和新观念,这也许是一记当头棒喝;而我早已听到机会在敲门的声音。

我的目标是:用一个在太空海岸成功的"续集",抹净《南达运动周报》的回忆。

除了达成我要创新报纸的梦想,佛罗里达的计划,对我要使甘奈特成为美国最大报业连锁的远景,也是非常重要的基础。

我们必须打破以纽约为基地的地域性小公司的局限。一份佛罗里达州的报纸能占下南方的一个重要据点。而4年后买下加州《圣巴那迪诺太阳电报》(San Bernardino Sun and Telegram)公司则提供我们在西部下锚的据点。

在罗彻斯特两年后,我向米勒提出对佛罗里达的详细计划。我们偶尔会谈论这想法,他几乎与我一样急切。不过他对罗彻斯特的事也感兴趣,又对我老是分心到别处去感到紧张。

“保罗,”我说:“我会留一只眼睛看着罗彻斯特,另一只注意佛罗里达,你只要花一份钱,就能得到两份成果。”他很满意这样的提议。

我大远景的设想情况,摘要包括:

*我将成为甘奈特佛罗里达新分公司的总裁,但仍保有罗彻斯特总经理的职位。

*1966 年春天将在太空海岸发行一份 1 周出刊 7 天的早报。

*先买下当地两份小报纸,作为新投资的基础——《可可亚论坛报》(Cocoa Tribune)和《提斯维尔明星宣传报》(Titusville Star Advocate)。大约要花个 300 万美元。

*将投入 200 万美元扩充设备和印刷厂。

*甘奈特董事会必须承诺支持这项新投资,虽然前 3—5 年期间可能损失 300—500 万美元。

我对初创期的情况可有经验多了！当初《南达运动周报》5万美元的资金支撑得不够久，无法让它在市场上有个公平竞争的机会。这次我可下定决心要投入雄厚的财力，预定新报在5年后会开始有利润。

米勒爱死这个计划了。他对财务细节没有特别的兴趣，这可是他到佛罗里达的车票，一张通行证，前往阳光普照的冬天和全年高尔夫球赛的乐园。

不过当我们向财务主管希瑞·威廉斯(Cyril Williams)和企业总经理立恩·必纳(Lynn Bitner)提出计划时，他们认为我们两个疯了。当时甘奈特每年的盈余只有700万美元，他们确信这计划一定会拖垮公司。

甘奈特当时不是股票上市公司，米勒控制权奇大。我们告诉董事会其他成员我们要怎么做。而他们都同意——有些人很爽快，有些人则心不甘情不愿。

必纳是最心不甘情不愿的一个。他是个顽固的德国后裔(跟我一样)，甘奈特里的人给他取个绰号——“男爵”。他认为自己是公司里的第二号人物，虽然米勒一直很小心的不给他这种头衔。

因为必纳是米勒购并公司时的先头部队，他被派去购买发行量9,000份的《可可亚论坛报》，实现我们计划中的第一步。《可可亚论坛报》的老板玛丽·侯德曼(Marie

Holderman)是个古灵精怪的寡妇,年纪 80 岁出头。

如何"不"达成一项交易

我在《迈阿密前锋报》时就认识她了,我早就知道她已经回绝上打的交易条件,所以我教必纳几招如何与她交手。

但必纳不采用。他带着打高尔夫球的伙伴比尔·崔区(Bill Stretch)一起去。崔区也是董事会的一员,新泽西州《肯汀新邮报》(Camden Courier Post)就是米勒从他手上买过来的。他们俩未经人引介就走进侯德曼家,必纳自我介绍后说:"我们是从甘奈特来的,想要买下您的报纸。"她马上下逐客令。

必纳回到罗彻斯特,报告发生了什么事,并下结论说那家报纸是不卖的。当然回来之前,他和崔区留在佛罗里达打了 3 天高尔夫球,费用全报在公司帐上。必纳是故意打击我在佛罗里达的计划,所以我说服米勒让我去见侯德曼夫人。我打电话告诉她,我会到那附近地区拜访,想约她和她的经理约翰·庞德(John Pound)吃个中饭。庞德,60 多岁,原来是那家报纸的印刷商,也是侯德曼夫人的同居人,当我还在《迈阿密前锋报》时,就曾经和他们吃过晚饭。

她最喜欢的餐厅是一家叫"冲浪"的地方,位于可可亚海滩一间广受欢迎的海产店。我仍记得她最喜欢的菜——

螃蟹奶油浓汤和烤鲹鱼，我事先打电话确定我们约的那天这两道菜都有。

我会注意人们吃什么和喝什么，如同我注意他们说什么那样。和人们会面后的后续笔记里我常提到这些，好作为将来参考的备忘录。有部分原因是基于本身为记者的好奇心，部分则是想要达成做一个头头的目的：满足自己想要控制一切的欲望。

吃饭时，侯德曼、庞德和我一起回想过去的时光。她一如往常的尖锐机智又爽快坦白。她丈夫早死了好多年，给她留下个小小的周报；现在她和庞德把它经营成一家赚钱的小日报。但她还是喜欢过去熟悉的佛罗里达州。

"艾尔，还记得你1959年第一次到这儿来的时候吗？"她问："那个时候这儿多有趣呀！不过从那时起，我们有的只是进步。我对进步真是厌倦透顶了！"

我大笑，并表示同感："玛丽，我知道你的感觉。可是你无法抗拒进步。这个地方是通往月亮之路。我想你能从进步中获利，而不是光为此生气。"

然后我温和地继续跟进："甘奈特将要在此地开办一家新的日报，我们会放很多钱下去。我希望你事先知道这计划，因为我不想因为我们所做的事伤害到你。但如果你能加入我们的行列，我们将会付你一笔相当可观的数目，而且你和约翰还可以支领薪水,并帮助我们的投资计划。"这是个动之以情和威之以力结合的购并企图。

我告诉她,我们愿意出价150万或更多,她没说不好,但要再考虑一下。我先回来告诉米勒可能会成功。两个星期后,庞德打电话给我。

"如果你付200万,我想侯德曼夫人愿意卖给你。"

我说那数目比我们当初想的高了些。"不过,为什么不由甘奈特公司派架飞机去南部,接你们到这儿来看看再做讨论呢?"我提议。他很中意这个主意。

赢20元,给190万

他们于5月1日抵达,正好是1965年肯塔基赛马会那天。我到机场接机。我知道侯德曼夫人喜欢赛马和赌博,所以我和赌她20块,预测"幸运都柏纳"那匹马会夺得冠军。果真如此。

我发现,打个小小的赌是一个很有趣的拉关系方法,使得关系富有人情味。两个人交换钱的同时,默契就会增加。

我和每个人打任何赌,包括:两大棒球联盟冠军对抗赛开幕前由谁唱国歌;有多少次牵制一垒;何时我们公司的喷气式飞机着陆。员工都特别喜欢吹牛他们和老板打赌——不论是赢或输。如果我输了,一定马上付钱;要是赢了,也马上送讨债的单子给对方。

对侯德曼夫人而言，输给我20块根本不算什么，她回家时可成了个百万富翁。

当我们全集合在米勒的办公室时，庞德比我当年第一次走进《迈阿密前锋报》的新闻室时还紧张。庞德先开口："我们很感谢你们派飞机来。但我们只是来告诉你们，侯德曼夫人已经决定不卖她的报纸了。"

侯德曼夫人一阵惊愕，吼得震动整个办公室："该死的！强尼，错了。我们来是想要卖的！"

每个人都笑了起来，这才打破僵局。

"我认为《可可亚论坛报》值190万。"侯德曼夫人断然说道："现金，我全要现金。"

保罗和我原本以为会更贵的，我们相对点头。保罗以若无其事的态度说："还算合理的价钱，我们握个手表示成交吧！"

律师花了3个星期才完成所有的交接。我倒觉得那很简单，根本只需要3个小时就够了。

米勒、必纳、威廉斯和我一起到佛罗里达宣布这项交易，并送支票给侯德曼夫人。当我们离开所拥有的最新一家报纸时，我开着车，米勒坐在前座。我们两个都很高兴。必纳和威廉斯坐在后座，非常不高兴。

“好了,我们给你买了这个该死的东西。现在你要拿它怎么办?”威廉斯讽刺地问。

“我们要利用它带我们成功上月亮去。”我得意地边笑边回答。

必纳马上反击:“只要确定你不会反而带大家掉进阴沟里就谢天谢地了。”

实话实说

别让贪婪的人遮住你的理想。

6. 积沙可成塔

“努哈斯最令人印象深刻的早期成就是在佛罗里达草创的日报。一年之间,《今日报》(TODAY)即拥有全国同级规模报纸间最好的名声。”

——《君子》杂志 1979 年 9 月号

光是担心,肯定找不到解决问题的办法。

我从不担心,从不。当然我会思考问题,但从不浪费时间担心,那反而会造成反效果。关键在于集中焦点在解决问题上。

我的态度并不是戴着玫瑰色的镜片看世界,好像一切都很完美的样子;而是要看清楚事情的优缺点。试着把弱点转变成长处,仿佛将令人讨厌的鼹鼠丘填成壮丽的大山。

每一个新的主意或产品都有潜在的问题。想要掌握像佛罗里达太空海岸的报纸市场,问题重重。尤其这个地方充满来自迈阿密、奥兰多、达托纳海滩和坦帕来的报纸,大家都想分一杯羹。

这也就是为什么我的第一步棋,是请民意测验专家卢·

哈瑞斯(Lou Harris)来帮我们寻求解决之道。

由于杰克·耐特的想象力,才有我和卢第一次在底特律见面。杰克有一天打电话来说:“我刚看了一本书,由泰迪·怀特(Teddy White)写的《如何造就一位总统》(The Making of a President)。他把肯尼迪总统能赢得西佛吉尼亚和威斯康辛州决定性的初选,归功于卢·哈瑞斯。如果卢真的对拉票那么在行的话,为什么我们不请他来为《底特律自由新闻报》拉些读者?”

哈瑞斯从来没做过报纸读者的研究,但的确,他在底特律帮我们划分目标市场,并提高郊区市场的发行量。从那时起,卢从事许多的报纸研究,反而停止为政治人物做民意测验。他知道办报纸的客户会付帐,政客有时还会赖帐。哈瑞斯的招牌和名声增强我的太空海岸计划的可信度。但是我说得明明白白,他的工作是来告诉我们“如何”开始办报纸,而不是“要不要”办。对后面这个问题,我本能的第六感觉早有答案。

如何知道什么会成功

身为老板的人需要知道如何运用外来的顾问。太多人单单利用顾问来确定他们自己的判断,我才不需要别人来告诉我要不要在佛罗里达创办一份新报纸,我只需要足够的资讯告诉我哪一种类的报纸会成功。

哈瑞斯主要的发现是：

＊太空海岸的居民大部分是新移民，喜爱新点子、新领域。

＊他们对当地组织没有忠诚度，他们的忠诚度仍留在原来的家乡。例如俄亥俄、密执安或马萨诸塞。

＊他们的兴趣是全球性的，不是地域性的。

当甘奈特里管钱的人再一次想破坏我的计划时，这些新发现助我一臂之力。

必纳和威廉斯游说米勒放弃新报纸的计划。“我们可以将《可可亚论坛报》扩充为1周发行7天的报纸，而不用花这么多钱。渐渐的，它自然会成长并赚更多的钱。”威廉斯持这种论调。

我则向米勒提出3个理由，说明为什么新报纸才有前途：

一、太空海岸的居民会被新事物所吸引，但决不会注意一个回锅的旧产品。

二、一份成功的新报纸将使甘奈特得到业界的注意。

三、所有牵涉新投资的事都会很有趣。

然后，我加上这个未明说的恫吓表示要辞职："如果你只想做小规模的，只想搞一下又小又旧的《可可亚论坛报》，就让必纳来负责好了。但如果你想做大一点儿，就让我动手。"结果米勒支持我。几年之后，必纳提早退休了。

旁观者认为我在冒事业上最大的一个赌注。但对我来说，根本不算什么。我当然期望成功，但我以前失败过，又生存下来，所以我一点也不害怕失败。甘奈特的同事纷纷打赌，说我要不是下一任总裁，就沦落成抄写员，全靠新报纸的成功与否来决定。

《罗彻斯特时代联盟报》助理总编辑约翰·杜哈提(John Dougherty)是讨厌我在佛罗里达的人之一，因为他希望有一天能继任米勒的位置。他将我比喻成美国早期失败的太空计划，杜提预测说："努哈斯就像一枚火箭，他会像火箭那样冲上天，也会像火箭那样掉下来。"

接下来那一年，我将时间分给罗彻斯特和佛罗里达，不过大部分给佛罗里达。第一个挑战是组织成员，着重点在成员的年轻热诚和多样性上。新闻部的平均年龄是 27 岁，他们像在参与冒险计划一样，乐于努力工作，乐于成名，且不会担心退休年金。

第一个《今日报》

为报纸命名是个关键性的抉择，我回绝了所有传统报纸的名字，但想不出来恰巧适当的称呼。

营业部经理莫瑞斯·海其(Maurice“Moe”Hickey)想到了。他是我从甘奈特纽约艾密拉公司带过来的。夜猫子，天生有女人缘。一次夜晚的出击行动时突然灵光一闪：“今日”。

隔天他向我提出时，我知道这就是了。我以为他是由NBC每天早上的电视节目“今日”偷来的点子。但是他宣称是自己原创的想法。我们在“O”那个字母上加个像土星环的圈圈。也打出这个口号：“佛罗里达太空时代新报纸”。这种现代、前卫的调子，正适合用来吸引太空海岸群众的注意力。

每一个决定，都将读者的兴趣摆在优先考虑的地位。大家都了解先抓住读者，广告商最后自然会跟着来；如果我们没抓住读者，广告商也不会来。这是给任何出版事业一个简单的处方笺，条件是你有足够的资金撑到“最后”来临的那天。

《今日报》主要的4大部分全都是新闻——从头到尾，广告不准上这些版面。所有重要的特写每天都出现在一模一样的地方——包括国内新闻、本地消息、体育、电视、专栏、漫画。在体制已经固定的报纸上，这些都是大多数主编无法改变的，原因可能来自广告商的反对或传统的阻碍。

不过我们的漫画部分遇到问题。特写之王（King Features）的乔治·瑞斯寇（George Driscoll），报业广告集团的泰斗，解释了这项问题——也提供了解决的方法。

“我没办法卖给你好的漫画，因为几年前，《迈阿密前锋报》一个名叫努哈斯的贪心小子，坚持他们买的所有产品都该拥有全国性版权。我能留下来的只有一些三流货色。但是你们可以用彩色印刷呀！那么读者就不会注意到实际上它的品质有多差了！”

把我涂成红色

当时美国国内只有《圣路易电讯报》（St. Louis Post Dispatch）每天有彩色版的漫画，于是我采纳瑞斯寇的建议。有些成人可能会怀念受欢迎的“白朗黛”（Blondie）或是“查理·布朗和史努比”（Peanuts），但是小朋友觉得每天能把“米老鼠”（Mickey Mouse）和“老虎”（Tiger）涂成红的、蓝的、黄的，实在很棒！

我们把潜在的弱点变成长处，做得非常漂亮，连竞争对手《奥兰多守卫报》（Orlando Sentinel）后来都模仿我们，许多其他报纸也相继跟进。每天都有彩色版的漫画。

8个月的计划期间,竞争者中没一个明确知道我们要干什么。我利用必纳和威廉斯原本的希望对外放话,表示我们只单纯的想要扩充《可可亚论坛报》,并添加星期日版。那就足够解释为什么我们加盖建筑物、新印刷厂、雇用新员工了。

然后,1月27日,我们发表正式声明:《今日报》,佛罗里达太空时代新报纸,将于1966年3月21日创刊发行。

筹备的脚步加快。发行日前的两周,我们每天制作出完整的原型——印刷,装载,送到派报点以便准确计算时间;然后再回收,运到当地的垃圾场烧掉,以免落到竞争者的手上。

"不可原谅的浪费。"必纳抱怨道。

"熟能生巧。"我回答,那时我真是颇有自信,而变得有点狂妄自大了。

3月21日,一切准备就绪。

我们免费赠送30天《今日报》给贝瑞瓦郡的每一户人家,总共超过5.2万份。这做法奏效了,结果证明新报纸本身是促销自己最佳的工具。

两周后,哈瑞斯再回来帮我们做售价的调查。原先我们计划,30天的免费试阅期后先只卖半价——1天1份5

美分,1 周 25 分,所以事先印好了数以千计的半价优待券。然而哈瑞斯的调查发现读者很快就上钩了。“你疯了才会提出半价的优待。”他如此建议。于是我们丢掉那些折价券直接上市。

在迈阿密的吉姆·耐特听到我们的售价决议时,他告诉我:“这是你致命的错误。”

不过我们发现大众认为一份报纸价值多少,他们就愿意花多少钱买。未出刊前,我们预估第一年年底的订阅数能达到 2 万份;但事实是:10 周后,3.3 万份;12 个月后,4 万份。同时期内太空海岸的同业竞争者读者订阅量则急速下滑:《奥兰多守卫报》从 2.7 万份掉到 1.9 万份,《迈阿密前锋报》从 1 万份减至 6 千份。

发行量迅速的成功其实所费不赀。因为我们起初以少于两万份的发行量计算广告率,因而卖出广告的费用相对的偏低,所以实际上卖出去的报纸,每份都在赔钱。同样的情形也曾发生在我的《南达运动周报》上。不过这一次我们有充足的钱库,可以消化这些暂时性的损失。

必纳和威廉斯用损失做借口,强迫米勒来制止我。

“《今日报》的每项费用都超出我们的预估,”必纳一股脑儿全说出来:“包括行销量、广告费、还有天杀的损失!”

我抵抗他们叫我大幅度提高刊登广告费用的压力,因为我认为广告客户也许会以为他们受到讹诈，而任何新的代理权客户关系，刚开始都有点儿脆弱，需要保护，所以我们每6个月渐进但实质地调涨广告售价。15年之后，《今日美国报》也采用相同的步骤。

1968年8月，出版后的第29个月，我们终于打破赤字——远在预估时限之前。《今日报》从当时起就一路赚钱至今。一项少于1千万美金的投资计划，回收利润平均每年达到数百万，且长达20年。况且如果此家报纸要出售的话，市场上的价格必定高过2亿美元。

月球上的送报生

1969年，阿姆斯特朗(Neil Armstrong)成为第一个登陆月球的人之后，我决定这个国家的“太空时代的新报纸”也应该递送到那儿。所以我问当时甘奈特里的一位董事詹姆士·伟柏(James Webb)，他是前任美国航空太空总署(NASA)的领导人，“我该找谁谈，才可以把《今日报》送上月球?”

伟柏是我的好朋友，但是他嘲笑这个主意：“他们不会这么做的，依规定不准携带任何商业产品的。”

于是我下决心找更高层的人帮忙。约翰逊总统(Lyndon Johnson)是太空计划热情的支持者，当他拜访卡纳维那尔角时，我们为他主办了当地团体的欢迎早餐会。

“《今日报》报道太空计划的篇幅让其他报纸望尘莫及。我们想送1份上月球，我需要找谁谈？”我问总统。

“你不能这么做。他们不能带任何商业产品。”总统回答。

我才不接受拒绝的回答。我从不。一定有别的办法。

我找上邦迪·贝克(Buddy Baker)，他是前任广告部经理，当时的《今日报》总编辑。“邦迪，你一定得想个办法，让一个太空人带份《今日报》上月球。”

在过去，太空人是属于可可亚海滩社区里重要的一分子。也许并不完全像汤姆·沃夫(Tom Wolfe)那本半写实、半虚构的小说《太空英雄》(The Right Staff)里描写的那样；但是他们的确和当地群众来往。

当天晚上，贝克在可可亚海滩的里卡森嘉年华俱乐部里，向喝酒的伙伴太空人小艾伦·夏普(Alan B. Shepard, Jr.)交涉。他告诉夏普说我已经向约翰逊总统和伟柏提出过计划了。

“帮我一个忙，让我令老板刮目相看。”贝克请求夏普，而夏普照做了。连同高尔夫球杆和高尔夫球，他在接下来那趟的登月任务中带了一卷《今日报》的显微胶片。夏普常开玩笑说他是第一个月球上的送报生，贝克也常吹嘘他能完成连他老板都做不到的事。

由此我学到,要办好一件事,就得与能亲自做到此事的人打交道。例如:如果现在我想在拥挤的希尔顿饭店拿到一套西装,我不会打电话给我朋友贝伦·希尔顿(Barron Hilton),而会与柜台职员或是副理攀交情。

我将标靶定得太高,去找美国总统和前太空总署的主任,不过我们瞄准到月球的目标仍然正中靶心。

《今日报》是赢家。自第二次世界大战以来,不论以任何规模来看,都是第一份成功的新报纸。上打的报纸都已死亡,现在一个真实的、有活力的报纸诞生了。

我终于甩掉《南达运动周报》留下的毒瘾了。

❊实话实说❊

鼹鼠丘和高山之间的差别,全取决于你的透视力。

四　权力:使用它,否则就会失去它

“他的仇敌必将舔土。”

——《圣经》诗篇　第七十二章　第九节

要攀登巅峰,代表一次只能踏出聪明的一步。经营、运用、操控自己的路,逐步由一个踏脚石到下一个落脚处。

大部分的踏脚石是指给你机会或妨碍你前进的人。许多是和你玩相同游戏的混小子;一些是对你有挑战性的混小子,他们有你想要的东西。

另有一些具威胁性的混小子,他们想要你有的东西;还有一些是可爱的混小子。

对全部的人都要因时制宜,一一处理。有些踏脚石可以优雅地绕过去——尽可能地减少痛苦;有些要敏捷地踩过去——不要往回看;有些必须重重地踩在脚下;有些可以与之共舞,共享乐趣。

我承认我曾经用过所有的方式,和各种不同种类的混小子打交道。

和其他可爱的混小子一起翩翩起舞是最有趣的了。每个人都享受参与游戏的乐趣,而通常最厉害的混小子会赢得胜利。但是当正当的方式行不通的时候,就要采用一些不入流的方式了。

适当的交互运用策略,才是唯一能攀登巅峰之路。

“警醒,因为你们的仇敌魔鬼,遍地游行,寻找可吞吃的人。”

——《圣经》彼得前书　第五章　第八节

1. 击败老板

“艾尔·努哈斯出身业界,布衣起家,他建立了一个颇受争议的形象……好像专制君主,甘奈特帝国的皇帝。”

——《底特律月刊》1987 年 8 月号

在甘奈特的事业之路上,是该告诉我老板:新一代的领导人物已经准备好接手的时候了。

这不是件简单的事,而且我并没有乐在其中。不过这就是进步的代价,而且唯有你拥有百分之百把握时才能尝试。

是米勒雇用我进甘奈特的。刚开始时他帮助我,但当我成为明显的继任人选后,他就开始骚扰我。当情势所逼不得不晋升我时,他让我难看。而现在,简直是迫害我。

过去 3 年做总裁的期间,公司实质上是我在经营。但是身为首席执行官的米勒却抢走大部分的功劳。非常明显的,只要天命和董事会允许,他是能撑多久就撑多久,即使只能用指头让他挂在位置上也可以。我则下定决心:果真如此,我就不干了。

当时他接近67岁,我则快要49岁。

我一直爬升得很快:16年内由记者升至总裁,照这种速度计算,平均每一年或两年、最长3年,升职一次。现在3年已过,我距巅峰仍有一步之遥,所以我采取行动。虽然不很乐意,但却非莽撞轻率之举。

与上司处得好一向是我的长处之一;事实上,如何与老板融洽相处是每个人工作上最重要的一点——即使他是个混小子。而大部分的老板就是混小子——至少有时候是。

和上司打交道有3个诀窍:

* 把每件事做得漂漂亮亮,提高老板的声誉,让老板面子好看。刚开始不要担心功劳记在谁的帐上。

* 减轻他的工作负担。将每样工作做得几乎和老板一样好,如此,你为他节省了许多时间,让他可去做别的工作或去玩。如果你真的精于此道,可能会鼓励你的上司寻求升迁的机会,这样一来,自然为自己开启一扇往上爬的门。

* 逐渐为自己建立一种名声,让老板知道,如果他开除你或你要走人将会使他很难看。这需要其他人的注意。所以要制造知名度,但要有真材实料做后盾。

当我开始向保罗·米勒施压时,最后一招最有效。他很乐意开除我,我要是辞职,他就更高兴。可是他心知肚明,不论公司内外,如果上述两种状况有一种发生的话,他的形象将遭受严重的损害。

1973年之前,我采取好些行动为米勒和自己铺路,准备继任他的首席执行官职位。我原本希望用一个有秩序、有计划、相互合作的方式来进行,那样将对他、对我、对公司都比较好。但每次我往前一步,他就拒绝改变,且试着把我推回来。

事情开始于1966年的夏天。我已成功的在佛罗里达发行《今日报》。观察家开始写文章,讨论有关我成为甘奈特企业里闪耀新星的事。

米勒喜欢我努力的成果,但很不高兴我所受到的注目。在过去,米勒等于甘奈特的同义字;而现在,新的名字努哈斯成为等式中的一部分了。他憎恨如此。

我对在佛罗里达的成功相当自满。我想要一个可以多试一些相同计划的职位。我给米勒写了一封短笺,建议他更清楚地定义我在甘奈特里是第二号人物的事实。我提供4个选择:

一、任命我为副总裁。

二、任命我为执行副总裁。

三、任命我为总裁。

四、开除我。

然后加上注解：

“我招认我偏好第三项(总裁)。但根据我天生保守的个性，我想换我来替你做决定的话，可能会考虑第二项(执行副总裁)当成过渡的一步。如果你觉得我不够格当一、二或三的话，也许你该考虑选四(开除我)。”之后我加了个附注：

“如果你决定任命我当执行副总裁，为什么不在你自己的总裁头衔上加个董事长的称呼？这样一来，日后也能依你所愿，在适当的时机给我其他的职衔。如果你需要董事会投票，我很乐意召集他们。而且我保证绝不会提这是给你年届60的适当生日礼物。”

我认为自己很聪明，指示上司如何让自己升迁，同时也提醒他的年纪大了。他则认为我是个自以为是的小子，不给人留余地。

相同的舞台，不同的演员

几个月之后，另一个出乎意料的电话帮我得到我要的。

杰克·弗林(Jack Flynn)，纽约《每日新闻》(Daily News) 63岁的发行人，正在找一个具有新闻背景出身的继承人。弗林属于《芝加哥论坛报》(Chicago Tribune)公司，此公司拥有《奥兰多守卫报》(Orlando Scntinel)。自从《今日报》席卷整个太空海岸，把《奥兰多守卫报》害得很惨后，他就注意到我了。

他邀请我到纽约面谈。我告诉他，对有机会经营纽约《每日新闻》的这个可能性很感兴趣，但我并不是在找工作。当时《每日新闻》有210万的发行量，是全美第一大日报。对一个南达科塔来的小子而言，这实在是个令人陶醉的提议。我告诉弗林我愿意考虑一下，但他得打个电话给米勒，通知他并不是我自己找上他们的。又一个底特律耐特和米勒电话交谈的翻版。

如同以往，我安排弗林在准确的时刻打来，算好当时我一定在米勒办公室里。保罗接起电话，他很爱接出版业界死党来的电话，特别是那些第一流的人物打来的。

"嗨！杰克，真高兴接到你的电话。"他很热情地说。

然后，当米勒听着弗林和我早先决定好的消息时，我仔细地观看米勒的反应。"保罗，我只是想要你知道我们正在接洽你组织里的一个年轻人。他并没在找工作，是我们找上他，而且现在我们将提供个职位给他。他说除非我先知会你,否则他不会考虑。他的名字是艾尔·努哈斯。"

米勒眼睛眨都没眨一下,他明了这个预设状况。但是他一如以往,仍旧非常优雅,有绅士风度地对待弗林。他向弗林道谢,还谈了些琐事。挂掉电话后,他冷若冰霜地望着我问:

"你要什么?"

我的回答是:"你知道我要什么。我要你任命我当公司里的第二号人物。如果可以,我会留下来。如果不行,我必须考虑其他的机会。"

米勒提议那天下午晚些时候到他家谈谈此事。

把饭碗放在刀口上

几杯马丁尼下肚后——他一向是位亲切的主人——他再一次问我:"你到底要什么?"

"我要大家知道我是第二号人物,而且将来是你的继承者。"我重申。

"他们早已经知道。"他反击回来。

"你和我可能知道,但'他们'可不知道。我需要一个头衔明明白白告诉全部的人。如果你任命我当执行副总裁,我会对你帮助更大。如果你没办法,我就得另找出路了。"我重复着昭然若揭的企图,威胁要打包到纽约去。

最后米勒终于看出我智慧的优点。“你负责写新闻稿,我来发表。”他说。米勒很有格调,他喜欢赢得很光彩,但也可以输得很有风度,面带微笑与人握手。

所以我把自己升做执行副总裁了。当时我42岁,觉得自己站在世界的顶端。老板快60岁了,我清楚该如何得到他的位子。但用不了多久就可发现米勒另怀鬼胎。他想把脚步放慢,而不想加快步伐。

我分秒不浪费地把所有的文具用品印上我的新职称。在写给甘奈特编辑有关未来计划的一封信上,我送了个副本给米勒。

他把印了我新头衔的那个角落圈起来,用铅笔写着:“为什么有新的信纸?”我立刻还击:“因为旧的已经过时了。我有个新头衔,记得吗?”

老板和未来的老板之间的便条攻防战由此开始。持续了7年,时间越久就变得越恶劣。

实际上就任新职的前几年,我们互相忍让得还算差强人意。他喜欢甘奈特在全国的形象越来越好,我则热爱各种活动和更高的曝光率。不过总有一些小小的事他不爽快,通常牵涉到有关报纸的一些变动,我要做的或是我拒绝做改变那类的事。

他是尼克松总统和安格纽(Spiro T. Agnew)副总统两

个人打高尔夫的伙伴，所以他很不满意新闻媒体对他们的态度。他发了封电报给我们在华盛顿办公室的主任杰克·葛蒙(Jack Germond)："请停止再写安格纽'批评、攻击、痛斥大学当局和年轻人'，这是不正确和不公平的。不要再让你的办公室再发表像你们这些日子以来所做的不公平和错误的泛论。"

葛蒙打电话来问怎么回事。我叫他别理他。然后我送张条子给米勒："建议你别再指使像葛蒙这样的记者什么要写什么不要写，否则你至少应该事先跟我讨论一下，对吧?!"

米勒送回来用铅笔涂鸦的反驳："我才是老板，对吧?!请试着记住这一点。"

实在是个不错的忠告。我的确有点儿高估自己的重要性。

扒粪的报纸

葛蒙后来辞职到《华盛顿明星报》(Washington Star)写政论。离职后，他称甘奈特企业为"一堆扒粪的烂报纸"。

米勒贪心地要当《罗彻斯特时代联盟报》的主编，而且当真希望报纸的一分一寸都能反映他极端保守主义的观点。他写了个苛刻的字条批评罗素·贝克(Russell Baker)为

《纽约时报》(New York Times)写的专栏。这个专栏我们每星期刊登一次。"我们为什么登这么多贝克的专栏垃圾?包括今天的?停掉吧。"

我们没停。相反的,我给米勒这个回应:"《罗彻斯特时代联盟报》今年发行量只增加2千份,而《民主暨纪事报》却远超过3千份的原因之一,就是我们的编辑为《罗彻斯特时代联盟报》选新闻时太在意你的偏好,而不顾及其他超过10万读者的广泛兴趣。"

这封短签如我预料地激怒了他。他还击:"这项指控是愚蠢且完全缺乏证据的。不管怎么样,如果要增加发行量就得印这些我不喜欢的垃圾……我才不在意什么发行量。"

虽然我们之间关系持续紧绷,我也越来越暴躁性急,但是甘奈特企业一切都很好。米勒对他在美联社的角色,投注越来越多的心力,还包括几次海外出击。米勒不在时,由我负责一切。即使甘奈特里老派的生意人也接受这个事实。

可是我不放过任何机会督促米勒升自己做董事长,然后让我做总裁。终于,在1970年5月26日的年度会议上,他的态度软化了,宣布他"所谓"令人惊奇的决定——任命我为甘奈特总裁。

我如愿以偿,但是结果对米勒而言太难以承受。隔天他拚命地试着用以下的备忘录取消这项宣布：

致全体甘奈特企业发行人、总经理、编辑：

有关于昨天在年度会议上我宣布我成为董事长兼首席执行官，而努哈斯成为总裁的消息，造成了一些混淆困扰……

当然美联社没帮忙理清。如各位所知，我最喜爱的通讯社居然报道米勒"辞职"了。

在此，我附上一份准备在会议中发表的声明。如我所言，我的职称是董事长兼首席执行官。

今后，董事长将是甘奈特企业里最高的职位。

艾尔是我的副手和左右主锚，他的职称是总裁。董事会和我指派他为最高营运长，但那只是叙述工作性质，并不包括在职称中。

我在一夕之间从总裁变成主锚。我可以清楚地感觉到米勒憎恨的刺痛，他痛恨自己被逼到不得不这么做的境地。从那天开始，非常明显的，再多的软硬兼施，也挤不掉他首席执行官的头衔了。

当米勒 65 岁的生日快到时，他在甘奈特董事会里最好的朋友，罗彻斯特的银行家约翰·雷明顿(John Remington)，提议大家为保罗举办一场盛大的生日宴会。我们让米勒的太太露薏丝(Louise)也参与计划,她很热心帮忙。我们包下整个罗彻斯特的乡村俱乐部,并邀请整个纽约州有头有脸的人物。

抵制自己的生日宴会

寄出邀请函的那天,雷明顿将我们的计划告诉米勒,要给他个惊喜。

米勒却说:"我不去!"

雷明顿以为米勒在开玩笑。但是很快的他就说明了持这种态度的理由:"你去告诉努哈斯我知道他的诡计,他想要向每个人强调我已经65岁了。我是认真的,我才不要去!"

雷明顿进退两难地跑来找我,邀请函已经发出去了,我们怎么办?

"那是你的问题,约翰,"我说:"老实说,我一点儿也不在意他到底要不要出席他自己的宴会。"

到最后雷明顿终于说服米勒他必须出席。结果他整个晚上都愠怒不悦。

晚宴结束后,我向他保证再也不会为他办另一个生日宴会。我很守信用,直到他80岁生日才再办。那时他已经退休且圆熟世故，喜欢我给他任何一种注意力，即使强调他的年龄也没关系。而一旦我得到首席执行官的头衔，我也可以表现出成熟大方——至少对保罗·米勒这个人。

米勒对我急躁态度的厌恶变成越来越私人性。我从没看过他比1972年11月那时更气愤过。当时堪萨斯正在举办“联合新闻总编辑年会”（Associated Press Managing Editors Convention）。

那年早些时候，我第一次婚姻刚以离婚收场，当时正与佛罗里达州著名参议员萝瑞·威尔逊（Lori Wilson）交往。她颇受媒体注目，因为她是以独立参选人的姿态获选的。

我安排她参与联合新闻总编辑年会的一个政治讨论小组，共同参与者还有阿拉巴马州州长乔治·华勒斯（George Wallace）及他当时的夫人洛琳（Lurleen）和漫画家盖瑞·楚杜（Garry Trudeau）。

当萝瑞抵达时，我把她安置在饭店中保罗·米勒的套房。她只住一晚，而米勒隔天才会到。当然我是想利用老板的豪华套房博得女朋友的好感。

隔天下午，米勒把我叫到他房间，怒气冲天地说：“你是想要辞职、被开除、还是一切重头开始？”

“你到底在说些什么？”我问。

“你以为我不知道昨天发生了什么事吗？你藏了个金

发妞在我的套房里。真是胆大包天!”他气得脸色发青。

“你知道那金发女郎是谁吗?”我反问。

“我才不管她是谁。你让她住我的房间。现在每一个人都在谈论我的套房住了个金发妞儿!”他气得发疯了。

我以为我可以用俏皮的方法使他冷静下来。

“你不在这儿,所以没有人认为你和她睡觉。而我也没有——没在你的套房里。(我加上这句以示精确。)那么,这还有什么问题?”

他气得七窍生烟,叫我快滚,免得他把我轰出来。

后来我和萝瑞结婚后,米勒和她成了好朋友。

那天晚上,在年会的欢迎宴会上,米勒和我相遇时,仍保持他惯有的和善态度,没有一点相处不愉快的痕迹。不论私底下多么恶劣,公开场合中他永远都是好好先生。这就是和保罗·米勒竞争最痛苦的一点。我和任何人一样喜欢旗鼓相当的竞赛,尤其赌注是我老板的首席执行官职位。但是我必须用长枪艰苦出战,对抗一位有魅力又意志坚强的导师。

甚至现在我写这些事的时候,仍然后悔情况搞成这么不愉快。不过实在没有一种令人愉快的方法,叫一个时间已到的老板移位。而且,也没有一件事比拖延重大事项未办,只因为老板沉迷于接掌大权的争斗,对公司所造成的伤害更大。

65 岁生日的事件让我确信,我再也不要用推推挤挤的方式叫米勒改变他或是我的角色了。我知道下次要用个长柄大锤把他给锤下来,所以我开始打造新武器。

70 年代早期,甘奈特的董事会有 12 名成员。他们有些相同的特征:全是白人男性,全由米勒带进董事会。虽然如此,他们还是很重视我。好几年以来在董事会上,他们可以很明显地看出公司事实上是由我在经营。

有些人——但不是全部,觉得首席执行官这个职位也该像其他位子一样,都适用于甘奈特公司非正式的退休年限:65 岁。

势力最强的董事是詹姆士·伟柏,他就是当年受肯尼迪总统指派主导太空总署,带人类登陆月球的人物,他也曾当过杜鲁门总统的副国务卿和预算主任。

PP:伙伴和保护者

最弱的董事是威廉·罗杰斯(William P. Rogers),他是艾森豪威尔任内的司法部长、尼克松总统的国务卿,直到基辛格(Henry Kissinger)取代他为止。罗杰斯是米勒多年打高尔夫的伙伴。

伟柏是董事会中“管理继承委员会”的主席。委员会中其他的成员包括:罗彻斯特的银行家威蒙·克雷(Wilmot R. Craig),以及前任商业部长亚力山大·罗布基(Alexander B. Trowbridge)。

经过了那一次65岁生日事件后,伟柏和我常私下讨论我们取绰号为“PP”的问题——米勒问题。伟柏告诉我,根据他的试探调查,几乎董事会所有的成员都支持我成为首席执行官。唯一不合作的是罗杰斯,他认为只有米勒自己才有权决定要不要下台。

“如果你愿意让米勒继续做董事长,而你变成首席执行官兼总裁,我想我可以安排一下。”伟柏提议。

我告诉他我心里本来就这么想。“我并没想要一脚踢开雇用我的人。我只是想,该明白告诉大家我到当老板的时机了,如此一来才能继续使甘奈特回复到运转灵活的良好情况。”

伟柏持续对抗由罗杰斯方面而来的阻力,即是“PP”问题的另一半——米勒的保护者。伟柏是个主导者,但同时也是妥协者,他喜欢每件事都无异议通过,也因此他继续拖延着明知不可避免的结果。

我自己调查的情况显示,如果交由表决的话,我会以十比二获胜。米勒唯一的两票将是他自己那票和他的死党兼保护者威廉·罗杰斯那票。

进入1973年,我采取了行动。

“就在今年了。”我告诉伟柏:“米勒今年要满67岁了;而我快要49岁。如果今年还当不成首席执行官,甘奈特和我就到此为止了。”

这可不是威胁,而是一个保证。伟柏知道我是认真的。

1973年4月,他安排米勒和我到他位于华盛顿马萨诸塞街的房子做私下的会面。那条街住满了外交官,但伟柏对米勒的方式可是一点儿外交手腕都谈不上。

伟柏的太太潘希(Patsy)给大家上过茶后,伟柏马上切入重点:“我们每个人都心知肚明这次会面的目的。米勒,我希望你能选个日子,把首席执行官的位置让给艾尔。如果你不肯,那董事会就要替你决定了。”

米勒不发一语闷闷不乐。

伟柏继续说到:“我建议就在下个月的股东年会上,如何?”

“喔! 不!”米勒大叫。“不要在那时候!”

“为什么不要?”伟柏问。

米勒回答:“太快了。采取这么重要的措施之前,有许多事需要安排妥当。无论怎么说,股东大会就是太快。”

他不只是想要多争取一些时间,很明显的,而且还不希望此事发生在众目睽睽的场合中。而我们每年的股东大会总会吸引好几百人,尤其是他罗彻斯特的朋友都会来,此外,媒体也会很重视。

我才不管我们是在一个电话亭里宣布,还是在米勒的乡村俱乐部的男士更衣室里发表。我只要通告周知,这件事做了就好。

"我们在6月的股东常会里宣布好了。"我建议。

伟柏觉得这是个极佳的妥协。

米勒再施拖延战术。

"我要得到一些保证才行。"米勒说。

"比如说什么?"伟柏问。

"我要保证能再当5年董事长。"

我的干脆让他吓了一跳。"可以,我同意。"一旦我得到首席执行官的头衔,才不在乎他还要硬撑多久。

"另外我还想知道新闻稿如何措辞。"

我又吓他一跳。

"好,由你撰稿。我来修改和发布。"我回答。

伟柏松了一口气。我们互相握手。米勒闷闷不乐,但是游戏已然结束。

不是新闻的新闻

伟柏通知了其他的董事。为了准备6月的会议,米勒撰写新闻稿,差不多如我预测的一样。

〔罗彻斯特,纽约州〕保罗·米勒宣布自今日起辞去甘奈特企业首席执行官一职,但仍继续担任董事长。米勒,同时也是美联社的总裁,已担任甘奈特董事长达16年。

米勒表示,他仍继续保持美联社总裁职位,并于未来至少五年之内,将以董事长身份活跃于甘奈特各项活动。

甘奈特在其领导之下,已成为全美规模最大的媒体企业。

我读了他拟的新闻稿后不禁哄然大笑,已经写了3段,居然还没提到新首席执行官的事。这位终身是记者的人独漏了重要的"新"闻。

终于,在第4段里,他写到:"米勒将首席执行官职位让与艾尔·努哈斯,努哈斯之前担任了三年的总裁。"

"辞去"又"让与",天晓得!事实上他这个头衔可是叫人死缠烂打给剥下来的。

我向米勒建议,也许新老板的名字要提早出现一点,所以我们做了些修正。接下来的5年是米勒事业上最凄惨的日子,不是因为我让他不好过,而是他自找的。

实际上,自从得到首席执行官的头衔,我对米勒变得比较友善，甚至关怀担心。我替他安排有趣的旅游任务，鼓励他多参与高尔夫活动，确定他随时要使用公司的飞机都可以。

但是他愤恨难平。董事会上他只是静静地听我和其他新一代的领导人讨论现况及规划未来发展蓝图。他不表示支持，但也知道，即使提出反对也没有作用。他的命运就如同许多在最高点时还搞不清事实状况、不愿退休的老板——特别是那些企业的首席执行官。

看着一个曾经是自己控制的世界，正以新的脚步自顾自地向前迈进，他们通常会觉得很伤心。而曾经由同事间得到的尊敬甚或加上敬仰，现在则变成冷漠或轻视。我当上总裁之后，很快更换董事会的组成分子：带进女性、少数民族，提供多样性的想法。当全部都是白人男性的组合汰换过后，米勒的存在几乎是没人注意了。

5 年董事长的任期快届满时，米勒问我是否可以继续待下去。对他而言这实在已经算的上纡尊降贵的举动了，但我同意了。他对我不构成任何问题，唯一的问题在他自己。

1979 年 1 月 1 日，米勒终于以董事长的身份退休。他当时已是 72 岁高龄。

就在一年之后，1980 年 1 月 5 日，他中风了。情况很严重,丧失了说话的能力,行动也变得非常困难。他的最爱——高尔夫——只能成为美好的记忆。他受了多年的痛苦,1989 年我提笔写此书时他仍在世。

对一个拥有辉煌事业和多才多艺的人而言,这实在是一个相当悲哀的结局。他当董事长的那些年早该享受多年的辛劳成果,然而他却浪费在郁郁寡欢之中。

我常常怪自己没能在他还可以尽情享受生命的时候,强迫他退休。很遗憾的,在他的眼中,我只不过是一个不知感恩、傲慢自负的年轻人,唯一感兴趣的就只有他的位子。反观自己,我该早些击败这个老板的。他、我、公司全部也可能因此变得更好。

我对我自己立下个庄严的誓约,我的离别一定要与众不同。

实话实说

领导者必须明了何时该走。

2. 小心你的屁股

"努哈斯:他什么都做过了,所以你别想骗他。"

——《商业周刊》1985 年 9 月 30 号

现在我在最巅峰了,我知道别人会想推翻我;也许不是马上,但是,在某地、某时、某人一定正在计划谋夺我的职位。

这是人的天性。就是有些混小子会觊觎你手上的东西。在私人人际关系上,这些东西可能是些你乐于分享的,例如友谊或关爱。但在事业上,目标很可能就是你的职位。

我一清二楚,也曾成功地克服一次,由一个我带进首席执行官办公室的人发动的政变,同时我也事先知道他早有此意。

我深信混小子的黄金规则:

要有别人会以你之道还治你身的心理准备。

现代的白话意思是:小心你的屁股。

我并不躲开敌人。大多数的人避免面对敌手;我则相信随时注意对手,并保持沟通管道畅通的方式是较恰当的。竞争者会犯错,如果正巧当时你紧迫盯人,就有绝佳的机会战胜敌人。

卡尔·艾勒(Karl Eller)从来算不上是个朋友,虽然我们从以前到现在仍然保持友善的关系。他一直追寻大人物的社会地位,梦想成为媒体大亨,到今天还是。他把报纸、广播公司、广告看板公司拼凑结合成联合传播集团(Combined Communications Corp.)。1978 年当我们讨论甘奈特购并他的公司的计划时,我就知道他心里要的不光是这次的购并计划。本能地,我感觉到,艾勒想要达成这项交易的主要原因,其实是希望最后有一天能主导整个甘奈特企业。他的野心使他失去耐心,没耐心是他的弱点之一。以下是我如何利用此来剥露他的方式:

* 因为艾勒急着成交,所以我们可以用低于其价值约 1 亿美元的价格买下他的公司。

* 因为他太急躁,以至于对对手提出的条件冲动地下决定,这样让他自己显得很愚蠢。

* 对甘奈特企业的董事会而言,很明显的,我跟艾勒比起来,是个民意支持基础较广,也较称职的首席执行官。所

以一旦他采取行动夺位,我了解我一定会击垮他。他果真如此做了,而我也如愿反击。

我和艾勒第一次见面后,我邀请他到我位于佛罗里达州的南瓜庄园度周末,好让彼此多熟识一下。他对这个主意欣喜若狂。

南瓜庄园位于可可亚海滩,是栋面对海洋、占地7英亩、花木扶疏的木造建筑,可以眺望肯尼迪太空中心的发射台。我在那儿处理大大小小的公事,举行各种聚会,也是我休闲的地方。虽然地点隐蔽,但是邻近的太空发射台赋予它新潮的气氛。

绝不放弃任何优势

第一天艾勒和我游泳、晒太阳、打网球。他老爱犯规,每次发球时都越线。我纠正他。起初他忽视我的警告,但当他意识到我是认真的,就不得不对准线。这样的情况预告了我们未来的相处关系。

隔天我们讨论公事。两个人都同意,如果能将细节妥善处理,两家公司的合并将是天作之合。

当天晚上他离开我的书房,回到客房打电话给他在凤凰城的太太史黛薇(Stevie)。南瓜庄园有房间与房间的内部对话系统,艾勒曾使用它和我交谈。他打电话给太太之前忘了压下“个人专用”的按钮。因此艾勒听筒这头的谈话,清楚地经由我书房的喇叭传送出来。他泄漏了他的计划。

“亲爱的,快成功了——我就知道,”艾勒告诉他太太:“如果我们合并,6个月之内我将控制全局。我跟你保证……艾尔那个人还可以啦,但他就没有我行。我们可以在董事会里安插几个我们的人,然后说服全部的人我是一个较佳的首席执行官。我一定能大获全胜。这真是个千载难逢的机会。”

稍后我和他在冲浪餐厅吃晚饭,我们坐在我的老位置,靠角落的桌子,这样谈话方便。他兴奋莫名,我则沉着冷静。听到他想取我而代之的目标,我可以了解到他对这次的交易是如此的口水直流,而如果我保持冷静,则可以以更划算的价格买下他的公司。

我们同意下个星期在吐桑安排会面讨论谈判。艾勒曾在那儿上大学,而我们则拥有当地的《吐桑公民报》(Tucson Citizen)。双方都熟悉当地,而且也觉得把财务部门的人员集合到那儿,比较不会引人注意。

我不进入谈判室,几乎每次刚开始我都这么做,这样一来,我们的财务长道格·麦肯道尔(Doug McCorkindale)才可以使用拖延战术,也才有托词说他得向我请示一下。下午茶的休息时间,道格向我报告:“他们对自己报纸价值多少,夸大自负,居然以为可以谈到5亿美元。”

我叫他继续听对方说,但不要表现急切的样子。当晚结束时,谈判破裂,双方看法差距太大。

艾勒问我要不要私下一起吃次饭。晚餐时,艾勒显现出他有多焦急。

“你难道不觉得这项交易很合算吗?”他问道:“我们将会成为业界中最大的公司。”

“交易是合算,但你提的价码有问题。”我漠不关心地回答他。分手时没提未来再会面的任何计划。

一个月之后,果然不出我所料,艾勒打电话来。他知道我会到亚特兰大参加美国报业发行人协会(American Newspaper Publishers Association)年会。

“我们可以见个面吗?”他问。

我们同意在我亚特兰大希尔顿饭店的套房会面。当他走进来时,很明显的,他仍然欲火焚身,跃跃欲试。道格正和我一起。艾勒的律师赖瑞·威尔逊(Larry Wilson)和他一起来。

艾勒说他考虑良久,仍然觉得我们应该合作。在怎么样的基础上我们才能达成交易呢?

我让道格告诉他，我们可以给他价值约3.37亿的股票。艾勒让欲望牵着鼻子下决定。我们讨价还价了一下，然后他接受3.62亿的条件，物超所值，足足便宜了我们约1亿美元。

抱紧你的敌人

一年之后，经过联邦通讯委员会冗长的听证会后，交易敲定。现在艾勒属于甘奈特的一员了，我十分明白该把他搁在哪儿。我最高的指导原则是学《教父》里西西里岛人的一句名言："拥抱你的朋友，更要抱紧你的敌人。"

也许由于自信，也许出于自大，我毫不迟疑地给予艾勒董事会董事的位子，并由他选派两位代表。另外我也邀请他加入总裁办公室。我认为这是促使甘奈特成为业界龙头的合理代价之一，但艾勒错误地判断成这是摘掉我职位的可行办法。

在联合传播公司时，艾勒素有一流的交易人才的名声；但是做一个交易能手与做一位经理人之间有很大的不同。我两者皆行，但艾勒则不是。他最主要的兴趣在追逐交易，一次又一次，像发情的狗似的，却不注意经营他交易所得。

甘奈特和联合传播公司合并之后，他仍留在以前公司位于凤凰城的总部。是我提议他可能会比较喜欢这样的安排，而他也热切地相信如此。那样的方式让他觉得有归属感，我则可以在罗彻斯特发生重要事项时，只要我希望，就能轻易将他排除在外。

当艾勒第一次来参加总裁办公室的会议时，我当众称赞他，并询问将来他对公司有何贡献计划。在总结报告时，他说："我认为我可以为甘奈特带来几个成功的购并计划，有能力带领大家到现今我们仍未涉足的地区；我是说如果艾尔放手让我做的话。"

整个房间寂静无声，连一根针掉到地上的声响都清晰可闻。艾勒向大家传送了他缺乏安全感的讯息，也承认他只敢做我同意的事。

艾勒决定，以达成比我所做的更多交易的方式，来博取董事会的赞同。他和我们一起的头 3 个月，提出一个接一个的购并计划。

大多数的计划都不是规模非常大，也没有经过深思熟虑，甚至不符合公司整体发展规划。他最蠢的一项提议居然是想要买下在英国的一家广告看板公司。对甘奈特而言，那家公司太小，问题又太多，根本引不起我们的兴趣。可是艾勒以为这是向董事会表示他可以把甘奈特拓展到海外市场的绝佳方式。当我们回绝这项交易时，艾勒越加的沮丧。他对董事会实施闪电战的计划已无法奏效。我心里明白,他迟早会对董事会做出搏命的一击,只是时间的问题而已。

艾勒加入甘奈特5个月之后,我前往佛罗里达宝加雷顿饭店参加一项发行人年会。吃过午餐后,大部分发行人出发去打高尔夫。我不打高尔夫,我看过许多人打,也当过采访高尔夫球赛的体育记者,但我不喜欢这运动。打高尔夫球最大的问题是,当你专心注意发球、长推杆或触击时,实在无法思考任何重要的事。我无时无刻不爱思考,而慢跑、游泳或晒太阳时都可以思考。

当我收到呼叫器讯号时,正在宝加雷顿海滩俱乐部的海滨小屋旁享受日光浴。我绕个弯到泳池旁墙上打个电话。接线生说有个艾勒先生的长途电话找我。

"嗨!卡尔,你好。"我兴高采烈地说,其实我对他打扰我好好晒太阳的时间感到很生气。

"我只是打电话让你知道我将要发布一项新闻稿。事实上差不多现在就要发布了。"艾勒说道。

"哦,你说说看。"

"上面说我辞掉甘奈特主管的位子,因为我和你在原则、政策和风格上有严重的差异。"

"嗯,挺耐人寻味的。你在新闻稿上有说明详情吗?"

"没有。但我提到我仍然是甘奈特的股东。"

“喔,我有点儿惊异,不过我可以理解。你要离开我很遗憾,原先我还以为你可以对公司有重大贡献的。”

“喔,”艾勒接下去说:“还有一件事。说实话,我真的认为——我不知道要怎么说才好——但我觉得应该由我来领导甘奈特公司才对。”

“这点我毫不意外。你经营过一个公司,而我也经营过,我可以理解你的心态。但就如我曾告诉过你的,这个职位没有空缺。”

“嗯,我要赌一下。”艾勒说。

“什么意思?”我冷静地问。

“我要去说服董事会的董事,告诉他们我能够把公司经营得比你好。”

美女与野兽

我在这儿,穿着泳裤,站在滨海小屋的电话旁,穿着比基尼的美女围绕身边,这家伙居然告诉我他想夺走我的职位!

我做个深呼吸,放松精神。

“卡尔,你绝对有权这么做。心里有任何详细的计划或时间表吗?”我问。

“我将一个一个地拜访他们(董事)。请求他们于12月

18日在纽约召开董事会议时，把票投给我。”而他当时打电话给我时已经11月12日了。

艾勒是个很多话的人，我强忍着不发脾气，借以套出一些他的诡计。他透露他的作战计划后，我也祭出我的王牌。

“卡尔，我们的董事散居全国，从加州到纽约都有，如此一来你的后勤运输会是个大问题。你何不利用甘奈特公司的飞机，这样到哪里都比较容易。”

一片寂静，他吃了一惊。

“你真的这么认为？”他终于以一种不可置信的语调问。

“当然，这样你才来得及在下次开会前见到每位董事，也能让他们决定该怎么处理我们两个的事。”

艾勒对我会帮他这个忙惊讶异常。我则料想，其实，我只是给他足够的绳子好让他作茧自缚而已。

然后我离开海滩，开始工作。

我知道当艾勒的新闻稿一发布，媒体一定会紧缠着我不放。毕竟，他是甘奈特的董事和高级主管，更重要的，他正要向总裁提出公开的挑战。我在打字机上迅速地拟妥一份声明，交代公关人员立刻散发出去：“对卡尔的离职，本人深感遗憾。他是能力优秀的主管。不过他担任他自己公司的总裁多年，我可以理解他不愿意当我副手的心态。”

新闻界也完全理解。他们丝毫不会感觉到我这边的酸葡萄心态。我没做任何进一步的评论。整个新闻事件只维持了一天的寿命。

送出我的声明之后,两个秘书开始打电话给甘奈特全部的董事。我事先写好笔记,确切记下要对每个董事说些什么。

我的儿子丹当时正住在附近的罗德岱堡,他决定 7 点来我这儿,这样我们可以一起吃晚餐。当丹走进我的套房时,两个秘书都正在打电话,纸条散得到处都是。

“发生了什么事? 这里看起来像竞选总部。”丹说。

“的确是,”我回答。我把他也叫去打电话。当晚 11 点之前,我们联络上每一位董事。然后我们享用一顿很晚的晚餐,边吃边计划其他的策略来应付这次政变。

我告知每位董事艾勒和我的媒体声明,也先通知他们,艾勒将会造访,并开玩笑说:我给他一架公司活动用的飞机来争夺我的职位。如此一来董事的反应正中下怀,假如我阻挡董事见艾勒的话,他们会以为也许艾勒对他们有什么特别的条件,而我是不是有事要隐瞒。

当时我们的董事会有 15 位成员。我预计艾勒可能得到 4 票——他自己 1 票,再加上:汤姆·雷诺(Tom Reynolds),芝加哥的一位检察官,是艾勒在联合传播公司的律师,5 个月前合并时他就加入董事会;小约翰·路易

(John J. Louis, Jr.),也是联合传播公司的剩余品,一个富有的芝加哥商人,后来成为驻英大使;华伦·麦克勒(J. Warren McClure),一个不满现状的不适任者,是由我前一任首席执行官在任内给予他席位的,从他进董事会的第一天起,就无时无刻不觊觎我的位子。

依我所料,雷诺和路易是艾勒多年的死党,忠诚度过高,我难以在短期间内克服。而麦克勒对我的成见将促使他加入艾勒的阵营,尤其是如果艾勒给他个高级主管的位子坐坐的话,而且我也预期艾勒会这么打算。

唯一的问号是保罗·米勒。他仍为首席执行官的职位被我夺走而怀恨在心。当初附带的细则规定他可以继续留任具有投票权的董事,直到75岁。他很可能成为艾勒的第5票。

只能掉两票

根据估计,我必须牢牢掌握支持我的选票,最多只能掉两票。

艾勒倒帮了我的忙,果然不出我所料,他对董事的宣传手法根本是外行的行径。未经通知就飞到人家的家乡,只来得及从机场打电话给对方。他短暂的访问没有提供任何具体的理由,说明为什么他应该取代我,除了他一厢情愿认为自己可以做得更好而已。

董事一个接一个打电话来向我报告他的造访。很明显的,会打电话来的那些人,也就是再一次对我保证他们一定对我支持到底。然而米勒没有打来。

和米勒最亲近的董事是韦斯·葛棱赫(Wes Gallagher),当米勒是美联社董事长时,他担任总裁。葛棱赫认为要是让艾勒当上首席执行官,实在是甘奈特的大灾难,所以他自愿代表我帮忙游说米勒。

他的回音:"米勒答应他绝不会投你的反对票。他可能弃权。可是小心别在开会之前做出什么惹毛他的事。否则他也许会改变主意。"

于是在董事会议的前夕,我有10票的把握。但艾勒不晓得,他还跟他的死党路易一起邀请全部的董事——当然没有我——吃晚餐,希望这餐会成为让他迈向成功的晋升之阶。

我的支持者告诉我他们不会去参加晚餐。我唆使其中一人去参加,好当我的间谍,回来报告有谁出席了,发生了些什么事。结果那个可爱的混小子去了,带回来的消息让我当晚高枕无忧。我知道我胜券在握。

隔天会议上,我依惯例进行议程。到"其他事项"时,我暂停,看一下艾勒、雷诺、路易和麦克勒。我早知道他们原先的计划，由雷诺提出动议，希望艾勒取代我做首席执行官，然后再由路易附议。但是，没有任何动静。一片静默。

我再问一次，有没有其他事项要讨论。暂停一下，对他们 4 人扫瞄并微笑一次。仍然没有声音。然后，我宣布休息 15 分钟，利用那 15 分钟我召开管理程序委员会。

葛棱赫是委员会的主席。“韦斯，”我说：“怎么回事？你想那 4 个笨蛋混球会算术而且知道他们只有 4 票吗？”

“当然，”他说：“宣布散会吧！”

可是我想找些乐子。我提出一项事先预备好的决议。上面写着“决议：本董事会在此宣布，要求艾伦·努哈斯辞去总裁的职务，并拔擢卡尔·艾勒继任其职。”

我兴高采烈地向委员会提议：“我将提出这动议来开除我自己。道格会附议。然后我们一个一个唱名投票表决，让那 4 个卑劣的家伙的表决列入记录。”韦斯脸色发白，然后变成红色，怒气冲天地说：“你这个该死的傻瓜！你已经赢了，别再要把戏。让大家都快回家。”

委员会里的另两个成员，银行家威蒙·克雷和行动主义者多勒·何顿(Dolores Wharton)强烈地支持葛棱赫，他们也说服我不要强迫举行表决了。

“好吧！”我笑一笑：“是你们自己错失了享受胜利的乐趣的。”

当我们重新召开会议时,其他的董事都一副迫不及待的样子。每个人对委员会的结论都各有预测。我请大家就座。再问一次是否有其他事项。安静无声。

“我要向大家报告刚才管理程序委员会的情形。”我说。停了好一会儿。“我们毫无异议全体通过祝大家耶诞快乐。会议到此结束。散会。”

有些人笑出来,有些人则很紧张。

后来我才知道,艾勒和他的同伙在休息时,预料我会在接下来的会议上要求他辞职。其实,当时没有必要。3个月后,要不是因为羞耻,就是脸上挂不住,艾勒如我预料地自己提出辞呈,辞掉董事的职位。

他的两位支持者也有令人满意的后续动作。二月的那次董事会议召开时,路易和雷诺两人都要求与我私下会面。他们是有荣誉感的人,所以也提出辞职。麦克勒什么也没提。3年之后我以降低公司高级主管转任董事的退休年龄为手段除掉他,这方式即以“麦克勒修正案”的名号闻名全公司。

重塑敌人的艺术

我告诉路易和雷诺两人,我很理解他们对艾勒的忠诚。“既然他现在已经离开,我希望我可以从你们那儿获得相同的忠诚度，期望你们能留在董事会里。我认为你们一定能对公司有真正的贡献。”他们又惊又喜，充满感激之情。

虽然路易和雷诺两人进董事会时跟错人，但到最后，他们成为坚强的支持者和优秀的董事，关键在于，只要你懂得正确的用人方式和给予适当的照顾。由此证明，如果愿意投入精神和付出努力的话，将可让敌人转变成盟友。

有一个诀窍教你如何化敌为友，永远假设：没有任何原因会教一个聪明的人不喜欢你；而且记住，自己不可心怀旧恨。

这种哲学适用于路易和雷诺身上。

3 年之后，雷诺身为主管报酬委员会的主要成员，主导提议加我两倍薪水，从基本年薪 45 万美金加至 95 万——1 年之后又加至 100 万。不出我所料，雷诺的确做出重大的贡献。

实话实说

给敌人足够的绳子让他套在自己的脖子上。

3. 剥掉鲨鱼的皮

“当努哈斯穿上一件鲨鱼皮裁制的衣服时,你无法分辨哪里是外皮,哪里是他狡猾的本性。”

——《洛杉矶时报》1978 年 9 月 7 日

一种新兴的、具有工业巨子身份的掠夺者正悄悄地渗透“企业美国”(译注:以自由企业盛行资本主义体制面而言的美国),这些人是企业中的黑马和交易者,他们从粗心大意、未严阵以待的企业首席执行官手中夺取股票上市的公司。

我对想要偷走我公司的人可是严密防范。

辛辛那提的千万富翁卡尔·林纳(Carl Lindner)是只披着羊皮的鲨鱼。如同所有的企业鲨鱼一般,对付他需要特别的手段。当我确定我已经在一个典型的幕后竞争上,征服他这个混小子之后,才对外公开此事。

我用“征服”而不用“击退”这个字眼,因为你不能以传统的概念击退鲨鱼,而必须是深谋远虑有计划地下饵引诱对方上钩才能成功。

一旦发现有只鲨鱼在你商业水域附近活动,你必须有本能立刻还击。如此,最好的结果是完全歼灭敌军,而最坏的结局是被杀得片甲不留。

我不会逃跑或远离鲨鱼,但我谨慎小心观测对手鲨鱼和周围环境。我下饵引诱鲨鱼到我的水域来,不会自己游到对方的势力范围中。如此一来,才有机会决定采取速战速决的方式,还是好整以暇等人上钩。

1979年当林纳成为甘奈特第二大持股人时,我就知道他别有企图。

林纳和其他华尔街的人士关系非常密切。通常只亲热地叫他们的名字,而省去姓。就像称呼他的朋友一样。例如:伊凡(波斯基,Ivan Boesky),卡尔(伊干,Carl Icahn),麦克(米尔肯,Mike Milken),柏恩(皮肯斯,Boone Pickens),索尔(史坦柏,Saul Steinberg)。

林纳和这一帮人的目的都一样,但风格大大不同。林纳是个个性保守、轻声细语、讲话慢条斯理的人,既不抽烟也不喝酒,习惯躲避大众媒体,是个虔诚的浸信会教徒。但是他至高无上的主是金钱。

他以重量级持股人的身份砸大把钱买得在公司的地位,谄媚管理阶层,增加持股率,钻营进入董事会,最后取得控制权。他这种伎俩在潘恩中央公司(Penn Central)、联合商标公司(United Brands)、K 圆圈公司(Circle K)和其他许多公司都用过。

林纳是在我们合并艾勒的联合传播公司时取得股权的。他是联合传播公司的主要股东,经过交易后,他拥有4%以上的甘奈特股票。

他的目的是控制权

合并后的隔一年,他和他公司的总裁、也是他的党羽:圆圆滚滚的朗·沃克(Ron Walker),一起来见我和道格·麦肯道尔。林纳说他非常中意我们公司,并且想“提高在公司的地位”。笨蛋也想得出来,他要追求公司的控制权。

他最初的标靶是甘奈特基金会。甘奈特基金会是甘奈特企业最大的股东,拥有 14% 的股权。道格和我都是基金会 14 位保管委员中的成员。

“基金会可以把所拥有的甘奈特股票卖给我吗? 我会加付 场上超过票面的溢价。你想溢价会值多少?”

我们两个对他问题的答案都是一样的:我们不能代表全体基金会的委托人,况且我们认为他们没有兴趣转售。但是林纳的提议必须通过当时基金会的主席约翰·史考特(John Scott)那关。

我们事先警告了史考特。他是个直肠子,讲话坦率毫不客气的印第安那州人，退休的海军陆战队员。当林纳一朝向史考特接近时，他马上下逐客令。“股票是不卖的。”史考特说。没有任何商量的余地。

因此，后来林纳转到公开市场操作，而我们也开始找一个专办反侵占的律师。我们雇用了个中翘楚马提·力顿(Marty Lipton)，属于位于纽约的一家公司瓦企特、力顿、罗森及卡兹联合事务所(Wachtell, Lipton, Rosen & Katz)。

我们原本有和其他企业一样的条例细则，来防范及抵御那些以不正当手段获取别人财富的人，力顿帮我们加上两项修正案：

*一项所谓公平价格修正案，用来确保如果有人出价收购时，每一位股东都必须得到实质上相等价码的待遇。如此一来，对想袭击企业者而言，潜在地抬高了必需的花费。他不能因为已从主要股东身上获得主控权，就用来压榨较小的股东，强迫他们以较低价出售手上的股票。

*维持一个变动频繁的董事会，每年只允许成员中的三分之一竞选连任，以避免管理阶层突然的转换方向，并增加任何袭击者想要操控董事会的困难度。

1985年5月21日召开股东大会，约在一个多月前，林纳向证券交易委员会提出报告，说明他已拥有甘奈特超过5%的股票，这种水准足以引发证券交易委员会列档处理。林纳档案里也提到，他可能会不定期收购更多股票。

他的意图就如同任何一个突袭企业的人一样典型且显而易见。他希望要不是掠夺足够的股权好将他挤入董事会里，最后取得管理权，就是掌握可观的威胁势力或成为碍手碍脚的讨厌鬼，好强迫公司花大笔的钞票把他的股票买回来，让他趁机好捞一票。

当包含了新反侵占修正案的股权投票代理委托书邮寄到林纳手上时，他从他在辛辛那提的总部打电话给我。他平常温和、低沉的语调高了好几个八度：

"艾尔，我太惊讶了！不敢相信你居然这么做！真不相信你事先竟然没问过我。我们得坐下来好好谈谈。你能到辛辛那提来一趟吗？"

他就喜欢在自己家乡办事，我才不吃那套。

"我一整个星期都被绑死在华盛顿的会议里。不过你要是想过来聚一下，我很欢迎。"我回答。

同一天下午他就从我们华盛顿总部的大厅里打电话给我办公室，说他马上上楼来拜访。他把所有的会面都称做"拜访"。后来几个星期我们不断地发现，他的行事风格是紧迫盯人，随时以出其不意的拜访，尾随至你的办公室、家里或饭店。这实在是一种精神威胁,他就是想烦死你、激怒你,让你觉得很沮丧。不过我才没让他的手法得逞。

我叫我们的财务总监道格·麦肯道尔也到我办公室。我料想林纳也会带着朗·沃克一起,果然不出所料。

他直接切入重点。

“我们以主要持股人的身份要求你撤回修正案。那条例会剥夺我们的权力。我们无法承受。”林纳说。

“卡尔,这是经过董事会慎重考虑且无异议通过的政策,我们认为对每一位股东都很公平。很遗憾你的反应如此强烈。可是我们还是将要通过这法案。”我有礼但态度坚决地回答。

他姿态变硬了些:“我是在要求你去向董事做民意调查,告诉他们我的反对意见,看他们要不要改变主意。你同意去做吗?”

“当然好,”我说:“不过你知道,他们散居全国各地,要一两天才能联络上。我会告诉他们你来会面的事,以及你的要求。”

“你向他们说时,会不会支持我的立场?”林纳语调尖锐地问。

我微笑。“当然不会,卡尔。就是我建议提出修正案的,而且我也会向他们建议保留修正案。”

林纳马上转向他的第二号计划。提议由朗去做游说的工作。

准备好两亿两千八百万的支票

“依我来看,甘奈特的股票要附加上这些条款规定实在没道理。你们只是想剥夺我们的权利而已,”他说:“因此我们认为你们应该买回我们手中的股票。”

我早有准备。道格和我讨论过对方可能采取的行动。

“那的确值得好好商量一番。”我说:“我算术不大好,这儿也没有计算机。但是你们拥有约 400 万股,今天的股价是 57 块,这样算起来约值 2.28 亿。我们很乐意在今天下午就把支票准备好。”

“嗯,这跟我们心里所想的不尽相同。”沃克严厉地说。

他提出林纳应该以每股 70 块的价格卖回给甘奈特企业——大约比市场价格高出 5000 万。

我转向林纳,先是报以微笑,然后变成狞笑。

“卡尔,”我问:“这是不是我一直以来读到的所谓的‘金钱勒索’?”

林纳怒发冲冠:“听到你用那个字我很遗憾。大量购股勒索不是我们会做的事。”

“不管你叫它什么,对我而言就是金钱勒索。而且我们的答案是不接受威胁。"我反击。

"既然如此,是你让我们没有选择的余地,只能与你作对。"林纳和他的党羽离开时丢下这些话。

控股权的争夺战上演了,让每一个企业首席执行官胆战心惊的争斗就此开始。

我们料想这仗会打得很辛苦。甘奈特企业大部分的股票资金是来自大型财团法人组织或是主要企业的年金基金。越来越多处理有价证券的经理人反对反侵占修正案,他们比较希望有人兴风作浪,这样才有机会在价格暴涨时获取暴利。

道格和我共同拟订作战计划。还有5个星期才开股东年会,我们猜想林纳会私下静悄悄地引诱大型法人组织的股票持有人支持他。

我们也中意使用安静、台面下的行径,除非这种方式行不通。如果状况显示我们可能失去主要的股权委托书时,才会考虑公开,大肆宣传争取支持。这样一来,我认为,如果我们运用得当,林纳的金钱勒索野心反而对我方有利。

金钱勒索"正式化"

不过我不希望情势好像只由我方放话攻击对手,所以我们事先准备了一份宣示供书,重述一遍有关讨论金钱勒索的对话。为了万一日后正式记录可能派上用场,我请人认证并由证券交易委员会弥封列档。

另外也预备了一连串的新闻稿和报纸广告,也许打委托书收购战时会用得到。所有的宣传品都标上做法"正当"或"恶劣"。这些东西全准备好了,随时可以使用。

其中一个被标上"恶劣"的方案,开始的地方是这么写的:"1985 年 4 月 18 日,证券交易委员会列档一项记录:卡尔·林纳企图对甘奈特企业进行一项大量购股勒索的阴谋,要求公司以超过市面价值 5000 万美金买回他手中掌握的股票。"

然而,后来股权争夺战表决偏向我方,所以那些资料没有用武之地。

当我们正准备恶劣手段的同时,我却一直和林纳保持友善的态度,他来访的频率也逐渐增加。我们两个人都实践西西里岛的名言,抱紧你的敌人。

我们的会面有时也会有喜剧似的状况发生。因为林纳是不喝酒的,所以我和道格会先到约定的餐厅用餐,在他来之前先点一杯金酒加冰块,看起来就像加冰块的开水一样。一个星期日的晚上,我们相约在纽约"鸽子的叹息"餐厅。林纳和沃克抵达约 30 分钟后,服务生注意到我的杯子空了。

“努哈斯先生,你需要再来一杯马丁尼吗?”他很大声地问。

道格爆笑出声。林纳则假装没听见。不过林纳倒是听到股票持有人的反应,他明白自己处于劣势,所以当晚他想尝试另一个伎俩。

“艾尔,你知道,我和朗都非常钦佩你和道格经营公司的方式。我们实在不希望和你们作对。如果可以让我们两人加入董事会的话,我们会很乐意放弃股权争夺战。”他这么提议。

我告诉他我会把他的意思转达给董事会。

“你会支持我吗?”他问。

“我会很乐意交给董事会来表决。”我闪烁其辞地回答他:“你和董事会成员都不熟。星期二早上我们要在纽约开会,你和朗何不那时到场,我来帮你引介,你就可以讲些话,好让他们决定要投给谁。”

鲨鱼逐步上钩了。我早已告诉董事会成员,你一认识林纳就不会喜欢他。我心里明白,如果他一现身,将会使自己滞销。任何一个有点智力的人都了解,林纳自私自利、贪得无厌的动机昭然若揭。我相信董事会的人一眼就可以识破他的虚假,就如同我当初马上就看穿他一样。

我也设想,让他心存自己可以得到些领导权的希望,就可以使他分心几天,不再那么注意股权争夺战的事。

林纳果然没让我失望,他不仅带着沃克来,还带着他25岁的儿子凯斯(Keith)。我一一介绍,并请林纳发言。他做了约10分钟的宣传,促销自己和沃克有足够的资格成为公司董事。他也请听众发问,但没人有反应。

他们离开后,一位董事问我的第一个问题是:"他带他儿子来干吗?"

正中要害的问题,值得有个绝妙的答案:"这样你们才能顺便看到下一个他想要你们同意进入董事会的人选啊!我是说如果你们真的选他做首席执行官的话,"我如此回答:"也许方便一道介绍他心目中理想的下任首席执行官也不一定。"

给儿子的大玩具

而且我毫无作假的加上一句:"有一次我们一起吃饭的时候,他告诉我,他常想,要是有一天,能留一个传播媒体公司给他儿子经营,该是多好的一件美事。"

反对林纳加入董事会的情绪反弹实在太强烈,以至于根本没有必要举行表决。

在那3天之中,林纳的首要心思在如何夺得董事的席位,而在同时,道格和他的"恳求委托书支持"工作小组加快了努力的脚步，他们终于控制了50%以上的股东出席委托书。股权委托书的争夺战于是落幕，我们成功地把混蛋隔离在董事会之外。

打赢胜利的一仗后，我决定公告周知。我们在各大报上刊登整版的广告，包括《华尔街日报》(Wall Street Journal)、《纽约时报》、《华盛顿邮报》(The Washington Post)、《芝加哥论坛报》、《洛杉矶时报》(Los Angeles Times)，当然还有我们的《今日报》。

广告向甘奈特所有的股票持有人致敬，感谢他们对公司的支持。他们成功击败“自我出丑的金钱投机者”，顺利防堵这些人的“煽动媒体合并狂热”，并且同时重挫了专门炒作垃圾债券的伎俩。

广告中并未指名道姓。但是马上引来两通电话。其中一个是林纳打来的，另一通来自佛瑞·乔瑟夫(Fred Joseph)。他是缀西博罕公司(Drexel Burnham)的头头，一家极著名的公司，垃圾债券大王。两人都对广告中有关他们的形象塑造所引起的注目非常生气。

乔瑟夫邀请道格和我到他位于缀西的私人餐厅吃午饭。

“你怎么能这样说我们的公司？”我们见面时乔瑟夫问我们为什么这么做。

“我们又没提到任何人的名字。”我微笑着说。

“可是每一个人都知道我们公司是垃圾债券大王。我要向你们声明一点,我们以往从未、以后也决不会运用垃圾债券来对任何不友善的媒体接收交易提供融资的帮助。”

“以前的确有人要求我们这么做,但我们拒绝了。泰德·透纳(Ted Turner)想夺取哥伦比亚广播公司(CBS)时,曾找我们合作,但被我们回绝了。你们这些传播界的人实在没理由攻击我们或怕我们。”乔瑟夫说。

“你说起来挺冠冕堂皇的,但是麦克·米尔肯的事你怎么说?你有能力控制他吗?”我问。

“当然——我是首席执行官。”乔瑟夫回答。

4年之后,乔瑟夫同意由缀西公司缴付6.55亿的罚款,并开除麦克·米尔肯,就是那个兴风作浪的家伙(以垃圾债券炒作而恶名昭彰),很显然的,他实在是失去控制了。

林纳的电话也表达了同样肤浅的反应。

“艾尔,你怎么可以说我那么难听的坏话?”林纳问我。

“怎么回事,卡尔,我连你的名字都没提及,”我回答。然后我加上一句,以一种不太友善的语调:“但是如果你继续讲这些屁话,或再提什么要公司以高价买回你的持股的话,下次我就必须指名道姓了。”我也顺便告诉他我们已经在证券交易委员会列档记录的事。他不发一语就挂掉我的电话。

我可没有理由再当好好先生了。以前我是为了想替公司除掉这个贪得无厌的浑球,如今该是由好言相向转成无所不用其极的时候了。

之后,林纳将手上甘奈特的股票脱手,接下来的几个星期,他释出所有的持股——以市场上的价格。

狡猾的鲨鱼急急忙忙离开我的水域了。

实话实说

小心披着羊皮的鲨鱼。

五　人们告诉你行不通时，通常你的胜算越大

“只要最后赢了，没有伤口会痛。”

——乔·那瑁斯(Joe Namath，美国职业美式足球名将)

生命是一场比赛，然而它并不是一场永不失败的球季。赢得一些，输去一些；想要尽情享受人生，必须尝试每项比赛并尽力求胜。

胜利是生命中最重要的事，也是回馈最多的。任何事物与成功的滋味一比，都相形失色。不论你赢得什么，这种感觉是真真实实的，比如：女童军的义卖饼干竞赛，一场少棒赛，生命中的真爱，办公室乐透大赛，教会里的宾果游戏，梦寐以求的工作，计划中的商业交易。

应该锁定的目标是百分之百的成功率，但是不要希望能达成目标，而且达不到百分之百成功还应该感到高兴。因为，如果全盘皆赢的话，表示你冒险性不够，如此一来就剥夺了生命的乐趣了。

输赢记录，是记载你一生表现如何的成绩单上，最重要的一项成绩。得满分100分，有点太过分了些；99分实在太棒了，但不大可能；95分很优秀；90分以下的成绩都不能算满意。

虽说成功的感觉是世界上最棒的，失败也不尽然惨不忍睹。失败为成功之母,失败的教训应拿来帮助你获得更多的成功。我从自己的失败经验中获益良多,失败激发我求胜的热情。

最令人满意的胜利是当妨碍的阻力最巨大时,你依然能如愿成功。不过,机率最小的成功机会,并不一定代表事情就特别难办。

事实上,刚好相反,越多人告诉你行不通时,通常胜算就越大。因为这就是显示你洞烛机先,知道一些别人所不知道的。或是你的主意超乎寻常,异常的前卫大胆,以至于周围的人尚无法了解。

如果心中确立目标,不管旁人说什么都不能阻挡你,反而更会激励你向前。

胜利是没有任何替代品的。

——麦克阿瑟将军

1. 重新发明报纸:重新启动梦想

“这些年来,努哈斯终于下了个结论,有上百万潜在的读者,既没有时间也没有意愿想去阅读现在市面上流通的报纸。”

——《时人杂志》,1987 年 9 月 28 日号

我们为什么要做?

这个问题一再被问及。甘奈特到底在搞什么鬼?为什么要从事像《今日美国报》如此耗费巨资、风险又高的新计划?

1981 年,当我们宣布计划时,大部分的评论家都说我们疯了,在新报纸尚未诞生之前就宣布我们的死期。1982 年 9 月 15 日创报出刊后,许多人说我们的计划已经胎死腹中了。

这整个主意简直太庞大又太大胆,以至于现存报业体制和新闻评论家无法接受。他们对于我们如此行事自有一番说法:完全是因为努哈斯本人超大的自负意识。公司本身太天真无知。简而言之,整件事根本是愚蠢至极。

并没有很多人了解，《今日美国报》其实是个重新起飞的梦想，是我三十几年来一直想要自创一份新报的梦想、一个曾带给我梦魇和新视界的理想：1952 年时，这个梦想造就《南达运动周报》，一个惨痛的失败；1966 年佛罗里达的《今日报》，一个胜利的典型。

如同大多数的梦和埋想，创办一份全国性新报纸的想法并不是忽然就全然成熟。但一旦雏形在我脑海显现，这主意就挥之不去。十多年以来，它在我身体中酝酿、纠缠、撒野、孕育。接下来 3 年我要开始与其他人分享，共同谋略、规划。经过 5 年来我们大张旗鼓，以崭新的方式重新启动我古老的梦想：《今日美国报》成为全美最受欢迎的报纸。

以下是主要答案，说明这份全国性的报纸如何由梦想逐步变成事实。原因约略分成两大类：专业上的原因，以及私人的因素。

就个人的影响方面，在 1979 年，我等于全盘掌握整个世界。

当时我 55 岁，是美国最大报业公司的首席执行官，年所得超过 100 万美元。公司的喷气式客机无论何时、何地接送我到天涯海角。豪华轿车为我消除了在陆地上旅行的烦扰。

我在纽约、华盛顿特区、佛罗里达的可可亚海滩、内华达州的泰侯湖等地都有精致的办公室,有时连同住家。在所有甘奈特企业的所在地,范围从大西洋的维京群岛到位于太平洋的关岛,及两地当中的每一点,都有配置人员照料我的食宿问题。

我所交游结识的人,都是各国总统和总理,或是运动和娱乐界的大人物。美国超级杯美式足球赛和两大棒球联盟冠军赛最好的席位是留给我的。

甘奈特企业正如同一辆自动排档的车似的,一年一年自然滚进大把大把的利润。营利成长甚至能以季为计算基准。当时已经连续46季盈利增长。

我拥有长期的工作职位合约。如果我乐意,可以舒舒服服地在公司待上10年,然后于1989年退休,领取一笔可观的养老年金和额外的津贴,活多久领多久。

有两项事实让我走上大多数的人不会走的路:第一,我对自己的专业领域所能达成的成就感到不满——新闻界和报业都无法满足我。其次,在轻松的轨道上行走,我又开始感到无聊了。

许多批评我的人说我有个很低的情绪引爆点,十足的火爆浪子。事实上,我的“无聊”引发点比我的情绪沸点低得多。这点也许是我最强烈的人格特征。一旦达成一项目标——不论大小——其后不断的重复和例行公事会让我生气发疯。通常事情一上轨道，我就叫别人看管，自己则去找寻新刺激。

迷幻药的梦境更新

到1979年，我下令动用一切必要的资金和手段，来实行梦想所转变而成的清晰理念——虽然有些人说我根本是偏执狂，但我告诉我早年的密友，我有两项主要的目标：

* 一份全国性的报纸，充满资讯性、娱乐性和趣味感。足以吸引上百万的读者，包括电视世代出生、从来不读文字的人。

* 一份崭新的报纸，在内容和外表设计上与众不同、前卫流行，可以带动整个新闻工业进入21世纪，虽然业界一定会心不甘情不愿的抗议。

* “我们将重新发明报纸。”我以我惯有的“谦虚”态度说道。

* 我早知此事非易，但也明白我们绝对有足够的机会成功，至少比他人具优势。而且我确定过程一定将是非常有趣。

• 我在1979年重新推动的计划里，仍保有1952年时幻境的一些共同点。回想当时，《南达运动周报》破产的前几年,一位出身南达科塔州米契镇的体育记者朋友杰瑞·提本(Jerry Tippens),在朝鲜战争后返家的路上顺道来看我。他当时希望我能给他一份差事,我对他吐露实情,告诉他《南达运动周报》正走下坡,快完蛋了。但在苏瀑镇的"向西合"酒吧喝马丁尼时,我们举杯祝贺旧梦已死,并继续讨论将来更大的计划。

• "如果我能想出如何管理财务,并利用一套运输系统,我认为将全国性的《美国运动周刊》那样的报纸出版成日报,很有可能会成功。"我说。

• 提本也是个有运动瘾的人,他同意我的说法。但是我们光是理论上知道该怎么做,实际上的本事甚至比我们的财务能力还差。所以最后还是想不出如何每天准时递送物件到全国各地。

• 虽然当时这只是个虚幻的梦境,但20年之后,如果这个梦想家也是个实践家的话,人造卫星的魔力,已能克服许多传播技术上的困难,促使这样的梦想成真。

• 当甘奈特企业终于突破它位于西北角偏僻地域的范围时,我对一份新的全国性出版品的渴望益发强烈。1966年佛罗里达的《今日报》发行成功,为我们1969年购得加州《圣巴那迪诺太阳电讯报》(San Bernardino Sun Telegram)奠定基础。现在,我们在纽约州、佛罗里达和加州都有基地。作为我们向全国其他地区发展的基石。

• 1970年我当上甘奈特企业总裁时，当时的董事长保罗·米勒和我一同朝目标迈进。我们几乎总是目标一致，虽然就长期目的而言我们没有共识。

• 他是个买家，仅此而已。

• 我则是喜欢买下别人的东西，但更喜欢亲手建造。

• 70年代中叶，我们购并了46家日报，每件购并交易本身都算是良好的投资计划。然而，从我1973年当上首席执行官之后，只要在地理条件上，符合我们朝向建立一个真正全国性印刷和配销系统的期望，便会成为我们较愿意猎取也值得出更高价的对象。这也就是为什么1982年我们发行《今日美国报》时，已经配置妥善现代化、散布各地的印刷厂，不只能用来应付我们地区性的报纸印刷，也使新的全国性报纸打进大都会的广大市场时相当容易。

• 我们可以完全使用自己的印刷厂印《今日美国报》。每一个印刷厂都位于各大都会1—2小时车程内可到达的地点，例如：纽约、费城、匹兹堡、底特律、明里亚波利斯、西雅图、旧金山、洛杉矶、丹佛、印第安那波利斯、新奥尔良、亚特兰大和迈阿密。这网络并未涵盖全国。我们在其他的市场还需要与别人就印刷事务签订合约。不过比起任何一家你能想到的全国性报纸，这些已建立的核心基点，已足够提供较多的胜利优势。

普通常识击败策略规划

某些企业首席执行官认为请一群工商企管硕士来告诉他们为什么——通常是为什么不——执行一件事,叫做策略规划。但我从不这么做,相反的,我依赖普通常识。作为一个首席执行官应该有足够的聪明才智和本能事先计划,然后才雇用专家来帮助他找出“如何”可行的办法,以及“什么”才是首席执行官视野所想象出可能达到的理想境界。

1978—1979 年间,甘奈特企业该做的事——一份新的、全国性的、符合广泛趣味的日报——变成如水晶般清明的概念,印在我脑海中。在那之前,我对公司扩展全国性基地的印刷厂和配销系统结果究竟如何,并没有很确切的想法。我预见有 3 种结果:

* 一份独立的全国性运动日报,采用《美国运动周刊》、《运动画刊》(Sports Illustrated)和已倒闭的《南达运动周报》的形式。

* 在每天或星期日版以加副刊的方法,或在我们所有的区域报纸装订增页,专门报道全国性新闻和刊登广告。

＊一份全面性、独立的、通俗的日报。

1978年我自己展开一次个人的全国性调查，以便决定这3个选择哪个行得通。当时我刚获选为美国报业发行人协会(ANPA)的主席，具有报业集团龙头老大的地位。这样的角色对我而言实在太传统了，就像我和大部分固有社团的关系一样。我已经待在美国报业发行人协会的董事会里8年了，不过大部分的时间我都用来和会里的人开玩笑，笑他们迂腐沉闷又愚蠢的传统。

要是我一直在会里倡导的民主观念被采用的话，在主要成员都是出身高贵、行为严谨的董事会里，我根本没有机会爬到顶端。但是前一年度，1976—1977年的老板，洛杉矶亚力山大城的乔·史密斯(Joe Smith)，根据传统，有权力挑选继任者。

乔是个平凡出身的家伙。我们两个都喜欢喝“食牛者”马丁尼，而且一起喝酒的时候共同解决了许多世界大事。能挑一个南达科塔州出身贫穷的小子当全国最尊贵报界俱乐部的老大，他觉得很过瘾。

当美国报业发行人协会董事会依照惯例，有点儿不情愿又不得不像橡皮图章似地批准史密斯选我的提议后，我接受主席及首席执行官职位时，在演说中宣誓：将以主席的身份访问整个美国50州;以及阐扬美国宪法第一修正案当今的意义。(译注:美国宪法第一修正案主要内容即讨论言论自由的保障。)

接下来的15个月,我的确办到了。我和数十家当地、州性、地域性等团体会面谈话,新闻从业人员、读者、广告商、学院及大学学生。我演讲所传达的讯息总是大众与媒体自由和自由企业有何利害关系,只是随着演讲地点的不同做适当的改编。不过此项任务最主要还是为我自己的利益。

由倾听中学习

我随时随地带着我对全国性报纸的理想,可是当然只在我脑海中。

我听的比我说的多。不断反复听到的讯息是,报界人员普遍认为,他们已经竭尽所能出版最好的报纸,然而读到报纸的读者却不这么认为。我也读他们所出版的报纸,成千上百份的,我的喷射机里装满所到之处能收集到的各种报纸。有些真正是垃圾,许多还不错,少数则非常杰出;不过没有一份像它们的编辑想象的那么好,而且只有极少数的报纸能完全满足读者的需求。

除了详读所有的当地报纸之外,我到处寻找各地的《华尔街日报》和《纽约时报》的全国版。我对这两份声望极高的报纸下了这些结论：

*《华尔街日报》在全美各地拥有复杂到惊人地步的配销系统。它在中型城市居民和大都会中心的有钱人之间非常受欢迎，但无法触及全美各地数量庞大、住在小镇的人们。况且它范围狭小特定的内容，无法引起其他地方一般社会大众对其产生兴趣。

*《纽约时报》的全国版，出人意外的销路异常不佳——本书写作时仍只有18.1万份。读者只限于居住于主要都会中、少数有限的意见领袖；或希望成为意见领袖那一类的人。况且有人还只是假装他们读过了呢。但是，《纽约时报》器量实在太狭窄了，那些住在像战溪镇、博西镇和红棒镇这种小地方的人，才没有兴趣与这种灰灰黑黑、无聊的老报纸奋战。更值得一提的是，《纽约时报》所谓行销全国的"全国通行版"其实根本不是全国版，而是剪掉"纽约版"里最有趣的一些广告，再重新组合各式各样的大杂烩新闻。

1979年夏天，我已经由看、听、读收集足够的证据说服自己，市场上一定有空间接受一份适当、符合广泛兴趣的全国性日报。而且我相信，没有一个人能像我，或有一家公司像甘奈特一样，具有如此优势来从事这项新的投资计划。

我们比任何一家公司在更多的州拥有更多的报纸、印刷厂；从东岸到西岸，遍布由3000多位记者所组成的网络；有雄厚的财力支援，甘奈特企业年收入超过10亿美金可供做后盾；对如何创立一份新报我们有实际的经验，佛罗里达的《今日报》就是从头开始的例子，其他还有我们在各报上增加的新版、星期日版的成果；再加上我本身还有《南达运动周报》失败的教训，可以提醒我们哪些不该做。

即使条件如此优良，我仍知道这主意对旁人而言还是太大胆了，无论是说服公司内或公司外的人员都很难。所以我决定采取一种简单的策略，慢慢灌输，让人们不经由脑袋思考，接受这点子。我希望能建立起坚实的支持基础，花多一点儿时间也不要紧。从最容易推广的地方着手，希望先赢得一些人的支持，如此一来，日后到推行困难的地方进行时，就可以有人助我一臂之力。

这方法果然奏效。两年之后，当甘奈特董事会表决要开办《今日美国报》时，一位董事，也是国家电视广播公司(NBC)前任老板朱力安·古德曼(Julian Goodman)说："理想是可以变成具有传染性的，特别是由我们的董事长赋予它感情。"

我自己的家人是首先得知此项计划并率先支持的人，

再者是甘奈特企业里的密友；渐渐地，范围扩大至工作上的同事，更进一步影响董事会；最后，说动批评我的人。终于，潜在的客户都能接受。

得到家人的支持

让我的家人知道发生什么事是很重要的。如果真的开始着手进行《今日美国报》，表明我需要全盘投入所有的时间和精神，可能耗上好几年。而且我知道，自己一定会成为批评家揶揄和嘲笑的对象；而家人必须能够体谅并有能力应付各种状况。

很幸运的是，我的两个小孩都曾有过这种经验。当他们的父亲遭受“炮火”攻击时，已经学会如何保持冷静。他们早已准备好抵御新一波的冒险——还有虐待。当时丹26岁，从事新闻教职；经过青少年时期和我相处困难的一段关系后，我们成为最好的朋友。洁当时24岁，在范得毕特大学主修法律，经过佛罗里达大学和与美式足球队员及兄弟会会员交往的经验后，她变成一位严肃的学者；她不但分享老爸的冒险计划，还从中获得满足。

当时正值我和佛罗里达州参议员萝瑞·威尔逊婚姻的最后一年。虽然罗曼史已成过去，但两人仍分享彼此事业上的计划。她具有一颗敏锐的心，而她对《今日美国报》的知觉度极其有帮助。

既然家人都已明了也愿意被牵扯进来，接下来我将目标转向甘奈特公司里的知己。依照同样的顺序，但完全不同的方式：

* 约翰·昆恩（John C. Quinn），当时53岁，新闻执行总编辑。昆恩是我的知交，是我指派的心腹，负责阻止公司里只顾赚钱的人，抵御他们老是想把利润摆在报纸品质之前的压力。而他便成为我们整个公司的良知守护者。

* 约翰·海登（John E. Jack Heselden），当时59岁，我们一家报纸分支机构的总裁。他稳重、不耍花招、真材实料，是一个善于折冲的妥协家。

* 道格·麦肯道尔，当时40岁，财务及法务主管，对这两方面的事物有最精明的策略。

这3位和我本人是“首席执行官办公室”的成员。这小组是由我召集主持的，多年来，这3人小组对我各式各样的行动提供支持，3人则互相形成势均力敌的卡司。昆恩：具先见之明且深谋远虑，行事急切但有人情味，热情如火。麦肯道尔：零缺点的小心谨慎，保守冷静，冷若冰霜。海登：一丝不苟的妥协者。

每一个主要企业的顶尖管理阶层应该都要有类似的组合才对。

任何公司的首席执行官都不应该假装自己唱独脚戏，就能成功地运作整个企业，这点是非常重要的。而同样重要的，他身边不能充满和他想法及作为一模一样的人。这也就是为什么我的 3 人小组是如此的助益良多。我总是可以预期及依靠会发生的状况：总有一个人想往前冲；一个想拉回来；另一个则会均衡力量，保持发展方向在中庸之道。

后来，当《今日美国报》进入成形阶段时，我在“首席执行官办公室”加上第五位成员——梅德琳·珍妮丝（Madelyn P. Jennings），当时她 46 岁，是“标准商标公司”（Standard Brands）的人际关系主任，我请她担任公司的副人事总裁。她带来这团体所需的人性化及妇女的角度看法，常凌驾全由男人组成的顾问团。

对于昆恩和麦肯道尔两人不论在私下或公开场合的对立，我常觉得乐在其中，也从中获益良多。说实话，他们自己也觉得挺过瘾的。他们彼此的矛盾，在大大小小的议题上，都能刺激灵感且引发更全方位详细的思考。

辩论的优点

即使我自己早已确定该如何决定，但大家摊开来谈，一次公开辩论对任何人都有好处。

当昆恩和麦肯道尔两人针锋相对、唇枪舌剑时，我们的妥协家海登则随时准备介入，以避免极端的分裂产生。他折衷后的结果几乎总是“恰巧”和本主席的愿望相同，因为他相当懂我的心思；要不然事先我也会先告诉他我比较倾向于哪种方式。

既然我是肯定要找人支持《今日美国报》，而不是要听人警告或让步，所以我直接先去找昆恩。我非常直接的一股脑儿说出口。

要他举双“脚”赞成加入我的行列，根本不用花多久的时间。他说：“该把握的好机会。”昆恩立刻了解到重点，要是如此重大的投资计划成功的话，对甘奈特企业专业上的形象意义有多大。昆恩从不担心利润，他总是把那回事交给麦肯道尔来操心；而道格会答应他的请求照办，不过只有考量有利可图的状况下才可能。

昆恩在专业上的本能足以振奋人心士气，对每年经过我们于奇立卡斯，或钱博斯堡、雷诺、或罗彻斯特训练后，分发到甘奈特各大都会的报纸、杂志、或网络系统的记者而言，可以算是一个靠山、避风港和发泄情绪的出口。如此我们将能吸引并留住大学毕业有专才的新闻精英，而且能将甘奈特企业由小角色推向报业巨子的行列。

昆恩和我开始策划如何向别人灌输这个点子，也开始着手起步的前置作业，开始进行研究开发计划。

在向董事会要求批准之前，我小心翼翼地一步步主导这项过程，长达整整两年。

1979 年 11 月 18 日，我召集了首席执行官办公室的所有成员——海登、麦肯道尔、昆恩和我自己，举行“年终回顾与展望会”。

那是一个罗彻斯特典型的寒冷而阴郁的星期日早晨，在甘奈特企业总部位于第 25 层楼的董事会议厅里，我们 4 个在壁炉前讨论过去的一年。大家都同意，这是收获颇佳的一年。的确。

我们以 3.62 亿的价格买下联合传播公司，总共为甘奈特带来 7 家电视公司、辛辛那提和奥克兰主要的报纸，以及北美洲最大的户外广告公司——当时拥有 38,000 个户外广告牌。

“依照往例”我们的生意带来超过 10.65 亿的岁收——我们第一个超过 10 亿的一年——盈余则为 1.35 亿，比前一年增加 19% 以上。麦肯道尔最喜欢沉浸在数字里，我则转换话题。

“让我们来谈谈明年和未来。”我说。然后站起来，在壁炉前走来走去。我常这样在会议室里走来走去的，这样每次都会让麦肯道尔和其他人紧张起来。他们知道,这种举动表示我要不是很无聊,就是在想事情,或是会突然冒出个什么东西丢给他们去办。

任何一种会议我都很少全程坐着。我站着的时候比较能思考。走动,伸展,运动身体不只能使我清醒,还能帮我集中注意力了解正在讨论中的人或事。

“生意正在改变,”我说:“我们不能老是继续买相同的老东西。如果我们想站在企业的尖端,一定要自己建立更多东西才行——不论是在旧有的基础或是从头开始新的投资计划。”

麦肯道尔,一如以往的敏感,问道:“你心里打什么主意?”

“我还不大确定,”我回答:“可是,我想我们需要花些金钱和时间来做研究。想办法搞清楚,如何使用卫星帮助我们传送和行销原有的产品,或是将来新的产品。也许是《超级电视》,也许是星期日的报纸增版,也许是一个发行全国的报纸。”

“要多少钱?”道格尖刻地问。

“明年大概花上100万做研究工作就可以了。”我尽量保持低调地回答。

道格眼皮眨都没眨一下。他知道以我们公司的这种规模，花个 100 万做研发根本是九牛一毛。虽然大部分的媒体公司很少花钱在这方面，况且这还是假设真的有公司愿意这么做的话。不过他想要知道更详细。“钱你要怎么花？要雇用谁？要开发什么东西？”

“道格，我来操心怎么用钱，你只要想办法编这个预算。”我说。

散会后，我猜我 3 个最主要的工作伙伴心里一定留下分歧的想法：

* 昆恩：努哈斯的全国性报纸计划刚得到资助。列车已经开动，很难叫他停下来了。

* 海登：只要不贸然行事，对任何未来可能的新计划先做谨慎的研究，是件很合理的事。

* 麦肯道尔：我可不确定他心里打什么主意，但 100 万不算很多。再说，如果要是他冒出个什么疯狂的主意的话，还有足够的时间来要他打消念头。

1979 年 12 月 18 日，甘奈特董事会在华盛顿首都希尔顿饭店举行年终会议。那是个美好的一年，会议情况也很好，每一个人的情绪都很好的样子。当董事会成员心情好的时候，正是首席执行官可以很容易地向他们灌输新点子的最佳时机。尤其这计划其实会比它听起来的规模大得多。

压低姿态

会议快结束时,例行公式地进行到“其他事项”,我宣布首席执行官办公室决定将在下一个年度从事某些研究与开发计划。

“我们计划由一些最杰出的年轻主管组成一个工作小组。他们将考察报界和电视业的最新趋势,特别是如何利用人造卫星以更多的方式传送更多的新闻给更多的人。我们准备花约 100 万来从事研究发展,希望明年年底时,我们能获得一些有趣的可行性报告,再提出来跟你们讨论。”

没什么大不了的,根本连表决都不需要。第一步,只喂小小的一口。在人们尚未真正了解事实时,不要告诉他们超过他们所应该了解的范围。这是很重要的——尤其对企业的董事更是如此。

1980 年 3 月 5 日:甘奈特发出的一份新闻稿,开始向媒体和大众喂食第一口。新闻稿说:“今天甘奈特公司宣布成立研究发展小组,规划新的投资计划。同时公开两位主管的任命案。”

两项相当例行公事的任命案转移了真正的重点。新闻稿上继续说："研发小组将致力于探讨任何新计划的可能性，希望能对整个传播界做出更大的贡献，为报纸读者、广告商、电视观众和广播听众提供更佳的服务。"

丝毫未提及全国性报纸。

这种烟幕弹是灌输观念过程中很重要的一部分。我可不乐见董事或是任何内部人员，在时机未成熟时就问一大堆问题，如此可能导致意见偏执两极化；而且更不希望让竞争对手知道，我们正刚刚开始考虑一份全国性的报纸。

当时，《纽约时报》正逐步且谨慎小心地扩充他们全国版的版面。我也知道《华盛顿邮报》(Washington Post)正谈论打算出一份全国版(结果只变成一份挺差劲的每周小报)。鲁博·梅铎(Rupert Murdoch)和他畅销的《明星周刊》(Star)对开发全国和全世界的市场也有很大的胃口。

因为我太了解《纽约时报》和《华盛顿邮报》那些贵族出身的老板的心态了，所以我敢说庞奇区·舒兹博格(Punch Sulzburger)和凯·葛瑞罕(Kay Graham)不大可能做出什么大胆或冒险的事。不过梅铎是个拥有多重性格的角色，我才不希望给他——或任何其他有胆识的人物——一个加快他计划脚步的理由。

在此篇新闻稿发布的前一个星期，我第一次召集研发工作小组。这团体是由昆恩和海登帮忙组织而成的。我没和麦肯道尔商量,因为我不希望在那么初期的阶段,有一个可能说不给钱支援的人。当然,以后我会让他帮忙参与发展营业的计划。

小组成员全部都具有甘奈特企业的背景,卡斯如下:

* 汤姆·寇里(Tom Curley),当时30岁。一个聪明又有雄心壮志的新闻人才,就像他的哥哥约翰·寇里一样。约翰现在是甘奈特的首席执行官,兄弟俩的声誉在业界可是众所公认。

* 保罗·季辛吉(Paul Kessinger),29岁。我们从雷诺的报纸公司找来的市场调查专家。

* 赖瑞·沙克(Larry Sackett),30岁。科技和人造卫星的专家,是我从老东家《国际前锋论坛报》(International Herald Tribune)那儿挖过来的。

* 法兰克·维加(Frank Vega),31岁。说话强硬、真枪实弹打过行销战的斗士。我喜欢他,特别是因为他敢跟我顶嘴,从不迟疑。

这个四人小组的平均年龄是30岁,因为我希望能确认他们全是把眼界放在未来的年轻梦想家。

我任命佛罗里达52岁的《今日报》发行人文斯·史宾莎

诺(Vince Spezzano)当协调者，负责看管他们4个并叫他们合作。他是我多年来值得信任的好友和同事，一旦我告诉他方向在哪里，他就会保证让一切上轨道。

我决定将研发小组的总部设在(或可以说藏在)佛罗里达可可亚海滩一个僻远的小屋里。离我自己的度假小屋“南瓜庄园”只有5条街远。既然这个小组实际上的功能是个智囊团，我可不希望成员在一个到处充满会使他们分心的事物的地方工作。约整整6个月的时间，我要他们只能想一件事：“NN计划”。

当我给这个计划取名字时，我向研发小组和首席执行官办公室的成员表示：“你我都明白，‘NN’代表‘全国性的报纸’(National Newspaper)。别人可能会以为只是代表‘新报纸’(New Newspaper)，而我们正好可以尽量鼓励他们朝这方面想。”

努哈斯的胡言乱语

没多久，那些爱说闲话的人，特别是甘奈特公司外的好事之徒，所说的话就传回我耳中了。他们给“NN计划”取了个绰号叫“努哈斯的胡言乱语”。我大笑。竞争对手越不在意我们正在做什么，情况对我们越有利。

1980年2月29日，5位NN计划的小组成员第一次在南瓜庄园会面。我事先已经对每一个成员个别做过概略的说明。表达我们的目标是如何让甘奈特企业成功地推出一份新的全国性的报纸。第一次小组会议时,我向他们精神训话并详细阐明任务的目标:

“我们离 14 年前《今日》成功发行的地方只有几步之遥,离美国太空中心送人上外太空,到月球再回来的发射台,也只有几里远。现在,我想运用我们的理想,看看我们是否能做到别人所不敢尝试的——为美国创办一份真正的、全国性的、符合大众要求的日报。如果我们放手一搏,而且成功,将会写下历史新的一页。如果试过了但结果失败,我们仍然会在历史上留名。即使假如最后公司决定不进行了,在探索的过程中也一定会很有趣。”

我提出 4 个主要的议题,希望这 4 方面都能经过严谨的探讨,且能找出应对之道。每一个问题也都刚好符合我们 4 位未来领导者的专长领域。

* 能否设计一份日报,可以在全国各地吸引足够的读者,数量足够达到可以值得继续办这份报纸的程度? 而这个数量该是多少?

* 我们是否能制作并印刷出这样的一份报纸?

* 有能力在全国各地运销和配送吗?

＊能得到必要的广告商支持吗？

当我要求他们注意这几点的时候，我用的字眼是“如果可能”和“是否”。重点放在“如何成功”。他们听到了，也明白我的含义。

汤姆·寇里后来说，“当艾尔问我们是否能找到解决之道时，他陈述问题的方式非常明显地表现出他希望得到的答案是肯定的。”

维加事后回想起来：“那真是一个振奋人心的会议。艾尔不断地称我们‘天才’和‘魔术小子’，害得我整个会议的过程一直起鸡皮疙瘩。好像我们4个是被挑选的使徒，来领导新闻业界进入新纪元的大人物似的。”

NN计划的确是准备用来重新发明报纸的。

实话实说

梦想为发明之母。

2. 压制锱铢必较的财务人员

“艾尔有他令人害怕的特质，他让你觉得他是个主宰者，有能力、有决心、而且有时还很乐意开除你似的，或是把你降到公司里很低很低的职位，从此消失在他眼前。”

——吉米·汤马斯(Jimmy Thomas)，甘奈特公司出纳

财务人员、管钱的，不管你怎么称呼，他们全是一个样儿。可以为一家鞋厂工作，也可以在报业集团上班，对他们而言没有丝毫差别。他们通常都挺聪明的，受过良好的教育，也没有坏心机，墙上总会挂着工商管理硕士的学历。他们全都知道如何数钱，当中一些人知道如何运用，但很少人知道如何赚取，更是没有一个人愿意拿钱来冒险。

真是一群保守、拘泥的混小子。小家子气又没远见，见识永远不会超过下一季的营利报表。《今日美国报》的创办过程里暴露出甘奈特财政人员最糟糕的缺点，虽然他们在业界中算得上是最杰出的一群了。

1980年，NN计划的工作小组正致力于研究开发一份全国性的报纸。而我绝大多数的时间都花在如何压制管钱的人，以防他们试图破坏。

随时派上用场，但不能让他做主

聪明的财经人员对任何商务运作都非常重要；不过，要是一个首席执行官允许管钱的人干预公司政策或是拟订长程计划，根本就是判定公司死刑，因为只甘于保持现状的机构，最后都难保不会慢慢死亡。

财务专家必须随时能让你派上用场，但绝对别让他们主导全局。他们大部分的人都认为自己可以走捷径而达到成功；但是，要不是首席执行官能帮忙修正工作方向，他们非常可能把相同的时间，拿来计划鸡毛蒜皮的小钱，或规划成千上百万美元利润的政策，而没有效率的差别。我总是尽量表态，让管钱的人明白，他们应该只是提供后勤服务的部门，而非制定政策的部门。但他们好像总是搞不懂。

甘奈特企业财务长道格·麦肯道尔，是他同行中的天才。但他也是最不去思考的人，当首席执行官没让他帮忙大事的时候，道格可是汲汲营营、乐于做个专管小钱的讨厌鬼。以下是非常、非常多例子中的两个：

1980年，大部分的时间我都在全美和世界各地飞来飞去。我常常招待客人上飞机，来宾包括潜在的报纸经销商、国内外企业主管、或是政府的达官贵人。为了让客人留下高雅的印象,我决定要为公司的飞行部门订购制服。

麦肯道尔帮我采购并给我一张条子:

“飞行部门的制服……每人一件 1450 美元……实在超乎寻常的昂贵。我也曾想过还有没有比这个更浪费的好例子,可是至今尚未想到。”

当时公司的年所得总额可是超过 10 亿美元呀。

我则还击道:“我不同意!那才不过芝麻绿豆大的小钱,却能改善飞行品质,看起来达到一流的水准。这正是花点小钱,就能大大提升企业形象的最佳范例。虽然这种利润不能在收支总表上看出来,但是意义却是非常重大的,而且你也应该能了解到这点才对。”

我们还是买了制服。

一旦管钱的人把自己局限于锱铢必较目光如豆的眼界里,他们是无药可救了。此举便成为第二个天性,会去找越来越小的目标来计较。

我有个习惯,就是每次开会时,都会为甘奈特的董事和他们的配偶准备些特别的礼物。相对而言这些礼物都不会很昂贵,但都能适切地配合我们开会地点的主题特色。

1989 年 2 月,我最后一次当主席召开的股东常会,选在维尔京群岛举行,甘奈特在那儿拥有一家《维尔京群岛日报》(Virgin Island Daily News)。我订购了25副、1副102美元的“保时捷”太阳眼镜。打算送给17位董事、他们的配偶、以及特别来宾，好让大家享受圣汤马斯岛的迷人阳光。

会后，麦肯道尔检查还有1副太阳眼镜剩下来，却发现有两副下落不明。他还特别指派一位助理送张条子给董事会，要求取得所有收受人的名单。结果“失踪”的那两副，原来是给了我们《维尔京群岛日报》的发行人和他太太，他们还是那次会议的主人呢！

身为价值30亿公司的首要财务长，居然浪费他的时间来寻找两副不见了的太阳眼镜！

糊涂警察的形象

为什么大部分财政人员，都会扮演糊涂警察一类的角色呢？我下了个结论，以下即是原因之一：这些人大部分的时间都在诓骗、设计、有时还虚张声势的骗人——骗政府、银行、经纪人——以至于他们认为别人也都如此行事。恶性循环下来，大家都耗费无穷无尽的精神拚命找证据，好来证明别人也和自己一样奸诈。

多年以来，与我合作多年的伙伴，对道格和他手下财务人员的古怪行径非常感冒，他们早要我除掉他。但我并没有，原因是：(一)只要首席执行官能给予适当的监督，他实在是个手段高明的交易分析家和财务经理人员。(二)我利用他不浪费一分一毫的方式直言不讳地告诉属下,公司的政策是要保持创造力,不断销出产品达到生意兴隆的目的;而不是躲起来害怕,同时还妄想这样会节省到达成功之路。(三)如果首席执行官够聪明又有胆识做出正确的决定,在大公司里有不同的意见,能引发不同的讨论,才可能发展出较佳的决议可供选择。

因为道格大张旗鼓表态作为一个管钱的人对《今日美国报》的反对心态,而且还鼓动他手下的人也这么做,所以在其他部门努力工作想要给这项新点子一个公平试验机会的人的眼中,他们这帮管钱的人全是坏蛋。

然而,在管钱的人反对的声浪背后,支持的力量来自其他人。要凝聚其他人的士气是件很轻松的差事,特别是新闻部的人。这种情势在后来《今日美国报》推动过程变得艰苦时,成为关键性的重要因素。

一种"他们"和"我们"的对立形势已然成形。"我们"包括新闻部、广告部、行销部、生产部、宣传部和人事部的人员。"他们"则指财务部的一小群人。毫无疑问的,《今日美国报》的成员尽全力表现,没有保留,有时候比他们自己所知的还好。因为大家下定决心,一定要做给那些管钱的人看,证明他们错了。

《今日美国报》刚开始起步计划时，我没让财务人员加入。从1980年的3月到10月，此事和财务人员完全没有关系。等我们有时间好好规划出一个详细的经营企划案时，我才会让他们参与。到要搞数字的时候，管钱的人绝对是必要的。但是当我们正在处理概念和衡量产品、生产过程、宣传和行销的展望时，我可不希望有小里小气的人在身边，泼大家的冷水；或是在他们根本还不晓得我们正在讨论的到底是什么之前，就来烦恼报纸的定价。

一项新点子，特别是需要拿钱冒险的，是财务人员最不希望发生的事。

财务类型的人都是中规中矩的分析家，他们讨厌各种程度的冒险。如此一来，使得他们几乎从来不可能准确估计实际的风险报酬率。他们只能估算数字，不能预估理想。

每一家公司里的财务人员都会对企业造成不同程度的困扰。程度的严重性依赖首席执行官的能力而定。首席执行官的职责应该是适当定位财务人员，使其谨守分际，能善加利用他们的长处，并防堵其弱点可能带来的损害。

❊实话实说❊

随时准备运用管钱的人，但绝不要让他们爬到你头上。

3. 安抚董事会成员

“我很钦佩努哈斯的能力，在他经营企业的同时，也会给董事会适当的警告，‘我们并不确知一定会成功，但是若失败了，我们绝对有退路。’实在很少碰到一个向你推销的人，会主动指出产品弱点的。”

——小汤马斯·雷诺，甘奈特董事、芝加哥检察官

成功地将《今日美国报》推销给董事会的关键，在于懂得如何指导他们的期望。

我得确定大家都了解《今日美国报》将会耗费时间和金钱。而且两者在数量上都需要非常庞大。除此之外，我事先也准备了“逃生门”，万一《今日美国报》完蛋了，甘奈特企业仍能从废墟中抢救些东西出来。

管钱的人敌意有多深，董事会对我就多有助益。甘奈特的董事会是由一个多样化的团体所组成的，包括男士、女士、商界及政界现任或前任的头头，全都是经验丰富学有专精的顶尖人物。

在80年代初期，我觉得最奇妙的一件事，就是同时和管钱的人及董事会打交道的情形。两方得到有关《今日美国报》的消息是一模一样的,但引起的反应却是截然不同:管钱的人想要阻止我创办《今日美国报》,却没有能力;董事会成员有能力阻止我,却不想这么做。

两年来,在准备要求董事会对《今日美国报》做决定之前,我对他们灌输的过程,使他们成为我在这项冒险中最坚强的盟友。

有许多首席执行官在人际关系和事业上之所以失败,就是因为他们忽略了和董事会成员保持良好关系的重要性。自从1973年接任首席执行官以来,我花了相当的时间发展并促进和董事会的合作关系。每一位成员都是精挑细选出来的,考量的原则是希望能符合最大程度的多重包容性,要衡量的因素包括成员的思考哲学、出身地域、专才、经验、种族背景和性别:

*我继承了一个全由白人男性组成的12人董事会。大部分出身美国东部,而且都是我前任首席执行官保罗·米勒打高尔夫球的伙伴。但当我16年之后以董事长的职位退休时,董事会里有4位女性,3位少数民族,而且出身背景从纽约市到夏威夷都有。

*我明确的定位并让董事了解自己应扮演的角色:对

公司执行广泛的监督和政策方向的拟订，但不是管理经营。除此之外，董事会真正该全心投入的就只有首席执行官的雇用和开除，以及对他的报偿事项。他们不能，也不该假装有能力像首席执行官那样具有资格做有关经营及运作的决定。

* 我会讨好并吸引董事会成员。他们和甘奈特的关系应该是愉快的，随时充满新鲜感，并有相当的报酬。我计划并监督所有董事会议的细节——午餐和晚餐的菜单、酒单、豪华轿车、饭店、机场接送的安排，开会时和社交场合的座位安置。

* 我从来不会惊吓董事会，也许还告诉他们太多事情。不集会时，我每个月邮寄 1 份完整的报告给每一位成员；集会时，则注意照料他们的权益。

然而，在告知和采取行动之间，是有非常明显的分野。许多许多次，我提出议题并说："这只供资料参考和征求意见之用。"这样的方式，他们会觉得有归属感，但不会在时机未成熟或还没必要时就贸然采取立场。

如此全盘的处理方式，就是促成董事会和我本人在《今日美国报》投资上，成为最坚强盟友的因素。

关于《今日美国报》的计划，与董事会交手有 4 个重要

的日子:

＊1979 年 12 月 18 日,我告诉董事会,将花 100 万成立研究发展计划。当时没有表决。

＊1980 年 10 月 28 日,提出 NN 计划,并告知将需要额外的 350 万预算,好用来在 1981 年度规划和制作报纸原型。也没有表决。

＊1981 年 8 月 25 日,呈献对外的研究成果,并对报纸原型加以全盘讨论。仍没有表决。

＊1981 年 12 月 15 日,我要求董事会投票表决是否发行《今日美国报》。

知道何时该算选票

如果在前 3 次当中的任何一次会议举行投票的话,董事会也有可能会赞同我的推荐,批准此案,但很可能就不会如此热衷,也缺乏深入的了解,更可能把注意力只集中在尚未成熟的细节计划里。果真如此,两三年之后,当计划实践开始变得困难重重时,很可能他们早就下令终止行动了。

又假使我不在 1981 年的 12 月,几乎是《今日美国报》真正发行前整整 1 年时,举行投票的话,他们可能会觉得自己被排除局外而感到愤慨；相反的，事实上，取而代之的情绪是充满热心，觉得有归属感和参与感。结果，无论后来草创的那几年被评论家批评得多凄惨，财务赤字扩大得多严重，他们都下定决心要继续支持“他们的”计划，直到它成功为止。

1980年10月28日在雷诺的常会上，我将以往慢慢灌输观念的方式，转换成以少量但稳定程度的知会，增加董事会接收的资讯和参与度。

经过6个月的研究，NN计划的小组成员已经准备好做首次的报告。会议开始前，我要求每位董事签1份保证不对外发布消息的协定。不过我指出，目前所有的发现都是非常初步且只针对公司内部的，将来一定会有更详细的研究和规划，希望借此压低这次重要会议的姿态。

NN计划小组4位天才小子的报告包括：人造卫星的草稿画板和幻灯片，图表资料，可能的印刷地点的地图，国内和国际广告商的支出经费，全国性杂志和电视节目的读者和观众数量。不过我教导这些小子，先别将这些数目诠释成日后《今日美国报》潜在的发行量、广告收入或岁收。

我总是喜欢事先对要向董事会做简报的人给与指导和批评。当他们能通过我这关时，面对董事会对他们而言就易如反掌了。

“坚守概念。不要在细节上多做讨论或辩解。”我在会前如此指导他们。

* 科技专家沙克表示，当今人造卫星的尖端科技，的确可以将无论多少页的报纸，由任何地点同时传送给位于各地的印刷厂。而且我们还可以用精美的彩色印刷，这是《华尔街日报》和《纽约时报》全国版做不到的。

* 行销部斗士维加展示一张地图，说明甘奈特企业在靠近至少40个大市场附近，不到两个小时的车程范围内，拥有自己的印刷厂；而其他地点则有可能愿意签约和我们合作的印刷厂。他在50个州里一一指出105000个潜在的经销地。

* 读者心理分析家汤姆·寇里特别拿出甘奈特报系各个种类的报纸近年来所做的读者调查结果。根据全国各地约4万名抽样读者的意见显示，他们特别渴望有更多的体育、娱乐和商务报道。尤其显著的是那些为数175万每天住在旅馆中的旅行者和每天85万搭飞机的乘客。

* 市场专家季辛吉的报告指出，大部分主要的广告商或广告代理公司对报纸印刷的品质非常不满。“他们把钱主要都花在电视和杂志上，因为那样可以得到彩色的效果。一份充满刺激感和彩色鲜艳的报纸，不要像那些既无聊又

灰灰黑黑的老报纸，很可能会吸引住一大笔钱，只要我们能抓住适当的读者群。”他如此下结论。

阻绝急促的判断

在开始回答任何问题之前，我再一次强调，这些报告本质上都是非常非常初步的。

“结果非常具有鼓舞性，值得继续观察。但是至少还要再花上1年的时间，从事扩大深入的研究，致力开发报纸的原型，加以测试，并准备营业计划。在这一切尚未准备就绪之前，我们不会要求大家做决定说“行”还是“不行”，我向董事这么保证。

我说，假如接下来一年的成果能让我相信，公司可以在获得适当的投资报酬率的条件下拟订五年的发展计划，我才会推荐大家进行《今日美国报》的方案。

董事非常专心注意地聆听，但并未问许多问题。大部分的人没有明确的表示任何意见，也都保持中立的态度，未加批评。这正好是我在此阶段所希望的效果。但是有两个极端分歧的反应，正说明了为什么我坚持在时机尚未成熟之前，绝不举行投票也不主张形成一面倒的局势。

董事之一的李堤(E. J. “Jack” Liechty)，“史拜度连锁报系”(Speidel chain)风流倜傥的前任总裁,对这主意非常热衷。该报系拥有13份报纸,甘奈特企业于1977年将其购并。身为前任的执行行销主管,他很快就能察觉到读者潜力。

“只有甘奈特有能力做到。”他容光焕发地说。

韦斯·葛棱赫,美联社前任总裁,则持怀疑的态度。葛棱赫脾气暴躁又是个直肠子,从美联社退休后加入我们董事会,并搬到加州圣塔巴巴拉居住。他问:“为什么我还会想要另一份报纸?除了《洛杉机时报》(Los Angeles Times)和《华尔街日报》已经提供给我的之外,你还能多给我些什么吗?”

我解释,这问题的答案,就是接下来的报纸原型发展及测试结果所要寻找的。“如果我们真的能提供大众一份新读物,可以吸引一两百万的读者的话,我才会推荐放手去做,如果我们没这种能力,也不会硬着头皮蛮干下去。”

然后,纯粹只是告知的目的,我告诉董事会,1981年度大约需要350万美元的预算,来完成本计划的研究发展阶段任务,当然也包括拟订经营计划。

“我们将把NN计划工作小组由佛罗里达搬到华盛顿首府,扩充规模,并开始求助公司外的专才。”我表示。我指明一点,如此一来,代表我们正在研究的事将公诸于世。我宣布 12 月中旬在华盛顿开下一次董事会时，将公告周知。那时恰好会和甘奈特企业好几百位主管的年终聚会同时举行。

“一旦我们正式公开，每个人都要准备抵御一点点来自内部和外部的怀疑眼光和恶意批评。”我警告他们。

这样说，其实只是对我事业上所面临的挑战的一种轻描淡写的描述而已。

❊实话实说❊

要让董事会知道你的计划，更要让他们同意。

4. 击败暗箭

“努哈斯从不在乎别人该死的批评。”

——凯西·布莱可(Cathie Black)《今日美国报》发行人

小时候,出身贫穷,我在学校、教堂和家里都出过不少乱子。但其实并非危险分子,只是特立独行而已。我觉得即使会招致批评或攻击,我宁愿受注意,也比默默无闻不为人知来得强。

成年后,我常常构思如何引人注目或引来批评。还特别喜欢设计如何利用敌人的行动转变成自己的优势。因为我无时无刻不成为别人攻击的箭靶,所以批评对我造成的困扰,不像对其他大部分的人那样来得严重。

我只对别人的想法感兴趣,但不会因此当成私人恩怨。这样一来,才能更客观看待评论和批评你的人。我这种风格常鼓励爱批评我的人乐意出手,即使情势对他们不利,少一只手、缺一只脚的,也不放过臭我的机会。然而当他们说错时,我不用亲自动手砍掉他们的手脚,他们会自食恶果。

当我开始着手处理《今日美国报》的所有事项时，脸皮已经很厚了。把批评当作消遣娱乐，我又听又读照单全收，但会分辨哪些是金玉良言，哪些是胡说八道。其实这是个好现象，因为《今日美国报》招来的批评和揶揄，比美国历史上任何一项媒体投资计划都来得多——不论在数量上或是强度大小；甚至在我们还没正式宣布打算创办一份全国性的报纸之前，批评就开始了。

雷诺的董事会议之后，我们开始准备12月在华盛顿的会议里发表声明。甘奈特企业的人都发誓这项消息保密直到那天。但是在会议开始前的10天，一家周刊《卫星周刊》(Satellite Week)推出一份特别报道说："甘奈特公司打算出版一份发行全国的日报。创刊的费用将会是个天文数字，可能需要1亿美元左右。"

这份报道强调的重点在经费上，因此泄漏一个重要的线索给我：应该是我们自己的财务人员走漏的风声。一点都不意外，这只是他们企图破坏这项计划诸多行动里的第一步。

接下来那天，《华盛顿邮报》引述华尔街媒体分析家约翰·墨顿(John Morton)的话说："办一份全国性的日报，看起来的确是迫不及待丢掉一大笔钱的好主意。"

甘奈特股票马上在纽约证券交易市场下跌1.25点，同一天，其他的媒体股票基本上都没有涨跌。

接下来的那个星期，当我正式宣布后，评论家更是统统从他们的巢穴爬出来，对我们大肆抨击。

我的声明采取低调的方式，且省略多处细节，留给人辩论的余地。当中有部分是这样的：

初步的研究显示，拥有一份全国性日报的概念受到欢迎的反应。

我们设想它将是一份“与众不同”的报纸，既不会和现存的都会区报纸发生竞争的状况，也不会对甘奈特其他的社区性或地域性的报纸产生影响。

下一个步骤将是策划报纸的原型，并与潜在的读者和广告商做实地的测试。如果原型测试的反应令人满意，于1982年发行一份新报纸确有其可能性。

为了规划名称方便，预设的目标印刷物，我们叫它《今日美国报》。

经销权防卫战

我亲自撰写这篇文稿，希望能给媒体、大众和华尔街恰好足够份量的事实好代替满天的谣言；尤其是希望以为《今日美国报》注册商标的方式，就此建立并保护公司的经销权。

我们去除 NN 计划的标志，改称下一个阶段为 GANSAT——甘奈特卫星资讯网络。如此一来，我们把强调的重点摆在探索其他卫星传送新闻的形式，而不光是研究一份全国性的报纸。

我邀请首席执行官办公室的成员——海登、珍妮丝、麦肯道尔和昆恩——帮我物色 GANSAT 工作小组的人员。昆恩积极参与，他、海登和珍妮丝帮忙从甘奈特的新闻、行销、广告、生产、宣传等部门的人员中，挑选出最杰出和最聪明的一群。麦肯道尔则采取完全不同的态度。他提供给 GANSAT 小组的财务人选是二流的，还可以说得上是别人捡剩下不要的。他才不要让他的一流人才在他认为注定会失败的计划中弄脏手。

GANSAT 的主要成员如下：

＊莫·海其，46 岁，总裁。他的工作是主管《今日美国报》所有营业方面的计划。这项任务对他而言太重了，在开始出版之前，我们就将他调职了。

＊隆纳·马汀(Ronald Martin)，43 岁，策划编辑。他的任务是开发报纸原型，作为测试潜在读者之用。他的表现

可圈可点，后来成为《今日美国报》的首任执行总编辑，且担任该项职位长达6年半。

*查克·舒密(Chuck Schmitt)，33岁，财务主任。他的差事是计算数字，好帮海其拟订营业计划。他在那些财务人员尝试破坏的行动中进退两难，两年之后就被换掉了。

*维加，行销的天才小子，曾是NN计划的成员。他的实战经验使其成为团体中最有价值的一员。

从一开始，我就非常严密地注意新闻产品的品质和行销计划。昆恩几乎奉献全部的时间和马汀一起计划报纸原型。我对他们的指示很简单：

《今日美国报》必须与众不同，无论外观或内容。用彩色包装。分成4大部分。每样东西必须组织严密，安排在固定的位置。简短，容易阅读的篇幅。数量要众多。运用大量的图画、表格。特别着重运动、电视、气象的报道。每天刊登从每一州来的新闻消息。

“挪用或改良在电视上、杂志上、或其他报纸上的好主意。”我告诉马汀和昆恩。他们则更进一步的扩充这项方针。从甘奈特企业下的报社挖走精英的新闻人员。昆恩称这个创新的点子为“借用计划”。

跨公司合作计划

后来我称此项计划为“内部借将”，并将这个方法沿用到《今日美国报》的其他部门，最后则施行于整个甘奈特企业。此计划是使用旧有内部人才、内部设备、以及内部财源来创造新的产品，不借用外部资源。

大多数的大型企业都拥有巨大且尚未利用的人才和设备，当要进行重大的计划或新的投资时，能提供比其他企业更雄厚的财力支援。

“内部借将”大大提高《今日美国报》的可行性，且缩减了甘奈特新投资所可能带来的增额支出。《今日美国报》使用的“借调人员”通常仍然可以保有在原单位的工作，不会因不在岗位上就被别人取代。如同大多数成功的大企业一样，我们有些新闻人员口袋里是有点儿钱。

使用借调人员的点子快把管钱的人逼疯了，他们觉得此举根本只是搪塞借口，让《今日美国报》的花费看起来少一点儿而已。他们不能了解这个办法对整个公司全盘的好处，只是因为不喜欢看到他们小小的、精巧的、放钱的方盒子受到打扰。

我们设计出一种安排，让区域性的报社能借此方法继续付《今日美国报》借调人员的薪水，通常为期约 3 或 4 个月左右。交换的条件是,区域性的报社可以派人参与全国最精密和最刺激的新闻训练计划,报社则由此获利。况且,要是万一不幸被管钱的人言中,《今日美国报》完蛋的话,被借调的人还保证能回到原来的职位。

成打的新进人员由这项计划学得经验,后来都能担当更大的职位,不论是在他自己的事业道路上,或是在其他甘奈特报系的报社里。这真是我们所设计过最具经济效用、最有效率的管理训练课程。

《今日美国报》所使用的借将计划,今天仍在采行,只是规模小一些。最重要的,它能促进甘奈特企业所属的报社、广播公司和其他事业里的人才交流互惠;员工个人能由更广阔的经验中获利,老板也是如此。

1981年,22位从甘奈特报系借调的人员至华盛顿集合,帮忙马汀和昆恩处理原型发展的计划。

第一步,他们以崭新的《今日美国报》的风格制作报道和专栏;然后是各大部分的封面版;最后是整个部分。一页又一页,一部分又一部分,都经过不断的修改。因为没有设定最后截稿日期,所以采用的方式是:将每一页挂在墙上,加以批评,然后再修改。

由于这是一份全新的报纸,因此没有不可侵犯的偶像权威。没有人会警告你"我们以前从没这样做过。"这种态度常常会抹杀现存运作体系下改善的机会。

我们的目标是在4月时，能印出两种不同版本的原型，大约几千份左右，用来测试潜在读者、广告商、意见领袖和媒体的反应。

当原型发展进入最后一个月的时候，我无法自拔地全心投入。我可不希望留下任何重要的细节去碰运气冒险，或让别人有挑剔的机会。大部分报纸原型上用的报道我都看过好几次，有时退回要他们重写。有些不大了解我的记者感到很惊讶，觉得一个首席执行官居然对编辑报道如此热衷；况且并不是全部的记者都喜欢我这么做。

有些报道要改上10次到20次才会令我满意，这把一些记者快逼疯了。在某些例子中，其实我也不知道自己到底要求什么，但是我看到对的东西就会知道。

把随笔作家训练成记者

《今日美国报》简洁的写作风格即是从这些练习中慢慢显现出来的。运用最少的文字，报道最多量的事实。有些记者就不习惯这种方法，他们以为自己的工作比较像作家而不像记者。《今日美国报》原本的报道人员约有15%离职了，因为他们无法适应新的写作风格。

当原型准备好后，我们处理公开发行的方式，和以往处理地区性报纸的配销方式，比起来有很大的不同。例如1966年佛罗里达的《今日报》，报纸原型的制作过程严格保密，只为了内部练习，希望以后能成为实物的目的。

而《今日美国报》的原型有好几个目的：

* 希望赢得媒体对此项新产品的注意。
* 让商界和政界的意见领袖多讨论讨论。
* 让广告决策者想到它。
* 最要紧的是衡量潜在读者的反应。

为了达到头3个目的，我们把原型送给成千的意见领袖——发行人、编辑、商业主管和政府领袖。每份原型我们都附上回邮明信片，上面提供二选一的答案：

* 我希望你们能正式发行《今日美国报》。
* 我希望你们打消主意。

来自新闻业界的反应非常迅速——而且如预期般持否定的态度。他们不喜欢我们重新定义报纸的传播使命、强调事实而非无穷无尽的长篇大论、图表和文字同等重要。他们正把新一代的读者——电视世代——拒于门外，也同样抗拒新的报纸形态。

他们害怕也许我们是对的。

《洛杉矶时报》访问接到我们原型的人，并下了个结论："根据《洛杉矶时报》所做的民意调查，绝大多数的人建议甘奈特最好悬崖勒马。"

《发行人辅读》(Publisher's Auxiliary)，一本介绍周报的业界出版品，说我们的原型太肤浅。它的社论如此问："他们真以为读者有多愚蠢啊？"

其他的反应如下：

* 约翰·麦慕伦，《迈阿密前锋报》的执行主编，也是我在老东家本市新闻组的同事说："我想那份报纸机会不大，大概维持个两年。努哈斯超大的自我意识一定会让它硬撑到那么久。"

* 麦克·戴维斯(Mike Davies)，《堪萨斯时代明星报》(Kansas City Times and Star)当时的主编："我实在看不出来他们有成功的机会。我预期新报纸对堪萨斯市的影响不会比《纽约时报》来得大，而《纽约时报》大约也只卖得出去500份。"(《今日美国报》现在在堪萨斯市每天的销售发行量超过5万份。)

* 罗夫·欧威(Ralph Otwell)，当时《芝加哥太阳时报》

(Chicago Sun Times)的主编说:"全国性的报纸确有其必要。但《今日美国报》画蛇添足地在已有的报纸圈里又加入一份太普通、层面太不明确的产品。我悲观地预测:现在《今日》,明日消失。"

因为《今日美国报》的原型是公开让人检视的,所以就连对我新形态报纸不大有兴趣的人,也可以同时攻击我们的新观念和我本人。然而,虽然我一直就是遭受批评的众矢之的,我可一点儿也不在乎。

《洛杉矶时报》的媒体评论家大卫·萧(David Shaw)讨论我个人身份与报纸的关系,将如何影响此份报纸在业界的接受度:"有些编辑和发行人必须承认——暂不列入正式记录——他们光是为了想让努哈斯难堪,就很高兴看到《今日美国报》搞砸。不过那是不大可能发生的,因为不管《今日美国报》发生什么事,努哈斯还是一样厚脸皮。"

报业界的许多人从不欣赏我不按牌理出牌的风格。有些人还觉得我拚命想把甘奈特企业和我自己推上大舞台的作为,对作为一个新闻记者的身份而言,是不体面又不相称的。

美国报业发行人协会的主席捷瑞·佛瑞罕(Jerry Friedheim)说:"许多在报业体制下的人正议论纷纷,他们说艾尔这条贪心的蛇，终于吞下一只太大的象，消化不良了。他贪多嚼不烂的报应终于到了。”

卢·哈瑞斯：另一个靶心

新闻界的反应让我觉得很有趣，但是没有真正的意义。很显然的，我们设计《今日美国报》从来不是想要讨好记者——我们要追求的目标是读者。这就是为什么我转向我的老朋友卢·哈瑞斯求助，他是全国知名的民意测验家，曾经和我在底特律、罗彻斯特和佛罗里达合作过。

哈瑞斯针对看过原型的读者访问了4000份问卷，结果则是非常乐观的。他的问卷显示有21%读过的人说他们“一定会买”《今日美国报》。他预测《今日美国报》每天可以达到220万的发行量。

“我一生中总共有两次成为受攻击的箭靶，”哈瑞斯回忆道：“第一次是我在1960年预测约翰·肯尼迪将会赢得西维吉尼亚州的初选，第二次则是为《今日美国报》预估行情。而两次结果都相当完美。”

由于哈瑞斯的研究小组隶属于甘奈特企业，所以我们又请了另一家西蒙(Simmons)公司做个别的调查。西蒙的调查结果常被广告界奉为圣经。调查中27%的人表示，他们“绝对会买”《今日美国报》。西蒙的数字甚至比我们自己的哈瑞斯结果还要乐观。

由这两家声誉甚高的研究公司所提供的科学采样结果,即是我向董事会提出最新报告时的主要武器。董事会讨论时,焦点主要放在报纸标语的提案:“国家之报”,以及决定我们测试头版刊头的两种版本。

我们制作报纸原型以及测试广告商反应时,都曾雇用全国最大的广告公司电通扬雅(Young and Rubicam)帮忙。“国家之报”是电通扬雅的点子,我马上就接受了,它代表了一切。我事后常常开玩笑,取笑我们自己的“谦虚”是如何帮我们创造出这个标语。

头版的刊头相较之下,是一个颇为困难的抉择。

原型测试的时候,我们用了两种版本:第一种横越过整个第一页的顶端,虽然背景使用蓝色,但还是比较传统化的;另一种是个蓝色的长方形,摆在第一页顶端的中央,没有别的报纸曾用过类似这样的刊头。

我很中意第二个刊头,认为它一定能马上吸引新读者的眼光。设计者电通扬雅的松尾康村(Matsuo Yasumura)、昆恩和我,是唯一支持这项不落俗套设计的人。当然没有举行表决,不过董事很明显的较赞成传统的方式。甚至连哈瑞斯也担心我们太怪异。“想用那种长方块做刊头的话,你要自担风险。”在董事会议时他这么告诉我。

我早已下定决心，但没有必要公开宣布，我只说我们会继续考虑这两样选择。在8月的会议中，我能清楚的感觉到，大部分的董事对新报纸都发表一种较正面态度。他们能与家人及朋友共同阅读、感觉和分享报纸的原型。《今日美国报》正受到广泛的讨论。就是因为我们持续的讨论，让大家都感觉参与其中。

当然，董事会至今尚未有任何财务数据资料，好用来考量如何下决定。

我告诉董事会，我们可以用哈瑞斯和西蒙预估的行销量为基准，发展出一套经营计划。这项计划将于12月开会前送到大家手上，到时候我也会向大家建议是否真要推出《今日美国报》，或是不要。

要想规划出一套新投资的经营计划，比为一个现存的运作系统拟订预算和预测利润困难许多。在一个运作中的事业里，财务人员可以按照上个年度支出和岁收的比例，再参考主管允许的范围内，在程度上作少许变动，然后计划就成形了。

多年来甘奈特企业年总利润预估和实际结果，都只有1个或2个百分点的差距。但我明白，即使对《今日美国报》的预估能达到最理想的情形；换句话说，即使我们所做的支出和岁收计划，都有具体根据、准确度又可靠，《今日美国报》也不可能做到事实和预测的差距像以往那么小；而我也警告大家这种状况。

赞成这项投资计划的人——寇里、昆恩和他们的同伙——预测得太乐观了。他们的岁收预估太高，而支出评估又太低；相反的，想要毁掉这项计划的人——麦肯道尔和他的同僚——则刚好反其道而行。

测试“将来是否能赚钱”

我充分明了两个阵营的竞争态势，而且还觉得很有趣。其实预估创办头一年里一季或一年损失——我称为投资——的数字之精确度，对我而言，不如“将来能否赚钱”来得重要。

将来能赚钱吗？——这才是关键问题所在。

对一项新的投资，没有任何首席执行官、财务长、或董事能明确精准地回答这个问题。新产品或新服务上市时，只有顾客能决定最终你成功与否。除了市场上的考验，别无他种测试法。

我们全部的调查都显示，现在正是一份全国性报纸登场的好时机。我的第六感觉告诉我，《今日美国报》正躬逢其盛。假使如同哈瑞斯警告我们的，编辑不要搞砸新主意，再加上我们能制造出一份读者愿意掏钱出来买的报纸，《今日美国报》就是一时之选了。

我们比起其他正在苦恼这个点子的人来说，占有更大的优势，因为我创立过《南达运动周报》的失败例子；以及佛罗里达《今日报》的成功典范。我才不会重复《南达运动周报》的错误；况且我仍十分有把握，要让《今日美国报》成为继《今日报》经验之后，成功的扩大版。

在我要对董事会提出自己的建议之前，我希望首席执行官办公室的意见也能列入正式记录，这只是为了让他们心里舒坦些，可不是为了要让我好过。我发给海登、珍妮丝、麦肯道尔和昆恩每人一张条子，要他们私下给我回复，告诉我他们会投赞成还是反对票。

"不要给我'如果'，'除此'，或'但是'这种答案，只要告诉我要不要进行，如果你就是首席执行官，你会不会进行《今日美国报》的计划。"

他们的回答，如我预料中的分歧颇大。

妥协者海登采取较靠近中间的立场。他投了一个不情愿的反对，可是加上一个但书："如果你决定做，我还是会全程支持你。因为我曾经看过你冒大险，但最后仍然成功了。"

珍妮丝投反对。她说这项计划太庞大，对员工要求可能会太严厉，恐怕会"引发员工的倦怠感"。这让我跑去向字典求教。倦怠感:疲劳。我心里想:看在老天的份上!难道她想要保证我们所有的员工永远都不累吗?

管钱的大头头麦肯道尔投反对。他说,要是创办《今日美国报》,“表示甘奈特企业的收入会连续两年走下坡。”事实是,《今日美国报》开办后,我们从来没有一年营收走下坡,甚至连一季都没有。

理想家昆恩投赞成。“当然要做!这事关甘奈特的骄傲和热情,以及荣誉。”

昆恩和麦肯道尔两人的决定,完全是情绪化的反应。昆恩是无论如何都赞成的,而麦肯道尔则是不管什么都一定反对的。

海登和珍妮丝虽然具有聪明才智和称职的表现,但也采取大部分主管人员因循保持现状的态度。

虽然我的4人首席执行官办公室以3比1否决了这个计划,但我知道,我一定能得到董事会的投票支持。1981年夏天,和他们个别私下讨论的结果告诉我,大部分——也许可能是全部——的董事都准备投赞成票。

在我采取那一步行动之前,我得确定我私人生活方面的因素都在掌握之中。

那时我和参议员萝瑞已经分居;但我和女儿及儿子,变得前所未有的亲近。1981年10月23到25日,我邀请他们到洛杉矶，和我共同观赏大联盟冠军赛。洁从纳许维尔赶来，她正在那儿的凡得毕特法学院就读；丹则从檀香山飞过来，他是夏威夷大学的新闻学教授。

孩子举双手赞成

我们出发去看比赛前的早上，在我比佛利山米堤饭店的套房里吃早餐时，我告诉他们首席执行官办公室 3 比 1 的否决。也告诉他们我能让董事会赞同《今日美国报》的案子。

"不过，如果我放手进行，背后的中伤将纷至沓来，不论从甘奈特内部或外面的人。许多人都会追着我的血腥味死缠猛打。你们觉得我们有骨气忍受那些背后毁谤吗？"

他们毫不迟疑，两人都鼓励我往前冲。我们开始开玩笑，计划要如何嘲笑那些评论家——我们明白我们才是最后开怀大笑的一边。

下午我们在道奇棒球场看大联盟冠军赛的第三场，洋基队以 4 比 5 输给道奇队。虽然我们全是洋基队的球迷，不过还是因为《今日美国报》的决定和一个愉快的下午，大家都很兴奋。

为了准备 12 月 13 日的董事会议，我凡事不敢掉以轻心，也不认为有哪件事是理所当然。虽然我知道一定会得到支持，但还是准备了两份新闻稿发给董事。一份是根据赞成进行的决议设计的，另一份则表示董事会放弃这项计划。我想，到这时候，让他们看看一份说董事会没有骨气的文章，心理上大概没什么妨碍。

海奇向董事会报告初步营业计划时，我说那全是“瞎猜胡想”的；但我加上但书，当新的投资是个未知数时，你能预见的也只有这么多。

海奇的计划在1982、1983和1984三年总共的损失将达到1亿美金，到1985年赤字才会停止。当海奇离开会议室之后，我告诉董事会：“如果我们决定要做，而且支撑下去，亏损将会比他预估的大上很多，那表示，公司需要更久的时间才能扭转劣势，转亏为盈。”

不过我再三强调，“赞成”的决议，只表示我们将于1982年的秋天开办，并不保证一定要出版多久的期间。

“如果《今日美国报》不流行，当亏损还不太过份时，我们可以随时终止计划，尚且还能抢救投资的某些部分。但除非将它放在市场上测试，否则我们就无法有精确的预估。如果决定不去测试的话，我认为我们将永远错失良机，因为别人肯定会学到这个新观念。”

经过两年的讨论后，第一次验收选票的时机到来。

我主张不要用口头或举手表决。取而代之的，我一个一个问,邀请每位董事投赞成或反对,若有任何意见,也欢迎提出。总共有12位董事。从私下的探访我知道,结果最差的也是10比2赞成,可能是11比1,但我最希望的是12比零。

万无一失

所以我把一定会投赞成票的4个人座位排在一起放在前头,可能出现的问号就安排在第5个和第11个座位。

麦肯道尔是个可能的反对票。我让他坐在第11位,刚好在我左边。他事先就告诉我:“如果你要我投赞成,我照办。如果要我不要说话,我也不发一语。”

我叫他做自己以为对的决定就好。

长久以来,我就一直鼓励他说出这项新计划的缺失风险。他所发出的异议之声,可以向董事会显示,我是非常鼓励讨论和接纳不同意见的。能够做到欢迎不同声音的首席执行官,比起那些设法压制异议的老板更优秀得多。

第二张反对票可能来自华伦·麦克勒。甘奈特购并佛蒙特州的柏灵顿公司(Burlington)和宾州的钱柏堡公司(Chambersburg)之后,让他加入董事会。他是娶了原来老板的女儿才得到那两家公司的。

麦克勒不是我这类的人,任何事我们都互相作对,不论在私人关系或事业决定上。他大肆吹嘘自己的名言:“钱不代表全部,还得加上2%的身体健康呢!”其他的事一点也不要紧。

我前任的首席执行官保罗·米勒提拔他当副总裁,且让他加入董事会。麦克勒一直用尽他全部的精力想要当上总裁。1975年,一次摊牌的午餐上,我直截了当告诉他,我是绝对不可能升他的职位的。隔了不久后,他就以副总裁的职位退休了。

但是他继续担任甘奈特企业董事的职务。他对为什么甘奈特飞机上老是有昂贵的水果——例如新鲜的草莓——这回事常常表示关切。基本上,他根本就是反对我批准的任何事。我明白他想要反对《今日美国报》的决议,但很怀疑他有胆量这么做,因为如果我主导会议的方式得当,他是不可能得逞的。

我把麦克勒的位置排在第5个,所以要等到前四位重量级人物都投赞成票以后,他才有机会出声说“反对”。

第一位是安笛·布瑞曼(Andy Brimmer),前联邦储备局成员。赞成。“公司采用了第一流的、哈佛商学院派的方法,成功的引介一份新产品。”他说。我谢谢他,并尽量忍住笑,因为我下决定的过程中,根本没用上任何一个哈佛商学院派的点子,或任何他们的企管硕士毕业生。

接下来是威蒙·克雷，董事会里最保守的成员。赞成。“这项计划已经过非常审慎的考量。”他说。

朱力安·古德曼，NBC前任老板，不能出席，因为他正在参加一项海湾石油公司(Gulf Oil)购并计划的会议，他也是那家公司的董事成员之一。但是古德曼将他的出席委托书交给我，并留下一封信要我宣布，我把他安置在第3个发言。赞成。“如果一个正在茁壮的公司，例如甘奈特，在这种机会上退缩的话，将是个天大的错误。甘奈特是独一无二、唯一够资格去从事的公司。”我按照古德曼的信念出来。

再来是韦斯·葛棱赫，脾气坏又爱跟人争吵的守财奴，一年之前他是怀疑心态最重的人。现在则成为信心坚定的改变主意者。赞成。“我希望你们登峰造极，尽管放手去做，将它做到最好。”他说。

现在轮到麦克勒了。我向他微笑。他则是苦着一张脸说：“我是可以投反对票的，而且如果计划失败，我还可以说‘看，我早就告诉过你们了！’但是我知道你们早就胜券在握，所以我还是投赞成。但是记住，这可是相当冒险的，况且我还有一大笔钱投资在公司里。”

我继续沿着桌子进行，不过高潮已经结束。唯一的问号麦肯道尔也投赞成。他后来说：“艾尔允许我、甚至还鼓励我说出反对的意见。虽然我仍然觉得这不是个好投资，但我会尽其所能让它成功。”

最后的结果:12 比零。

安排一个自发反应

散会后,我们下楼到首都希尔顿饭店的大厅,加入甘奈特企业 400 多位主管人员的年终会议。

场景:装饰着豪华吊灯的大厅,半个世纪以来,这里招待过美国总统,以及国内外的政经首脑。

按照传统,每年年终会议星期二的中餐宴会上,我都会发表公司现状报告。这次大家真正感兴趣的,只有《今日美国报》计划是实行或是终止。

“对甘奈特而言,今年又是丰收的一年,岁入 13 亿 6717 万 1 千美金,净利为 1 亿 7150 万 6 千美金。所拥有的报纸数量增至 85 家。电视公司和广播电台数则为 20 家。在人员、产品、以及利润方面,大家都达成了既定目标。”

然后,我把话题转向未来:“如各位所知,我们花了将近两年的时间,研究甘奈特企业推出一份全国性新日报的可能性。而在今天早晨,我们的董事会,毫无异议一致同意推动《今日美国报》计划。”

他们全都站起来。我事先告诉莫·海其,当我宣布这项决议时,一个“自动起立鼓掌”的反应似乎是很合适的。于是他在大厅上几个重要的地点都先安置我们的人夹在群众里。所以当他们站起来时，别人也会照做——一种典型的群众反应。

在一阵冗长的掌声之后，我说："你们当中有许多人曾帮助我们下这个决心。您以及您同事的支持，给我们勇气来处理一项显然是极为冒险的投资。接下来的一年，直到我们准备好在1982年秋天创刊之前，可预见的，批评家和我们的竞争对手一定会尝试阻碍。但是我知道，大家的骨气一定比他们的背后中伤来得强。如果这项小小的实验成功了，我们全体人员都将从中获利，不论是个人或事业生涯；如果没有成功，也希望大家在尝试的过程中得到许多乐趣。"

我们在新闻企业上的冒险至此正式上路。

实话实说

别让王八蛋惹你生气。

5. 表演术和推销术

“即使批评努哈斯的人也不得不承认，他真是个行销天才。”

——《新闻周刊》(NEWSWEEK)，1982 年 9 月 20 号

我们站在高台上，头顶帷幕，国会山庄当背景，眼前面对的是华盛顿纪念碑。在场站在一起的有：美国总统罗纳得·里根(Ronald Reagan)，随同第一夫人南希(Nancy)。众议院议长，来自马萨诸塞的汤马斯·欧尼尔(Thomas P. “Tip” O’Neil)。美国参议院多数党领袖，田纳西州的霍华德·贝克(Howard Baker)。《今日美国报》的创办人艾尔·努哈斯，来自南达科塔州的乡下小子。

1982 年 9 月 15 日，全美国最有权势的 3 位人物以及我们的总统夫人和我一起共同庆祝《今日美国报》的创刊。站在广大的帷幕下，围绕在四周的，有数百位参众议员、内阁阁员、各国使节、来自全国各地的媒体主管，以及新闻从业人员。

美国总统前来向全国第一家一般化、全国性日报的创刊致敬。《今日美国报》“代表一个例证，证明在美国，每一个自由的男男女女都有权利梦想，且能实践梦想，使其成真。”里根说。

美国的总统，免费替我的新报纸打广告！

欧尼尔主导的众议院那天晚些时候要开会，但他休会一小时，好让自己和其他同僚能参加傍晚6点半的户外宴会。民主党党员欧尼尔注意到，他和同是共和党的总统以及参议院多数党领袖贝克，很少像这样同时出现在一个舞台上。

的确，很少。而且特别不会为了推销商业产品这样做。

“你是怎么样弄到总统和那些人帮你的?”当天晚上和接下来的好几个星期，我被重复问了好几次。

“我邀请他们的呀，”我巧妙带过。

事实上，我这么说带点儿神谕的味道，好像《约翰福音》第十六章第二十四节写的：“你们求，就必得着”那样。常常，我们之所以得不到想要的，特别是想跟大人物交往时，只是因为我们不敢开口要求，或是找错人下功夫。

当然，在邀请总统的这个例子上，不光是一张邀请卡就行得通的。几个月来，我利用不同的管道，再加上提供一点甜头，让总统身边的人把《今日美国报》创刊宴会排入总统的行程表上。

宴会是很典雅高贵的。红、白和蓝的旗帜及气球迎接着贵宾。就像我们的新报纸一样,所准备的食物和饮料都符合“遍及全美各地”的主题,有从阿拉斯加来的大王螃蟹,马里兰州的山楂派,纽约来的大蛤和牡蛎,明尼苏达的鼓眼鱼,从我家乡南达科塔州来的山雉,德州来的烤牛肉,还有夏威夷的山芋泥。全伴着由加州来的葡萄酒下肚。

物超所值十倍

总共花费的标价:少于 10 万美金。

连我们的财务人员都不反对。因为他们知道,也是众所周知的,我们所得到的免费宣传至少值 100 万美元以上。总统、众议院议长、参院多数党领袖和我一起合照,登在《今日美国报》的创刊号上。这个新闻上了全国的电视和所有的出版品。庆祝宴会和报纸本身,受到专栏作家和新闻评论家同等的注目。

接下来的 8 个月中,在全国各地展开一站又一站的上市宣传活动中,都采取类似的模式。

有关《今日美国报》的广告宣传和噱头,是报纸成功一项非常重要的因素。但是意义最重大的观点是,我们的宣传适切反应了产品的特质。

《今日美国报》设计的宗旨是要与众不同。轻松,愉快,活泼，多采多姿，引人注目，有时玩世不恭，但总是乐观进取，最要紧的，要充满乐趣。我们所有的宣传活动都会包含上述的几项，或全部的特色。

有许多的宣传策略错误，是因为他们无法反应产品的性质。要是由一个局外人——即使是最优秀、最有创意的广告代理商——一个不完全了解公司和产品的人来发号施令，这种错误非常容易发生。这就是为什么首席执行官必须亲自参与。没有任何人能比产品的创造者或老板更了解产品本身。

作为一个首席执行官，要确保宣传不可做得太过分。过多的广告与过少的广告一样糟糕，有些广告商认为根本没有过度广告这回事儿，但首席执行官必须牢牢地看紧他们，如同看紧管钱的人那样。

《今日美国报》进入区域性市场的动作，并非总是受到热烈的欢迎——当然一定得不到原有当地报纸的欢迎。

每一个区域发行宴会最重要的功能，是要向此社区显示，业界当中其他的人都很乐意欢迎《今日美国报》的到来。对政治领袖或运动和娱乐界的名人而言，能加入我们的行列，一起宣传报纸，变成一件非常流行的事。州长和市长则实际上真要冒点风险才能在我们的活动中露面，因为当地的报纸有时候会采取抵制的态度。

有时候,我们会因为把蓝白相间的报纸贩卖机摆放在街角,而遭受当地媒体的批评。纽约市就是个例子。

我们在纽约市正式发行的前一个周末,行销部的主管法兰克·维加和他的手下兵团就席卷了整个城市,在纽约的人行道上拴上3000台报纸贩卖机。

接下来的星期一早上记者招待会,《纽约时报》、《每日新闻》(Daily News)和《纽约邮报》(New York Post)的记者,煽动市长高许(Ed Koch)批评《今日美国报》的报纸贩卖机"有碍观瞻"。市长说他会让法务单位着手调查,是否能逼我们撤走。不过当天晚上,高许还是如期出席我们在无线电城音乐厅的宴会,也观赏了我们安排的"火箭女郎舞团",美国式壮观华丽的大腿舞。

艾德·高许的自以为是

以他一贯自以为是的态度,高许欢迎我们到纽约来,并祝我们一切顺利。"我对甘奈特所知不多。但一个能于一夜间就在纽约街头拴上3000台报纸贩卖机的公司一定不会太坏。"他当着好几百个纽约市大人物的面说这种俏皮话。

《今日美国报》的报纸贩卖机成为我们全国性宣传比重很大的一部分,到最后我们总共安置了13.5万台。它们不光是销售点，也具有小型广告看板的功能，每天有上百万的人群可以看得到。

我们事先就经过审慎的研究，并确定当地的政客或和竞争媒体，绝对没有办法叫我们不能装，或叫我们撤走。报纸贩卖机是新闻传播的工具，而宪法第一条修正案应该对它们提供保护。在一些对它们提出法律控诉的地点，这个论点都成功奏效。

即使有关于报纸贩卖机的争议，也产生许多免费的宣传效果。“我正免费提供你价值 10 万美元的公关呢！”高许市长开玩笑地说。

有些当地的报纸非常的尖酸刻薄，只要有报道街上的照片照到我们的报纸贩卖机，他们就刻意地把它剪掉或涂掉，或者故意在描写贫民窟时才让我们的贩卖机出现。不过电视台很喜欢在报新闻时显示我们的箱子。电影的制作人也很快地利用这个新的、蓝白相间的小地标，来刻画全美各地的街角风光。

哥伦比亚广播公司（CBS）的查理·库拉（Charles Kuralt）说：“为了找寻‘旅途上’节目的题材，我走过蜿蜒千里的路，在各种不同的地点，砰的一声，将一个 2 角 5 分的铜板投进《今日美国报》的报纸贩卖机：奥勒冈州克来门瀑布的假日饭店外；佛吉尼亚州大桥镇的便利超商内；加州农庄谷马路尽头最后一个巴士站中;纽约市第八大道和第十四街交叉口,连在路灯杆旁;密苏里州林肯镇镇上唯一的交通标志下。

“我有足够的理由认为,艾尔的确为美国报纸摊和路灯添加了一项明亮而充满创意的新风貌。”

报纸贩卖机很可能是任何公司为一项新商品所能设计出的效果最大又持久的免费广告方式。不过这种点子出现并非偶然。

从一开始我就明白,一定要为《今日美国报》设计一个与众不同的置报架,一个马上能吸引路人,又能促销报纸的装置。报纸贩卖机几十年来看起来都同一个样儿。研究怎么样使它现代化一点的责任,就落在法兰克·维加的身上。我想要一个摆在街角,外观看起来像架电视机的造型,能够把报纸展现在上面,让路人能停下来观看,就像看电视的荧幕一样。

维加行遍全国,观察各地不同的置报架,并带几打回华盛顿。

挑战地心引力

传统的、最普通的报纸贩卖机式样,投硬币的箱子都设在最上方,而报纸的头版则陈列在其下方,使得人们不弯下腰来就看不到报纸内容。当我告诉维加，我要促销的是报纸不是投币箱时，他没有立刻听懂我的意思。他说，如果我们要照你说的方式那样展示报纸，置报架里必须装上电动马达才行。

“但是，艾尔，”维加以他往常自作聪明的态度说：“并不是全国的街角都有电插座可以用的。”

因为地心引力的关系，维加向我解释，我们必须把投钱的装置安放在上面。

“维加先生，”我说，当着他和五六个同事的面，声调带点讽刺，用手像击鼓那样敲着一台报机的顶端：“我当然懂什么叫做他妈的地心引力。但我就是要叫投钱的装置滚开，不要挡到报纸！”

除了叮叮咚咚丢几个铜板外，我还动摇了维加泰然自若的态度。他回到制图板上，以更新的想象力和决心来执行任务。又一次，我成功地借助一出小小的剧码来传达重点。

维加将我的理念带给佛瑞·高尔(Fred Gore)，一位德州的产品设计者。维加告诉他，我们要一个看起来具太空时代风格的报机，一个可以吸引电视世代群众的外型。高尔想出个绝妙的设计：报架设在一个基座上，而展示窗以稍微倾斜的角度往后仰。如此一来，报纸的头版就能以一种邀请人的姿势呈现在读者眼前。——仿佛正在说:“请读我,请买我。”

而且高尔也想出一个办法把投币装置移开。

于是我们拥有一台独一无二的报纸贩卖机。而高尔则提供给位于德州施那市的卡思博电信工程公司(Kaspar Wire Works)一项新的产业,让他们雇用450名员工,专门独家制造我们的机器。

《今日美国报》早年最主要的策略,即是尽可能的谋求免费的广告宣传。成打的开幕酒会,上百的电视、广播、报纸和杂志的报道,数以千计的报纸贩卖机,全都是用免费或廉价的方式来吸引读者,而它们全都奏效。

但是,在草创的初年想要吸引广告客户,我知道一定得需要小心的规划和成本昂贵的宣传活动。在创刊之前,我定了一个大概的时间表:

* 1982—1983年:读者年。
* 1984—1985年:广告商年。
* 1985—1986年:成本控制和高效率管理年。
* 1987年以及往后:股东年。

我明白,除非能得到数目众多的读者注意,才可能吸引许多广告客户上门。不过要让广告商相信我们，比我们想象中来得困难又耗费时日。

1983年，当订阅量超过100万份后，我们已经牢牢吸引住各乡镇的大街上的居民和全美住在中央大道上的领袖，甚至还开始赢得一些华尔街分析家的赞赏。但是麦迪逊大道上的广告业龙头，却仍然待在原点毫无反应。

麦迪逊大道上的懦夫

实情是，他们害怕《今日美国报》。广告业的主管只安于现状，虽然他们以具想象力和创造力闻名，但对新的广告媒体反应还是不够快。就许多方面而言，他们甚至还憎恨《今日美国报》，认为它是侵犯原有安逸传统广告买家市场的入侵者。

专栏作家尼可拉斯·霍夫曼(Nicholas Hoffman)如此评论广告业的不情愿态度："理由有千百种，但浓缩成一句话，根本就是天生的胆怯：'这可是一个完全新的产品，天呀！喔，天呀！如果我们在这上面刊广告，很可能因为过分冒险而遭致批评。'"

大多数的广告业主管认为，现有的报纸已经够多了。除此之外，他们还不大确定《今日美国报》是不是真的算得上一份报纸。

广告代理商通常按照不同的种类分配预算金额:分成电视、杂志、广告看板、广播电台和报纸。他们把《今日美国报》视为报纸和新闻杂志的综合体,所以不知道该拿它怎么办。

在甘奈特的这些年,我和我们的广告代理商电通扬雅公司发展了密切的关系。电通扬雅替甘奈特完成了许多杰出的任务,大部分的原因该归功于他们当时极有效率的领导人爱德·纳依(Ed Ney)。

《今日美国报》发展初期,纳依直接参与所有的计划,电通扬雅公司非常迅速地就掌握住《今日美国报》的精髓,他们发明的标语和刊头大获全胜。而早期读者宣传的工作表现,即使说不上优异,也可算令人满意。

但是,等到要向广告商进攻,让他们使用《今日美国报》做广告媒体时,电通扬雅失败了。纳依本人已经不再亲自参与其事。电通扬雅公司里负责推介《今日美国报》的主要企划人员,都是长春藤院校出身的雅皮士,《纽约时报》才是他们的圣经。他们没办法认同《今日美国报》,因此才想不出办法来将它推销给媒体广告空间的买家。

当他们提出一个极昂贵的广告企划,想利用我的形象出现在电视、报纸和杂志上做广告时,这项缺点的讯息就明显地透露出来。当一家广告代理商想不出如何促销的对策时，才会诉诸企业首席执行官的自我形象，希望能以他为特色或动脑筋卖掉他。

像这样的广告很少会成功。克莱斯勒公司(Chrysler)运用李·艾科卡(Lee Iacocca)成功了。但是东方公司(Eastern)的法兰克·波曼(Frank Borman)和其他公司上打的例子都失败了。

我拒绝上钩。虽然我和这份报纸有紧密的关联，而且评论家也喜欢说我自以为是，但我心知肚明，在广告中促销努哈斯而不是促销《今日美国报》，绝对是个错误的方式。

电通扬雅的提议让我相信，我们必须另外找一家广告公司了。我了解这项决定有些冒险，因为电通扬雅确实有极大的影响力，它代表了许多可能、而且原本应该早就买《今日美国报》广告版面的广告代理商。

但是，我征召凯西·布莱可担任《今日美国报》的总裁，并主管广告促销计划后，让我更有信心和麦迪逊大道上的广告公司打交道。布莱可曾是麦迪逊大道的新兴之星，现在，她开始为《今日美国报》吸引广告客户的努力注入新生命。

“你们的广告烂透了！”我告诉布莱可《今日美国报》和电通扬雅的问题所在，她建议我们和一家规模较小的公司合作，这家公司的头头是个反对偶像崇拜的天才乔治·洛依

(George Lois)。布莱可自己也不十分确定洛依要如何和我以及我的同事合作。洛依是个无神论、多产的广告作家,他代表一切与保守传统的电通扬雅那群人完全相反的意识形态。

洛依最有名的作品,是他为施乐(Xerox)公司设计的一个电视广告。里面显示,他们的影印机操作方法非常容易,连一只大猩猩都可以使用。当凯西和洛依会面时,他给了她一个简单的通知。“你们的报纸比其他竞争者的优秀,”他说:“但是你们却没向广告商传达这种讯息。简而言之,你们的广告烂透了!”

为了了解洛依是否真能改善这种状况,我们安排一次比稿,让两方来争取《今日美国报》的广告代理权。电通扬雅先做业务简报,然后换乔治·洛依走进一间充满甘奈特主管扑克牌脸的房间——他们当中许多人都是不轻易相信人的记者出身——开始宣传他的理念。

洛依所准备的一个印刷物广告,以非常正面的方式来处理《今日美国报》身份定位的问题。《今日美国报》到底是份报纸还是份新闻杂志呢?洛依的图上画着一只生物,身体是一只公鸡的样子,但尾巴是鱼尾巴。

“许多传播界的人说《今日美国报》既非鱼类也非鸟类,”他的设计上这么说:“他们说对了。”

“而事实上，”这个广告设计的结论是：“我们不在乎大家怎么称呼，只要记得打电话给我们。”

我喜欢洛依活泼的新方式。不过也让大家陷入一个难题——对一项新产品而言，要甩掉全国最大的广告代理商不是件容易的事。况且我们还可能要选择从最大的公司转到最小的公司——洛依·比德·葛松公司（Lois Pitts Gershon）。我问洛依，如果我们真的如此做，他觉得别人会怎么说。“大家也许会说，你终于把头脑搞清楚些了，”洛依回答：“你们现在打的广告无关痛痒，早该做一些耀武扬威的宣传了。”这个人的确能和我同一个鼻孔出气。

我决定把一部分的业务交给洛依——目标瞄准贸易商广告的那一部分。结果果然成功了。随着报纸行销数量持续的增加，《今日美国报》刊登广告的栏数渐渐开始成长。在非常短的期间内，洛依赢得《今日美国报》和整个甘奈特企业的广告帐户往来户头。

洛依最有创意和最有效的作品是一个在电视上的广告。设定的目标是想要同时打动读者和广告商的心。他设计一连串电视短片，邀请一些名人上荧幕，包括：琼·考琳斯（Joan Collins）、乔·那瑁斯（Joe Namath）、黛安·卡罗（Diahann Carroll）、威力·梅（Willie Mays）、米奇·曼透（Mickey Mantle）、威勒·史考特（Willard Scott）。（译注：以上人物依次为;好莱坞著名女演员;美式足球国家联盟明星球员;第一位拥有电视秀的黑人女歌手;大联盟明星;大联盟明星;美国著名电视新闻节目气象播报员。)

他邀请名人上荧幕,请他们展现《今日美国报》的片段,并一起唱新的广告歌曲。

其实他们大都不会唱歌,可是威勒·史考特在镜头上抛媚眼,挥舞着《今日美国报》气象的地图,并且轻松地哼着:“我每天都看这份报纸喔!”这样子的广告果然受到许多人的注目。

请名人做广告的点子非常成功,我们现在仍偶尔会使用,只是换成新的运动、政治、商界和娱乐界的明星。

和顶端的人打交道

我们还发现,派《今日美国报》的营业部高级主管,直接和客户的公司高级主管打交道时,卖出广告给对方的成功率高很多。比起透过广告代理商,有效率得多。其实许多公司的首席执行官每天阅读《今日美国报》,也常常讨论他们的配偶和小孩有多喜欢它。我们的产品确实是推销自己最好的工具。

布莱可觉得我没有参加《今日美国报》广告事务首席执行官对客户首席执行官的对谈,是我们公司的损失。从头开始,我就拒绝广告部主管的请求,我才不想去卖广告。我告诉他们,那是他们的工作,可不是我的责任。我也觉得,他们对此道应该比我还在行。我在新闻室里改写报道或定标题,可是舒舒服服又开心的差事。新闻工作可算是我的囊中之物,做我熟悉的工作总能让我精益求精。

虽然我很喜爱广告工作中像马戏团那样有趣的部分,但我不是推销员的材料。光是想到我可能成为一个这种人,就会让我觉得不舒服。我是个比较好的表演工作者,而非推销员。

在凯西·布莱可强迫过我好几次以后,我终于同意在晚宴时,和企业的高级主管或是广告代理商的老板谈谈《今日美国报》的理念,并回答一些问题。不过我告诉她,我可不会要求对方向我下订单。

对布莱可而言,这不成问题,她可以非常老练地处理这部分细节。所以我们发展出一种模式,我来进行容易的部分,而她来处理较困难的细节。

“我们用来吸引广告客户的秘密武器之一,就是利用艾尔参加晚宴,”布莱克说:“他的出席就能保证其他高层决策者的参与。而且艾尔能传达有关《今日美国报》的讯息,所有的广告商全会认真注意地听。”

我的标准广告词包括:

“《今日美国报》的新闻专栏所呈现的,是充满希望的新闻业,而不是令人绝望的老生常谈。大家都说阅读《今日美国报》是件‘快乐的经验’。我们的读者都是乐观的,外向的,《今日美国报》能令他们想要做得更多,旅行更多,‘买’得更多。”

因为大多数我们广告客户公司的主管也是我们的读者,所以他们懂我的含义。他们相信我的话,而且渐渐购买我们的广告。

因为读《今日美国报》是件很有趣的事,所以我也希望我们的广告能反应出这种热情风趣。

文斯·史宾诺在我的记录中,是全国最优秀的报纸促销主管人员。他和我共事长达20多年,开发出各样不同的宣传活动和广告花招。文斯喜欢各种大大小小的新奇玩意儿,他把《今日美国报》特别的商标放在每一样东西上;马克杯,玻璃杯,钢笔,纸镇,运动帽,夹克,运动器材袋,火柴,打火机,高尔夫球,帽沿吸汗带,T恤,甚至围裙和书包上。

机器人做发言人

但史宾诺最妙的两个点子都和机器有关:一个是机器人,另一个是徽章制作机。

我们的机器人长得就像一个装了轮子的《今日美国报》

报纸贩卖机。这架机器人和使用隐形式麦克风来操作它的人，出席开幕宴会、重大的体育场合和政治年会。当隐形操作的人利用机器人加入来宾谈话时，吸引了许多注意的眼光。

通常当地的电视新闻记者，为了寻求较佳的视觉效果或与众不同的报道角度，都喜欢访问机器人。而操作它的人也事先准备好回答一切有关《今日美国报》的问题，包括外观和使命感等等。如此的方式替我们赢得许多好感和免费的宣传。

有时候，机器人为《今日美国报》出席的新闻，比我还受到媒体的注意。

从一开始我就知道机器人的点子一定很有趣，不过我不大确定史宾诺想要买个徽章制作机的主意好不好。不过既然按照以往的比例上来说，史宾诺对的机率比错的机率多，我仍叫他放手去做。

那架徽章制作机是让我们在宴会当中使用的，它可以把来宾的照片转换印在金属钮扣上，就像是竞选用的那种小徽章。我们请来宾站在《今日美国报》头版的巨幅海报前，搭配一个适合当时场合的标题，然后为他们照相。徽章制作机就用那张相片做成钮扣，几分钟之内就能把成品送给客人们。

参加我们社交场合的政商名流，常常还需要排队才能要到一个特制的个人徽章。

1984年在民主党的全国年会上，我们介绍徽章制作机给大家。当我看到前总统吉米·卡特(Jimmy Carter)、《华盛顿邮报》董事长凯·葛瑞罕和《纽约时报》发行人庞奇·舒兹博格都排队等着用自己的照片做徽章时，我就知道我们又打赢了一仗。

实话实说

一些马戏团的怪把戏，对你可能大有帮助。

6．激励和操控

“努哈斯有能力表演得非常夸张戏剧化，就像老电影里一样。但是他也有能力安抚人，能运用技巧让对方发挥最大的潜能。”

——约翰·寇里，《今日美国报》前主编

对不同的人要给予不同的刺激。

有些人只要在他背后轻拍一下表示鼓励，他就会马上行动。

有些人则要屁股挨上一脚才会有反应。

光是态度强硬不够，而光是当个好好先生也不济事。许多老板都犯了这个错误，他们以为只要当其中一种就可以了。他们不了解的一点是，大多数的人需要奉承谄媚和威严恫吓并用，最能产生预期的效果。

做一个老板的工作是要弄清楚，该使用何种方式、何时和什么情形来管理下属。当然，目标是希望让人能尽其所能、发挥专长——甚至最好是超过他自己所能想象的境界。

从《今日美国报》的新闻部到印刷室，我们的冒险要求各岗位的人将他们的能力范围伸展到极限，甚或超越水准。

有些人靠别人引导一下就可以办到，其他的要人牵着鼻子走；而我则可以又做领导人，又兼任逼迫者，两者都可胜任。

那些强壮又坚定不移的人——占大多数——留下来和我并肩作战，一步接一步，经过一次又一次的威胁。一些较差或软弱无能的人则在半路上就掉下来了。我承认自己总是苛求别人，严峻不宽容，也许还有点儿执迷不悟。对那些懒散的人，我有时还会侮辱或虐待他们。不过同时，我也会赞美表现良好者，而且给予超过他们所能想象的更优厚的回馈或晋升。

雇用和启发

我的风格可能并不适用于每一家公司。不过对《今日美国报》和甘奈特企业而言，可是搭配得天衣无缝。

一个很重要的条件因素是：懂得雇用符合产品特性的人。要从背景、展望和目标取向各方面加以考虑。雇用后再来启发人才。

《今日美国报》要证明给全世界看：《今日美国报》能打破不可能，迈向成功。而我们许多工作成员也能做到这点。

他们当中有许多人尚未建立自我专业的声誉，或仍未达到事业的巅峰。许多是女性或少数民族，曾在别的地方受到无形的限制，无法更进一步发展。他们将《今日美国报》视为通往顶端的途径。其他的人则因为前一个工作不开心，离职来参加我们的新冒险。他们参与是为了好玩有趣。他们充满冒险的精神，针对现存的新闻体制创造了另一个反体制。不管他们是不是从无聊或僵死的工作岗位上跳槽过来，的确，他们都带来高度成就动机的工作伦理，而这形成了《今日美国报》信仰，或可以说文化、本质的一部分，也是它能成功的关键因素。

另一个成功关键是，学着去笑。虽然我对《今日美国报》是否能成功非常认真严肃，但是我自己本人常常开玩笑和甜言蜜语哄骗人。我从来不允许我们把自己看得太慎重。

我其实从中得到太多的乐趣，而且也显现出来，大家都看得到。我一生都用自贬身价的幽默方式来传达我的重点或是赢得观众的心。现在，批评《今日美国报》的评论家让我更容易做到这点。他们正中我的下怀，正好提供我一大堆自我贬抑的材料。

在《今日美国报》发展初期，我会对着各式各样的读者发表谈话，并当众宣读一些对我们最刻薄的评论——一字不差的——而且边念边笑。毫无例外的，观众都会开怀大笑。其实人们本能的都会帮助弱势者,而评论家反而帮我们塑造出一个值得颂赞的落水狗形象。

早期大多数的批评都是冲着我们的新闻和社论。我们明朗轻快的新式新闻风格,从传统的新闻工作者得到的反应,除了冷笑鄙夷和讥讽外,别无他物。

起初我们的编辑和记者都忿恨不平,我则叫他们放松精神,享受这种批评。

当《华盛顿邮报》的执行总编辑班·布莱德利(Ben Bradlee)说:如果《今日美国报》算是份好报纸,“那你不如说我入错行了!”我就在下一个会议上告诉我们的编辑:“布莱德利和我终于达成一点共识,他的确是入错行了。”

同事大笑且消除了心里的疙瘩。从那时候起,批评我们的人就像我本人一样,担任激励者的角色。

南西·伍荷(Nancy Woodhull),当时是编辑部总编辑,现在则为甘奈特新闻社的总裁。她说:“努哈斯和我们在一起的时候,是那么的充满自信又狂傲自负。他知道我们正在改变新闻的世界,所以根本嘲笑那些评论家的言论。如此一来,也使得我充满自信。在那种不确定的年代,这是个领导人如何影响下属的绝佳典范。”

评论家试着给《今日美国报》新的新闻形象,加上各种苛刻的标签。不过表达最传神的——也是帮助我们最大的

——是强纳生·雅里(Jonathan Yardley)在专栏里写的话。当我们刚开始发行时，他在《华盛顿邮报》上说：

这真是《今日美国报》最真实的改革……每一天，这份报纸给读者很大一份鱼肝油；可能吃起来很恶心，但其实是对读者有益的。《今日美国报》……就像每天晚上带小孩上速食店，家里的冰箱还塞满冰淇淋的父母亲一样。读者要什么，他们就给什么。

我们一些编辑当然又一次给惹恼了。我则爱死了这个点子。我告诉大家，我们应该珍惜，能满足读者所需的这种声誉。而且，我说"速食店"这种比喻对我们的助益可能比对报纸的伤害大多了。

麦克报纸的发展过程

雅里的专栏启发了一个称呼，或者一个绰号，它对我们的新闻工作人员所发挥的激励功能，比我所能做的任何事都来得有效多了。而且此一标记我们用起来得到莫大的好处，那就是：麦克报纸。

这绰号出现的一点点迹象，首先是来自《新闻周刊》上的标题："报业的汉堡包。"其他的新闻评论家很快就抓住麦克报纸这个称呼;他们使用这个用语来显示对我们报纸商标的歧视;我则将这个称呼视为和群众沟通的捷径,能清楚地传达给大众,我们努力的目标何在:

众多的消息,小小的篇幅,读起来很有意思,也让你觉得很有趣。用彩色的、平顺光滑的包装,印刷用的墨水也不会像传统灰灰的报纸那样弄脏你的手。游走电视界的媒体评论家琳达·爱乐比(Linda Ellerbee),说《今日美国报》"上面印的东西不会沾在你手上,也不会留在你心上。"

我以半自我贬抑的态度一再引用她的话。不过我总会借机指出《今日美国报》"报道消息,引你开心,并开放讨论园地;但是决不会给予指挥、命令。我们不会把读者不要的东西,硬塞入不乐意的喉咙里。"

我们一个编辑说:"他们叫我们麦克报纸,却在自己的报纸上偷用我们的麦克鸡块点子。"工作人员听到这句话后,就开始不再做任何反击了。

将对手的恶劣批评转变成对我们的优势,不仅在内部鼓舞了士气,也让一般大众觉得很有趣。大多数的人都觉得我们有自嘲的幽默,实在很了不起。

约翰·昆恩说:"努哈斯发展出一种非常有效的做法和风格来贬抑《今日美国报》。他不论是站在一群广告公司主管面前,或是面对一堆大卡车司机,都可以侃侃而谈有关自己的事，同样都会受到热烈的喜爱。”当《哈佛讽刺报》决定他们将以《今日美国报》为对象，进行年度讽刺专访时，我们利用笑声获利的例子又再度得到发挥的机会。

《哈佛讽刺报》先前的“受害者”包括《时代杂志》、《柯梦波丹》(Cosmopolitan)，以及《时人》杂志。大多数被《哈佛讽刺报》点名的刊物，都觉得是件丢脸的事。许多被当作对象的出版品主管，则非常紧张的怨恨或拒绝《哈佛讽刺报》的点子。

我反而认为这真是个大好机会，可以将大众的注意力转向《今日美国报》，特别是可以吸引年轻、活泼、聪明的读者；而且最重要的，我想这件事一定会很有趣。所以我邀请那些年轻的哈佛编辑到华盛顿午餐。我对他们想象力丰富且不恭不敬的态度印象深刻。他们似乎比其他年长的出版界同业更了解《今日美国报》。

那次会面之后，我要求公司里所有的员工和《哈佛讽刺报》的编辑合作。我们对他们公开许多档案，也借给他们印刷铅字字体和绘图用具。

他们用来作为号召的游戏标题计有：

* “三分之四的大学运动员不会数数儿”
* 伟柏那法官(译注：电视肥皂剧里专管鸡毛蒜皮事的

民事调停法庭法官)升职最高法院

＊拍马屁:商场成功的要诀

我们甚至还买下他们当期的一整页彩色广告,庆贺《哈佛讽刺报》编辑的聪明才智。

学习如何自嘲

当《哈佛讽刺报》已经准备就绪要发行时,《今日美国报》主要的编辑以及我和《哈佛讽刺报》的成员共同参加一场正式的晚宴,一起笑我们自己。晚宴在剑桥的哈佛讽刺堡举行,这座城堡是由威廉·鲁道夫·赫斯特捐赠的。我们的答礼则是邀请这些哈佛人到华盛顿晚宴,同时还有几百位政界及媒体的大人物出席。媒体评论家又逮到一个机会嘲笑我们,但是这次我们可是跟着他们一起笑的。

"艾尔对我们反讽文的态度,显示他充满自信又有幽默感,"《哈佛讽刺报》的编辑丹·葛尼说:"我情不自禁崇拜这家充满干劲又玩世不恭的公司。"

这份主要在大学校园里销售的机智反讽报章他们总共印刷了75万份。这也反应出《今日美国报》本身在大多数的大专院校里受狂热欢迎的程度。一个指标显示:现在《今日美国报》30%的读者群是属于18—38岁的年龄层,对未来的读者人数扩展前景看好。

当评论家帮忙提升新闻部工作人员士气时，行销部、广告部和其他部门却没有这种好机会。对于这些部门工作的人员，如何激励士气的关键是：从一开始就预定清清楚楚要求极高的目标，公开地大声向每一个人宣告，然后要他们拼命工作达到目标或是超越目标。

《今日美国报》发行之前，我公开宣布我提供给董事会的5年计划：

* 平均每天100到200万份销售量。
* 一份售价0.5美元。
* 每天要有12—14页版面的广告刊登。
* 每年的岁收至少2亿美元。
* 由亏转盈。

我本来是可以将这些目标当秘密藏起来，如此就能大大减轻我和同事身上背负的压力；但是公开宣告目标这种举动，其实和达成目标同等重要。告诉全世界这些期望可以强迫每一个人——包括我自己在内——相信势必会如此。

私下的期望对任何一个人都没有太大的意义，软弱者才用这种方式。这样的目标,遇到困境时很容易就被遗忘或是改变。

《今日美国报》的目标是气势汹汹,清晰明确,且广为人知的。它能提供一个清楚的基准点,让我们自己、董事会、大众,以及我们的评论家评断我们的表现如何。

《今日美国报》能否维持长期性成功的挑战,主要来自行销和获利性。让每一个部门里的每一个人——从印刷部到新闻部——都能了解到其意义,是件非常重要的事。对《今日美国报》而言,第一个最重要的行销数字是100万。这个数字是我们销售广告人员认为足以开始吸引全国性广告商的魔术数字,因而尽快达到这个数字格外重要。全国性的广告商正坐在一旁观望。

一旦我们开始发行,又了解到突破数字、进入"百万发行量俱乐部"的重要性时,我立刻将目标往上提升。我并没有改变我们的5年计划,但是我告诉几位中心人物,在第一年结束之前,每日发行量一定要突破100万份。

这并不是个简单的任务。在当时,全国只有3份日报发行量超过100万份:

* 《华尔街日报》,1925722份。创刊于1889年。
* 纽约《每日新闻》,1544108份。创刊于1919年。

*《洛杉矶时报》，1052637份。创刊于1881年。

大部分的人还以为虚弱的《纽约时报》每天的发行量超过100万份，但就算加上它的全国版数目，还是短少一些。其他相当著名的报纸，例如《芝加哥论坛报》和《华盛顿邮报》则根本说不上接近这个数字。

我知道，如果想要有机会在1年中达到100万的目标，我们必须在有关行销的所有事务上力求完美。在每一个我们进入的市场，我指派自己为"发行量一人检查小组"。

早上晨跑的时候，我随身带着2角5分的硬币、报纸和铅笔。确定当天的报纸是否在6点之前就摆设好，检查报纸贩卖机是否运作良好；如果有任何一点出错，我就记录下来。

没有一件事，比起报纸贩卖机吞掉硬币却不把当天的报纸给人家，更让在街角的潜在报纸消费者倒胃口的了。

懒人混不久

《今日美国报》发行1个月之后，我在华盛顿特区靠近白宫附近的一台报纸贩卖机内，发现好几天以前的报纸。除了当面斥责行销部老板法兰克·维加之外，我也利用这个机会，用以下这个备忘录驱策其他部门的主管：

这只是一个小例子，显示出无精打采、懒懒散散的态度正慢慢潜进我们当中，有些人以为他们的作为理所当然，以为我们公司可以容忍这种行径。

请让这次的事件提醒你们全部，警惕你手下那些偷懒、邋遢、缺乏热诚、无趣的人。要他们知道，这种人是不能在《今日美国报》混多久的。

如果以上声明还不够清楚，或是你对个人该如何维持此处适宜的工作态度和表现还有疑问的话，请直接来问我。

1982年的头几次上市都进行得很顺利。我们在华盛顿—巴尔的摩地区、明里亚波利斯和匹兹堡都超过原本预期的行销量。亚特兰大和西雅图也都还好，但是在旧金山的数字是我们第一次非常失望的纪录。

在旧金山的运作非常重要，因为它是我们进入的新市场里，唯一一个已经有两家报纸存在的地方。根据我的观察，当初对本地上市的规划及实施成果都效率不佳。而且我也认为，我们的高级主管已经开始以为行销是一件理所当然的事，所以只给予这次活动例常性的关注。

旧金山开幕之后，我召唤维加和发行人菲尔·基兰尼拉(Phil Gialanella)，以及总裁史宾诺，到我在佛罗里达的家和办公室举行一个星期日早晨会议。

我只问他们“是谁搞砸了旧金山的事，还有，你们要如何补救？”

“当我们坐在‘南瓜庄园’艾尔的办公室里时，当时的情况就好像007情报员电影里的场景一样，”维加说：“他大腿上抱着两只白色的马尔济斯小狗，轻轻地抚摸着它们，却用冷冷的眼光瞪着我们，像要刺穿我们身体一样。”

“我望着菲尔和史宾诺，看看我们当中哪一个要承担旧金山失败的责任。你可以感觉到，我们当中正有一个人坐在暗门陷阱上，任何时候，门都会忽然打开，将我们送到命里注定要掉下去的鳄鱼池。”

维加、基兰尼拉和史宾沙诺都很怕惹我不高兴。我早知道，要叫他们行动，非得在屁股上狠狠地踢上一脚才行。对其他的人也许只要温和地提醒一下就可以，但想要引起这些硬骨头家伙的注意，一定要采取强硬的姿态。

会议结束之前，我告诉他们，他们的解释听起来像借口，而不是理由。“如果你们还想继续待在这儿，我希望这种错误不会再发生。”

接下来，在休斯顿、丹佛和洛杉矶的上市都非常成功。1983年1月底之前，我们的发行量累积达53万份。营运只过4个半月后，我们已经达成100万份目标的一半了。

洛杉矶的成功后，我给维加一张桃红色的小条子：“你做得很好,小子,再有另一个100万的一半,你就算长大成人了。”

弥足珍贵的赞赏

我特意定当时为夸奖的好时机,但是通常也会同时宣告下一个挑战。“艾尔很少赞美别人,所以当你得到赞美时,意义分外重大,”维加说:“他是我所认识最伟大的激励者。他有某种特质,使得你希望得到他的赞同。你必须每天努力以求赞赏,因为他一次只给你一点点,分成好几次给,就像一次赐你一条诫律一样。他比上帝还难伺候,至少,上帝还是一次就把十诫全部给摩西呢!”

赞赏是明确而非陈腔滥调时,属下会更珍惜。我称呼这种方式为弥足珍贵的赞赏。

现在我们上市行销似乎连战皆捷,所以我决定进一步加快达到100万目标的脚步。报纸发行人每年的大拜拜——美国报业发行人协会年会即将于4月在纽约举行,我告诉公司的高级主管,我希望到那个时候,能在会上宣布我们已经打破100万的数字,即使我们报纸只有7个月大。这项目标就像给快要没电的电池重新充电,注入新刺激一般。

我们把在迈阿密、底特律、芝加哥、费城和纽约等地的上市时间往前提。加快速度的行程计划几乎把大家的背都快累断了，但是果然成功。

1983 年 4 月 24 日，在沃道夫—阿思朵力雅(Waldorf Astoria)饭店的大厅上，当着数以百计的报社主管人员面前，我揭开一条巨大的《今日美国报》标语旗子，上面印着数字：1,109,587。

甘奈特报系的报纸发行人站起来鼓掌叫好。其他的同业则采取较保留的态度，而且还有许多人根本不相信我们。

《今日美国报》7 个月的发行量传奇，成为全国报纸发行人那个星期最热门的话题。很多人下结论说，我们只是“虚构编故事”。他们不怎么有礼貌地说我是个骗子，说我们虚报销售数字，发行量灌水。

报界有一套方法查验发行量的纪录。发行量稽核局(the Audit Bureau of Circulations ABC)会为每位会员审核纪录，进行实地监察，然后发布一个数字，这个数字才会被业界和广告界奉为圭臬。那原本应该是个简单的法子，可以用来证明我们的宣告。但麻烦的是，发行量稽核局有一个恐龙时代的规定，任何报纸一定要出版 1 年以上才有资格接受审核。这又是一个既得利益团体用来保护自己的烂规则。

我想出一个折衷的方法。我们雇用一家全国知名的会计事务所普华(Price Waterhouse)(译注:美国6大会计事务所之一,除担任著名公司的会计稽核外,尤为出名的,即是负责在奥斯卡颁奖典礼上,将装有评审委员票选出获奖人名单的信封交给颁奖人。)来为我们的发行量纪录做独立的稽核。从没有任何一家报纸曾如此做过。

结果:普华说我们超过100万份的数字资料正确无误。

这样总该封住那些闲言闲语了吧——没有。竞争对手的发行人仍继续说,唯一算数的发行量审核,一定要是由发行量稽核局进行的。有许多的广告商主管也同意这点。不过,聪明的人都明白,我们决不可能愚蠢到如此地步,居然敢把像这么重要的数字拿来公开的骗人。

公开宣扬我们超过100万的纪录,对公司内部而言是鼓舞士气的绝妙方法,而且更能激励行销人员继续使数字不断上升。超过100万的数字也渐渐变成广告商心中固定的印象了。

当延宕多时的发行量稽核局审查结果发布时,终于让每个人都相信了。官方的正式纪录数字:1,179,834。比起任何我们自己宣布的非官方数字都多出7万份。

成长的成绩单

数字猜谜游戏终于结束后,我将同样的注意力转移到其他的部门，到处窥探每一个细节。然后，我开始和每个部门的主管召开经营管理会议，并发给他们第一年的成绩单。

多年来我发出许多张成绩单。成年人似乎不大习惯接到成绩单；但是如果成绩是用来考量在学校的表现的话，那么成绩对在工作场所的表现意义应该更重大。生命就像一场考试。每一件工作都是一次测试。对我个人而言，每一天都是考验，所以成绩和成绩单非常重要。

以下是他们第一年成绩单的摘要：

* 广告部：《今日美国报》宣传活动的广告表现得到 A 或 A^+；可是推动实际销售的努力和成果，能得个 C^- 就算你们好走运了。我们需要新的方法和新的观念。除非高层的人员拿出有效的推销广告办法，否则想要达到预定的广告客户目标数是不可能的。如果你们做不到，就没资格属于这个发行量超过 100 万的集团。

* 发行部：在销售方面值得得到 A 或 A^+。记住，我不轻易给人 A，而 A^+ 就更稀罕了；但是你们在行销策略和价格规划上只得到 C 或 C^-。越来越多的例子显示，你们根本在想各种的办法免费赠送报纸，这样是行不通的。从现在开始，策略要摆在如何以更高的价格卖出更多的报纸。明年我们要涨价到 3 角 5 分，后年得增加至 5 角 1 份才行。

所以，请准备妥当！

*新闻部：你们是《今日美国报》所有的部门中表现最好的。日复一日，你们的产品整体而言都能正中红心。从前页到后页，都值得拿到一个非常肯定的 B+。不过你们却老是搞砸头版的上半页部分，那是一份报纸最重要的部分，是潜在消费者第一眼唯一看得到的地方，却是我们报纸编辑得最差的部分。只能得个 C+。

我从自己的座位开始走，在会议室里踱步。只有我知道自己要往哪儿走，心里打什么主意，其他人都不知道我葫芦里卖什么药。我的目的地：墙角的报纸贩卖机。我们把报纸贩卖机摆在编辑室和会议室里，好让员工每天都可以看到当天的报纸，就和在街上的潜在消费者所看到的一模一样。

我又开始上演另一场事先计划的戏码，控制火气上升。

我停在报纸贩卖机的旁边，把门摇得嘎嘎作响，猛戳展示窗里报纸的上半部。然后我把手伸进口袋里，掏出一个 2 角 5 分的硬币，买 1 份报纸。

我打开报纸，让整页都展开来。那天的头条消息是有关篮球锦标赛的狂热，附上一张照片，上面有漂亮的金发高中啦啦队队长，穿着紧身毛衣，正跳在半空中。不过上半页只能看到她的头和肩膀,也就是说,报纸在贩卖机的展示窗里,就是这副德行。

乳房放在折线以上

我用手指猛戳报纸来强调,并咆哮着说:“下一次记住,你们要使用好的、清晰的照片时,所有穿着紧身毛衣的美国女孩,乳房都要摆在折线以上!”

在屋里的编辑,男男女女都喧腾起来。他们懂了。其实这个讯息与乳房一点儿关系都没有,而是特别设计来希望产生持久影响力——头版最精采的部分,一定得在报纸贩卖机的展示窗里显现出来。

从那之后,我们头版的上半部分处理得都很好。

渐渐的,所有部门的运作都改善许多;而不可避免的,注意的焦点就要转移到支出控制上了。刚开始的时候,大部分的问题我们都砸上一大笔钱来解决;然而我知道,现在该要以聪明的管理方法来代替砸钱的方式了。我也明白,要大家转移方向将是非常困难的一件事。

创刊后的第二年底,时机成熟了。

1984 年 10 月,当财务报表出炉时,我正在南瓜庄园度周末。当时算起来是我们营运第三年的头一个月。在那个月《今日美国报》又亏损 1000 万美元。1984 年大部分的时间，损失大约都维持在这种程度。我已经答应董事会，年底之前一定会看到情况改善。我早已一再地对我们主要的管理人员提醒这回事，可是他们根本没听进去。

我必须引起他们的注意才行——无论用什么方法。

星期六中午的时候，我打电话给在华盛顿的总裁约翰·寇里，叫他带着《今日美国报》8位管理委员会的成员到南瓜庄园，参加星期天中午的会议。至于如何集合这些主管，让他们都能在星期天早上搭上甘奈特企业的喷射客机，是他自己的问题。我说，百分之百的出席率是强制命令。

寇里发现大家散布远近各处。凯西·布莱可是星期六半夜最后才找到的一个，她和她丈夫正在蓝脊山脉度周末，寇里把他们从山顶上带下来。

那个星期六晚上，我和一位交往频繁的友伴芭芭拉·惠特妮(Barbara Whitne)在可可亚海滩上，我最喜欢的一家海鲜餐厅“冲浪”晚餐。

惠特妮是纽约的设计师和建筑物承包商，几年前搬到可可亚海滩来。她的承包公司建筑房屋和办公室，而她自己也拥有一家“惠特妮艺廊”。我雇用她替佛罗里达《今日报》设计并监造一栋新建筑。我喜欢她的风格和作品，我们变成非常亲密的朋友。两个人都离过两次婚，但我们之间没有罗曼蒂克的关系。我们在一起度过许多有趣的时光，不论是在私人关系或专业合作上，都是知己密友。她有非常广泛的品味，而且天生的会选择第一流的事物；不过也能顺应情况，随环境放大或缩小计划的规模。

她曾为我设计了多项计划，范围从价值好几百万美元、座落于华盛顿的《今日美国报》——甘奈特企业办公大楼；到只值3万美元，我用来写这本书的的木屋：花木扶疏的南瓜庄园。

晚餐时我告诉她明天与《今日美国报》高级主管安排的会议，也告诉她开会的目的。"我一定得强迫他们了解，拥有可以自由提领现金帐户的好日子已经过去了。"我说。

她想了一会儿，然后建议："如果你真的想引起他们的注意，我们何不为他们表演一出像'耶稣最后的晚餐'的戏？"

我大笑并回答："听起来很棒。可是我不大清楚《圣经》上的细节该怎么做。如果你能策划，我会安排上演。"

她说："你也上场。我来负责葡萄酒，未发酵的面饼，十字架，荆棘编的皇冠和其他道具。"

惠特妮是个英国—波兰裔的美国人，我常常叫她波兰公主。她让冲浪餐厅的老板罗斯帝·费雪(Rusty Fischer)也参加一角，他为这个仪式提供犹太风味的《圣经》文句。

隔天早上，当我正在南瓜庄园对着《今日美国报》的主管讲道时，惠特妮和费雪正忙着准备“最后的晚餐”。

其实当《今日美国报》的主管一到达南瓜庄园时，他们立刻感到情况有些异于寻常。当时已接近中午，但看不到午餐的影子。我甚至还把平常放在长会议桌上的糖果盘收走，也没有提供任何饮料或服务。

放弃或重新开始

我们开门见山。我说：“我们不能用从前的方式继续经营《今日美国报》了，在财务上我们负担不起；以信用度的观点而言，我们也负担不起；在情感上我们也负担不起。我答应过你们，也答应过我自己，这项冒险计划应该会很有趣。可是以现在这种速率赔掉大把大把的钞票，已经不再是件好玩的事了。我们有两个选择：一是放弃，或是重新开始。下面是各自代表的含义：

* 如果放弃，我们宣布《今日美国报》失败，然后剩下的事业生涯都只能花在做无聊的事情上。

* 如果我们重新开始，表示在政策上需要做剧烈的改变。充满葡萄酒和玫瑰花的豪华宴会已经结束了。

“既然我不知道如何放弃，所以我决定重新出发。我将从事重大的政策转变。你们当中想要留下来的人必须执行我的政策。这不是件容易的事，甚至还会有点儿不愉快。除此之外，也许还有些人根本不希望按照新规矩做事。如果这样，我能谅解。”

我站起来并在房里走动，一一看着每一个人。我可是给了他们很多次可以离开的机会。不过他们都留在我所希望的地方：待在原地不动。我回到座位上，提出以下几项简短的声明：

“残酷的现实是，整体而言，我们现在必须以经营管理的政策来取代花大钱的方式；我们必须以更精简的人力，更小的空间，更低的支出，制造并呈现更多的新闻报道；以更高的效率，更少的人，更低的支出，推销出更多的广告空间；必须以更佳的品质，更少的人，更低的支出，制作印刷出更多的报纸；要以更高的售价，更少的人，更低的支出，发行销售更多份报纸。

“你们必须想办法做到这些。我将以宣布明年起，你们每个人都减薪50%的方式来帮助大家起头。除非有寇里或我本人的书面同意，从今天起不再雇用任何新进员工。此决议现在起生效。况且，我们是不会批准任何聘用申请的。

“所以，你们该想办法做的，只有总归一句话：如何运用更少的资源创造更多的产品。下午我放你们假,让你们好好想一想,晚上 7 点在冲浪餐厅我们再谈。”

到冲浪餐厅吃饭通常是我们在南瓜庄园开会时一天最后的节目。他们都期望着相同的盛宴款待:石蟹或牡蛎,佛罗里达红鲷鱼或参鱼,法国葡萄酒;一些愉快的生意或社交谈话。但是,这回等着他们的可是个大惊奇。

当他们抵达冲浪时,先被带位到一间独立的饭厅。门是关着的。有些人还在外面等个 20 到 30 分钟,也没有让他们先点饮料。当全部的人到齐后,芭芭拉才打开饭厅的门。

周日晚间剧场

我坐在一个没有装饰的长桌子旁,等他们一一就座。我身穿一件长袍,戴着荆棘作的皇冠。身后墙上躺着一副巨大的木头十字架。

来宾都安静无声。他们手足无措,不知道是该哭,该笑,还是该离开。

每个座位前都放着一杯葡萄酒和一片未发酵的面饼。再加上我稍后念的台词,以及大家的回答。芭芭拉和罗斯帝安排了一个大致上模仿犹太逾越节和耶稣最后晚餐似的场景,特别着重加强它的戏剧效果。

我开始念台词，开头是“逾越节的礼拜仪式”。整个场面充满宗教性的暗喻，场景是耶稣在最后晚餐中的情况，台词则是由犹太人逾越节的晚餐仪式中节录出来的。

我朗读由逾越节晚餐礼拜当中选出来的宗教问题：“为什么，在今夜，我们要吃特别苦的药草？”然后我邀请他们和我一起回答：“我们吃特别苦的药草，因为我们正遭受威胁，将要被赋予更深的生命的苦难，连同我们的后代亦是。”

仪式继续进行中，有些人笑出来，有些人则默不作声，脸色像石头一样；不过每个人都懂我所要传达的讯息了。除非现状有所改善，否则这顿饭也许真的就是“最后的晚餐”了，而且所有的人也许都真的会被判出局。

为了确保没有人忘掉重点，我请了个摄影师在场，为后代记录下这个严肃阴郁的场景。后来我还送给他们我亲笔签名的照片。一张老板戴着荆棘皇冠，背后有个十字架，陪他们出席最后的晚餐的照片，的确是最有效的提醒标记，提醒他们残酷的事实——即使过了好多年之后。

之后我得知，他们飞回华盛顿两个小时的旅程中，在飞机上有人很生气，有人则一路祷告。但是削减支出的行动在隔天早上就正正经经、认认真真地开始了。

他们离开后，我回南瓜庄园的路上，在面对海洋的小礼拜堂里，我说：“谢谢，”抬头望着，不管他或是她，并开始微笑。我上床睡觉时，一边想着惠特妮帮我在进行仪式时的台词里所准备的话：

*公元前550年的希腊预言家伊索写道："自助者天助。"

*1763年，另一位著名的混小子，本杰明·富兰克林(Benjamin Franklin)在其著作《贫穷理查的农民历》(Poor Richard's Almanac)里，偷了伊索的话改写成："上帝帮助那些自己努力的人。"

不论是何方神圣，我知道我已经找到正确的援助者，能帮我激励和操纵那群人。那群人可是我巴望着可以使《今日美国报》成功的人呢！

实话实说

赞美主并传达他的启示。

7. 认错并祝你胃口大开

“像大多数人一样，我很怀疑《今日美国报》真能够成功。不过幸好我给自己留了余地，说‘永远别和艾尔·努哈斯打赌。’”

——凯·葛瑞罕，《华盛顿邮报》董事长

在美国，能像神话里点石成金的米达王一样具有同等魔力的人，是沃伦·巴菲特(Warren Bufffet)，他在华尔街上碰过的每样东西都变成黄金。当我邀请这位博克夏海莎威公司(Berkshire Hathaway)亿万企业老板，机智可爱的混小子来参加《今日美国报》第5周年庆祝会时，他接受了但表示，他希望菜单上有道乌鸦。(译注:“吃乌鸦eat crow”代表承认自己错了，愿意收回所说的话，为其负责。)

“你们应该准备两份菜单，”巴菲特写道:“一份是盛馔佳肴，给当初立刻就相信《今日美国报》的人；另一份则是乌鸦，给那些怀疑者。假使你真的要听从我的建议，也许最大、最硬、最丑的那只乌鸦该留给我。”

“我以为《今日美国报》会败得一塌糊涂——不管编辑

上或财政方面；不过现在显现的成果是，你们以3亿美元的支出，创造出这个新产品……而此产品有丰厚的潜力，在不久的将来，每年都能赚进3亿美元。你我皆知，这比等着摩根史坦利公司(Morgan Stanley)(译注：控股公司，美国政府主要证券发行商。)出钱来买你的公司，好赚上千倍。"

巴菲特最后又说，"我衷心希望你们能高抬贵手，好心一点儿，在我的乌鸦上撒很多的乌斯特黑醋或牛排酱。"

向敌人耀武扬威不是我的行事风格，当然更不会幸灾乐祸。笑声才是我推动世界的活力泉源。所以当《今日美国报》在9月15日5周年纪念会上庆祝它的成功时，我们提供来宾最有趣和最精致的食物，对朋友和敌人都一样。

5年前的同一个夜晚，我们在首都的土地上搭着帐篷，庆祝《今日美国报》的正式发行。5年后的今晚，我们在甘奈特企业及《今日美国报》总部，位于波多马克河西岸31层楼高、金碧辉煌的大厅里，俯瞰整个华盛顿和白宫，庆祝着光荣的胜利。

5年来，我们历经了多少改变：当时几乎所有知道我们目标的人，表面上客客气气的祝我们好运，背后则窃窃私语，散布着我们不会成功的"先见之明"。现在，到处充满认错的话语。早先怀疑或批评我们的人，如今对我们致以最真诚的祝贺之意。

里根总统——5年前开幕庆祝会也在场的贵宾——引领来参加周年纪念的祝贺者致意:"你们的成功的确是新闻事业上的转折点。带领着整个工业迈向21世纪。"美国的第40任总统如此赞赏道。

我们的来宾包括两百多位政界、业界、体育界和娱乐界的领袖,有媒体大人物华特·克朗凯(Walter Cronkite)、墨肯·福布斯(Malcolm Forbes),以及海伦·汤马斯(Helen Thomas)(译注:依次为著名的新闻主播,美国财经双周刊《福布斯》等杂志社长,第一位驻白宫女首席记者);美国联邦最高法院法官桦伦·贝格(Warren Burg)以及众议院共和党党鞭迪克·钱尼(此书完稿时为美国国防部长);赛车选手马力欧·安瑞特(Mario Andretti);作家凯蒂·凯丽(Kitty Kelly)(译注:撰写有关里根夫妇故事的作者);以及大富商比尔·马里奥特(Bill Marriott)(译注:经营大饭店及餐厅连锁、空厨及游乐场等事业)。

福布斯,我所认识最多采多姿和最可爱的千万富翁之一,如此表达他的心情:"当甘奈特企业和努哈斯决定开始这项计划时,我和大多数人一样,认为他们根本没有办法能成功。大家看看,一个人可以错得多离谱啊!你们能想出来,在任何的地方,任何的时间,还有任何其他的报纸,可以赢得如此非凡的成就吗?"

香槟与欢笑

这些赞词听起来很舒服,可是我并不想让庆祝的气氛变成多愁善感或太滥情。所以我们不再请人演讲,而开始大笑并举起香槟酒杯畅饮。

没有用来借机报复的乌鸦菜单,也没有耀武扬威。永远不要把事情看得太严重。不过思考立场转向和自我认错的状况一直持续不断,而其中最惊人的转变发生在我退休前夕。

声誉卓著且立场独立的《华盛顿新闻评论》在 1989 年 3 月号刊登一项受访人数多达 3 万的读者民意调查——大部分受访者都是全美各地的新闻从业人员,而且当中许多人还是早期极力批评《今日美国报》的人。

《华盛顿新闻评论》的问题是:在过去十几年以来,在文字新闻媒体界,拥有最重大的影响力的是哪一位?结果显示:

艾尔·努哈斯……44.6%

罗纳德·里根……13.4%

艾伯·罗森素(Abe Rosenthal),《纽约时报》前任执行总编辑……8.4%

《华盛顿新闻评论》的评论如下：

"大多数读者认为，过去10年来，对文字新闻媒体拥有最大影响力的人，同时也是最受争议的人是：《今日美国报》的创办人艾尔·努哈斯。也许，比起新闻界其他任何一位人物的作为而言，努哈斯促使新闻工业以更远大，更严肃的眼光，省思新闻产品的本质。如此的贡献将使努哈斯本人成为不朽的传奇。所代表的意义，甚至超过《今日美国报》报纸本身。"

在《华盛顿新闻评论》的颁奖典礼上，一间充满"前任"怀疑者和批评者的房间里，我接受表扬，并发表以下这段口惠不实、说说而已的感谢词："若是没有在场的每一位，从头开始持续的鼓励，《今日美国报》今天不可能会成功。"

每一个人都大笑并鼓掌。所有的嘲笑终于变成激赏。

实话实说

最后的欢笑的确是最棒的笑容。

六　金钱、权势、魅力的结晶

“跟我无关的任何交易,我都反对。”

——汤马斯·欧尼尔,前参议院院长

我一直都喜欢“大”。“大”好良机,“大”工程,“大”交易,“大”公司,“大”联盟。

我在迈阿密以及底特律替耐特报业集团做事的时候,对于身为大型报业和大城市的一员我深以为傲。我在罗彻斯特、纽约加入甘奈特时,情况就不同了。大部分的时间都待在小城里的小报。人家拿我们当乡下土包子:甘奈特是啥玩意?它是做什么的?有什么值得注意的?

我可以预期到,不知情的人会问我的第一个问题是:“甘奈特(Gannett)要怎么发音?”

请把重音放在第二个音节的net。

说到这个net,可是我们甘奈特最先引人注目的地方。甘奈特的净利(net income)让我们成为华尔街的宠儿。利用上市后的获利,我们开始披荆斩棘,朝着“大型化”迈进。

早在《今日美国报》创立之前,我就知道我要的是什么:全国第一大报。

有很多人可以说他们自己是最好的,这是个人的看法。可是任何排行榜上,只能有一个第一大,不必多费唇舌,有多“大”是很容易就可客观地测量出来的，而其他的排行标准多是主观的。

仅在1970—1980年这10年中，甘奈特由排名第七窜升到第一，成为全国第一大报社。

在早期从事交易时，个人魅力以及私人情谊非常重要。报纸是很私人的事业，大部分的报社卖主，只会卖给他们喜欢且信任的人。之后，竞争愈行激烈，老板也比较理智后，我们要用更多的钱来代替个人魅力；有时候还得加上点权势。

这样的配方还蛮管用的，我们再也不是乡下土包子了。

“幸运眷顾有勇之人”。

——魏吉尔(Virgil)，罗马诗人、作家

1. 向华尔街示好

“努哈斯那一套具侵略性的管理策略，似乎在华尔街还蛮吃得开的。”

——《商业周刊》1986 年 6 月 2 日号

在 1967 年甘奈特股票决定要上市的时候，我对华尔街所知不多。我当然知道它在哪里，街道窄窄的，高楼大厦林立。我也知道那里在做些什么，就是大家拿公司行号、股票价格下赌注。不过要赌博，我还是喜欢到赌场玩扑克牌。

在接下来的 20 年内，我学习到有关华尔街的很多事情。华尔街改变了甘奈特的财运，当然也包括我自己的。甘奈特因而成功，也让我以及其他很多人变得有钱。

我学习到最宝贵的一件事是：华尔街的神秘感根本不算什么。

很多首席执行官害怕华尔街。他们忘记了一项重要的因素，那就是人情味。股市分析员也是凡人啊！

华尔街聚集了各路英雄好汉，其中有些天资过人，很多人卖命工作；又有些非常贪心，有些行事马虎；不过大部分人都规规矩矩,却也有少部分的害群之马。而不论是共事或找乐子,其中很多人都是很有趣的伴。知道怎么样对付这些人,让我在华尔街的岁月很愉快。不过更重要的是,这使得甘奈特成为这个投资世界的宠儿之一。

这一切的一切,都不是凭空从天上掉下来的。

向华尔街示好,是我当首席执行官时最重要的工作之一。我需要做的,不是像企管硕士或会计那样去了解金融状况,而是更重要的:要了解人。这是每家上市公司首席执行官的任务,也是为什么通才要比专家精于此道的原因。

作为一个通才,以下是我向华尔街示好的方法:与分析员面对面,不管何地、何时;带领他们检查我们的运作;对于他们直接的问题给与直截了当的回答;公司的决定,要坚持不能让他们措手不及;适当时机不妨幽默点,这虽然看起来有点不大相关,却显得我没有把他们或自己看得太严肃,又能同时兼顾公司的成功。

在1967年甘奈特股票上市的时候,华尔街对于报业公司知道得还很少。我们发动了密集的宣传战,都是如假包换的事实证明,这使得华尔街对于报业的观感大大改观。

在甘奈特之前,只有两家报业公司股票上市:拥有《华尔街日报》的道琼斯(Dow Jones)公司以及发行《洛杉矶时报》的时代明镜(Times Mirror)集团。

跨越哈德逊河的岁月

这两家公司做得还可以。不过观察报业的分析员，大部分都是在纽约这个小小的天地坐井观天。他们在这里生活、工作，有些人似乎认为生活的边界就到哈德逊河而已。

报业在纽约遭遇相当大的困境。光在曼哈顿，10 年中就有 4 家日报倒闭，残存的也都有劳工问题，或者读者群迁移到郊区的困扰。其他大都会区的报纸也有相同的问题。

我试着说服华尔街，让他们相信全国的中、小型报纸都可以生存，而且做得还不错。先捧捧一般的报业，再谈起甘奈特，就会比较容易，立场也比较稳。我要说的是："如果你喜欢报业，你就一定会爱死甘奈特。"

我们请分析员到我们位于罗彻斯特的总部。我们邀他们参观获利颇丰的几个郊区日报，就在曼哈顿北边的威却斯特郡(Westchester County)。我们也得意洋洋地向他们展示佛罗里达的太空海岸的成功。我们特别强调我们买下圣巴那迪诺《太阳电讯报》以入主加州。

不论是纽约、波士顿、费城、芝加哥、洛杉矶、旧金山，只要有金融分析员要与我们碰面谈，我们一概都接受。

起初奔波于途的 3 人宣传组包括：保罗·米勒，当时的财务长杰克·波西(Jack Purcell)，还有我自己。

我们很快地知道，华尔街这伙人对我们得了多少普立兹奖没啥兴趣(事实上我们是得了不少)，他们不管我们记者、编辑有多好(事实上是很好)，也不在乎我们的私人生活形态。他们要知道的是：

* 和麻烦一大堆的《纽约时报》以及其他都会区的报纸比较起来，甘奈特有什么不同？
* 我们这一季、这一年、或下一年，利润会成长多少？
* 我们的购并及成长速度，有多积极、多有效？
* 我们产品的价格弹性有多大？
* 我们熬得过经济不景气吗？

米勒没有办法掌握这些要点。早期有次在波士顿和一些分析员开会的时候，他絮絮叨叨地一直讲他自己这个星期过得多好："我在加州打了3天高尔夫球。然后我搭乘甘奈特的专机飞到俄亥俄州的哥伦布市，接我的岳母之后，再飞到奥克拉荷马。我们去拜访我的姊姊、亲戚。我还和以前的哥儿们打高尔夫球。之后我们飞回罗彻斯特的家过周末。"

这样的旅游见闻并没有引起华尔街这伙人多大的兴趣。波西和我都捕捉到一些不表赞同的眼神。从那刻开始,我们就把米勒的工作降为只是握握手的差事,不久之后就把我们的推销小组成员降为两人。

要迷倒出版商同业,米勒倒是很在行。在鸡尾酒会上,他交际的能力就跟我认识的每一个人一样好;但要和分析员谈经商的细节,可就不是他的专长了。之后,当波西离开我们到哥伦比亚广播公司寻求名利的时候,我用本来是法务首长的道格·麦肯道尔取而代之。口才伶俐的道格是苏格兰人,更能胜任这项工作。

我和杰克,以及接下来的道格,3人总结出对华尔街这伙人演讲时一套简要的标准说法。我说理的核心在于:

"报纸是大部分美国人生活中不可或缺的一部分,特别是在中小型的社区。""因为所费不多,所以很少有消费者会反对报纸涨价。""在大部分的市场中,单一的日报通常是主要产品制造商的广告工具。这样一来,广告的收费就可以很有弹性。"

在推销报业的一般状况后,我会开始吹捧甘奈特异于其他公司的实力:

"相当重要的一点是,甘奈特集团的报纸就是为中型社区设计的,地点多半靠近主要的都会区,但却不属于都会。我们的重点放在当地的新闻及广告,邻近的大型日报或电视台,没有一家能赢得过。"

不停歇的印钞机

我解释道，甘奈特比其他的公司更能掌控利润。

在景气好的时候，来自广告及订户的收入持续增加；在经济不景气时，我们可以很轻易地缩减开支，尤其是减少新闻量。况且，在消费者不抗拒的前提下适量的调整价格，也会增加收入。也就是说，不管景气好不好，甘奈特都是可靠的摇钱树。

我可以用我们的竞争者来证明。例子：《洛杉矶时报》以及时代—明镜集团的大家长诺曼·钱德勒（Norman Chandler）了解甘奈特的实力。他曾经说过："都会区的日报没办法和当地的报纸竞争。我们试过，就是没办法。"

很快地，华尔街的媒体分析家、刊物开始促销我们甘奈特的股票。例子：纽柏格及柏曼公司（Neuberger & Berman）的约翰·科瑞（John Kornreich）："甘奈特的基层媒体事业不容小觑，它根本是无法可管的独占事业。"《华尔街实录》（The Wall Street Transcript）："甘奈特的经营手法不管是站着、躺着或呼口气也能赚钱。如有必要，他们可是会用普立兹奖来换取利润的。"

甘奈特开始作东，举办和这些分析员会议有关的餐会。我们甚至还邀请我们的竞争对手。许多大型媒体公司的首席执行官就这样成了我们的常客。

将甘奈特塑造成业界的龙头老大,本来就是我策略的一部分。这些餐会以及互相的应酬往来,使得日后的甘奈特能多点人味。人情味要比大部分的首席执行官所想象的要来得重要许多。

当我首次在一群华尔街人的面前初试啼声时,派伟柏(Paine Webber)公司的分析员肯·诺伯(Ken Noble)告诉我一个故事,我永远也不会忘记:

他说有家公司的首席执行官,在一场午餐会上向分析员报告,"这位首席执行官的表现奇差,以至于众人纷纷开溜,好赶在休市前卖出。"

分析员会注意的除了首席执行官的真材实料,还有他的风格和个性。如果你还不错,就有帮助;反之,就会有不好的影响。

我了解到,我和这些分析员的个人交情,也能让对方抬高身价。分析员会很高兴,能有资格说:"艾尔·努哈斯(或者其他的首席执行官)告诉过我……"就算在你告诉他的同时,还有其他一百位的分析员在场,那也没关系。

在这个众人咸认不带个人色彩的商业活动里,多一点人情味会创造出更佳的效益。

大部分公司在对分析员做简报时,尤其是由首席执行官发言时，通常比我所记得的大学课程还无聊。有些公司的首席执行官还不愿意亲自到场，这些人都不应该是上市公司的领导人。杜鲁门曾经说过：“如果你受不了热气，就滚出厨房。”

我发觉大部分的分析员都很像报纸记者，他们要的只有事实。开始的时候，他们会持质疑的态度，有时候还会冷嘲热讽；但是一旦他们相信一家公司和它的首席执行官都不错之后，再想要改变他们的心意可是很难的。

只要我们能让分析员好好听我们说，他们就会相信我们，不管景气好不好。

我从来不会隐瞒事实。我了解事实终究会有所帮助，因此我确定所需要的事实资料都能随时准备好在手边。在和分析员开会之前，财务长会先向我做个报告，方式就与美国总统在开记者招待会前所听到的简报状况一样。

坏事亦生趣

我不会千方百计地隐瞒坏消息。实际上，我还拿来调侃一番。

1983 年 2 月，有一次和分析员开会的时候，我警告说，我们可能要面临首次走下坡的淡季了。《今日美国报》创立的开支增加，再加上第一季通常会有的低潮，为营收撒下了阴霾。我告诉这些分析员:“经过长期一连串无趣的旺季,甘奈特可能得面临第一季下降的情况。如果真的这样,我们会请你们来参加上一季结束的庆祝酒会,并迎接另一季上升的开始。”

一阵沉默,接着笑声爆出。在紧接着的4月份分析员会议,我抱歉地说,头一季还有些微的收益,害他们没机会参加庆祝酒会。因为这些分析员知道我对他们很坦诚,所以他们才能有把握,对投资人提供有力的建议。

分析员都很高兴甘奈特收益稳健,从1967—1987年的追踪记录就可看得出:年度总收入由1.86亿元增加到31亿美元;年度利润由1400万元跳升到3.19亿元;投资人的股息在20年内增加了20倍,由一股0.048元增加为1元。

我们不但连续20年都赚钱,甚至连续80季没有间断,在我从首席执行官的位子退休下来时,已经连续85季了。

甘奈特股票在1967年上市那天,如果有人买了100股,他就会见证到20年来股值不断跳升,所配得的股份,价值从2900元增加到7.459万元。

分析员都看好甘奈特的股票而加以推荐,我们也同样这么做。

对于甘奈特来说,向华尔街示好的行动已经创造了奇迹。在1972年,也就是甘奈特才上市5年后,每股就以36

的本益比售出。若用史坦普(Standard and Poor)的标准来计算其他公司平均值,这刚好是两倍。

我们要将甘奈特上市的目标,比原先希望的实现得更快。当然,是否要将股票上市,有人赞成,也有人反对。私人企业的拥护者看到的是以下的好处:

* 可以用高度个人化的方式来经营企业。甚至如果老板要的话,公司简直可以成为封闭的私人封邑。

* 公司不用对华尔街负责。也较不用承担持续增加利润的压力。

* 公司以及高级主管的财务状况不会变成公众的讨论话题。

我对以上这些所谓的好处一点兴趣也没有。我认为有责任感是蛮好的一件事,所以我很乐意让甘奈特受到广泛的监督。

大部分公司基于两个理由让股票上市:让家族成员或其他内部股票持有人有现成的市场能销售股票,让有需要的人可以换现金;以及让公司有更多的资源可以运用,透过收入及新的资金来成长。

就拿甘奈特来说,这两个目标都具备。从我第一次加入公司开始,管钱的必纳和威廉斯以及管新闻的米勒和努哈斯就达成完全的共识。不过我们的出发点不同:必纳和威廉斯的目的是要让他们自己、他们的家人、公司同事、亲友赚大钱;米勒和我则是要为甘奈特和我们自己争取更多的财源、势力、及声望,不过当然我们是不会介意赚点钱。

在甘奈特中想要在股票上市后,卖股票迅速致富的人都得偿夙愿。而我不但玩得不亦乐乎,最后还赚更多的钱。

法兰克·甘奈特还在世的时候,保有他的私人公司的全部普通股票。在他过世后,遗嘱言明全留给甘奈特基金会。不过他自创了一种不具投票权优先股给他的家人,也卖给公司的主管以及员工。优先股在市场上没有什么用,只能从公司买进或转卖公司,而且价格经过严密的控制。不过其股息非常高。

大笔政治捐款

已卖出的优先股大部分都是用来填补法兰克·甘奈特在1940年竞选共和党总统候选人提名失败的大洞。那一年角逐的都是些大人物,像杜威(Dewey)、塔夫脱(Taft)、范登堡(Vandenberg)、以及威尔基(Wendell Willkie)。甘奈特的竞选诉求是赞成禁酒法令、自由企业。他搭乘公司的专机,巡回全国各地超过1年的时间,寻求支持。他参加费城会议的时候,在排名上敬陪末座。结果初选时只得到 33 张代表票,杀羽而归。最后是由威尔基在第 6 次投票时,获得提名。

为了筹措竞选经费,甘奈特以 5 股、10 股、100 股为单位,出售优先股。以现在的选举法来看,他的方式可能会惹来麻烦。印刷厂商、记者、编辑、业务员、亲友都买了股票,当作是选举捐款。如果他们有办法预见 20 年以后的事,当初一定会把房子拿去抵押,然后把钱拿来买这支股票,能买多少就买多少,当作投资。

几年后,在一次股东大会上,印刷厂老板法兰克·凡坦沙(Frank Fantanza)告诉我:"谢谢你让我变得有钱。现在你在做什么,就做什么,千万不要更动。"

在股票公开上市后,甘奈特的优先股持有人获利的状况如下:每股优先股可转换成 40 股的普通股票。也就是说,原先以每股 110 元购入的优先股,在一夜之间价值高达 1160 元,这价值是 40 股的普通股票以刚上市每股 29 元的价钱计算的结果。

若持有人卖出,可马上获得暴利;而转换成普通股票的持有人,则在之后变得更有钱。20 年后,也就是 1987 年,当初的优先股转换后,价值从原来的每股 110 元涨到 2.98 万元。

华尔街的奇迹不仅让个人赚钱，也让甘奈特公司能够有几十亿的资金来购并及转投资，更让我们如愿以偿地成为业界的龙头老大。

实话实说

华尔街是有点投机的危险，但总比掷骰子赌博来得好。

2. 完成交易的快感

“谈到他完成的交易时,努哈斯整个人都亮起来,像炭火一样。”

——《纽约时报杂志》,1979 年 4 月 8 日号

我所做的每项交易,没有一个是我不喜欢的。对于我而言,每笔生意都结合了一些在家里玩的游戏,像是西洋棋、扑克牌、大富翁。

在 1970—1989 年我担任首席执行官或董事长期间,甘奈特所做成的交易包括买进:69 家日报;16 家电视台,刚好达到联邦通讯委员会规定的上限;29 家电台,后来在联邦通讯委员会的要求下卖出几家;北美最大宗的户外生意:目前在美国及加拿大境内有 4.5 万个看板。

每件生意都不一样。

价格永远是重要的,但却不是决定的因素。有的卖主想要和买主维持长远的关系,对于他们来说,情谊和信任才是最重要的;其他有些卖主则是要获得社会的肯定,或者要找有声望的新买主;当然还有些卖主只想要钱。

对于买方来说,个中巧妙就在于,要摸清哪些因素会敲开交易之门并顺利完成任务。在甘奈特进行大部分的交易时,我们需要以下的主要队员:交易的领门人,交易的分析家。完成交易或取消交易的人。

每个角色都非常重要。完成交易的诀窍必须仰赖团队合作,结合众人的智慧、技巧、直觉,来创造出正确的方式、正确的结果。

任何人都可成为领门人。从老板、哥儿们到银行家都有可能。以我们自己为例,甘奈特1971年真正开始疯狂大收购的时候,我们的领门人通常都是保罗·米勒,当时的首席执行官。

米勒花了一辈子的时间和出版商、报业老板打交道。以他的双重身份——甘奈特的总裁以及做了14年的美联社的总裁兼董事长,全国大部分的报业老板和他都有第一手的交情。

他的个性有种奥克拉荷马乡下小子的亲和,让人不设防;又混合了在纽约和华府的历练。不论政治或高尔夫球,他都玩得很高明。在我们这一行的老板,很多都喜欢且信任他。

米勒想要买进任何可以买进的东西。在甘奈特股票还未上市的时候,有限的资源和财务部的一些紧张大师,把他绑得死死的，施展不开。在我们上市之后，财源的窘境不再；不过我们还是要让华尔街能相信，我们购并的东西有价值。

这个时候，就轮到分析家大展身手了。

这个队伍由财务长领军，旗下有会计、制造、业务、研究方面的专家作为后盾。

米勒看到任何一份报纸都喜欢，没有例外。他实在不在乎价格、也对金钱没有概念，他只是想要买；另一方面，财务长波西和麦肯道尔却觉得大部分有价值的报纸或电视台喊价都太高了。所以他们常常在聊生意。

什么才是好交易

接下来轮到完成交易的人上场接手了。

担任甘奈特首席执行官的 13 年期间，我主要的角色之一就是完成交易。买或不买，都是由我决定之后，再向董事会报告、建议。在送交董事会时，所有的交易都已经过完整的考量，以至于在这几年里，对于我说要买或要卖的决定，董事都一致赞成。

我最喜欢的交易是一对一的：只有卖方和我。坐在谈判桌旁的人愈多，交易可能生变的机率愈大。当然，在卖方和买方达成协议后，讨厌的律师就不可或缺了。在我们扩

展的冲劲下,以下重要几点是必须考量的:

* 是否符合我们的目标:发展成为在地区上多元化的全国媒体公司?

* 卖方是否为当地主导的报纸或电台;或者我们有没有办法让它发展成为主导?

* 市场本身是否有很好的发展?

* 目前的管理如何?主管会留下吗?有时候你希望他们留,有时候你会要他们走。

* 在一定的时间内,我们的投资是否能回收?

* 经营起来好不好玩?

后面这两项对于我而言占有很重的份量。

如果不好玩又不赚钱,那干嘛做呢?没有道理去买一些无法处理的烫手山芋。这就是为什么我们会相继放弃购并一些报纸的机会,像是长期亏损的《纽约邮报》、《华盛顿明星报》。

虽然说一桩交易的获利远景很重要,对我来说,这却不是最有趣或最吸引我的。做生意让我有机会和媒体业界的大人物玩游戏。

在一个明朗美丽的星期一早晨,20 个大亨以及大亨的后裔，齐聚在夏威夷的瑙纳基海滩饭店（Nauna Kea Beach Hotel）开会。突然间，凯·葛瑞罕夺门而出。我刚才传给她一张纸条，她一看就急忙地出去，打了两个痛苦的电话。一个打回她在《华盛顿邮报》的办公室；另一个则打到杜邦公司（DuPont Company）位于德拉瓦州威灵顿的总部。

就在男厕所入口旁的公用电话亭，她挂上电话。之后她再度进入会议室，冲到我坐的位置，倾过身子对着我的耳朵，咬牙切齿地说："你这个混小子。星期天晚上，你就已经知道这一回事了，还把我们耍得团团转。"

这位高雅的女士如此不淑女地评论正中目标，说得一点也没错。我又扮演了一次混小子的好玩角色。她痛骂我的"那回事"指的是甘奈特购入威灵顿报社一事。几个月来，这几家报社一直是许多同业觊觎的目标，当然也包括凯·葛瑞罕。

在杜邦公司董事长艾文·沙皮诺（Irving Shapiro）决定要卖这几家控制着德拉瓦市场的报社后，他公开欢迎其他公司调查并投标，最后期限是在1月27日星期五。当天傍晚，杜邦私底下通知我们，说我们已经赢得招标。双方的律师在那个周末将要签订合约，公开宣布则是定在星期一股市休市的时候，也就是东岸时间下午4点，夏威夷当地时间早上10点。在此之前，我们都同意守口如瓶。

同一个周末，美国报业发行人协会的主管精英齐聚在夏威夷，召开例行的年度冬季会议。一如往常，这个地方阳光普照。大家钱都缴了，也经过国税局的同意。开幕晚宴在月光的笼罩下举行。在这个太平洋中的天堂，吹来充满花香的微风，就像天然的冷气。宴会中，大家讨论的主题，第一名就是威灵顿这笔生意。

谁会赢？

要花多少钱？

因为我知道我们投标的价钱是6000万，所以我故意猜价钱大概不会高到5000万。这样一说，凯还有其他出高于这个价钱的人都兴高采烈，以为他们会赢。要不然，至少可证明甘奈特已经输了。

大家猜来猜去，我在旁煽风点火，实在很好玩。我才不管36个小时以后，有人会骂我混小子。

你输了！附上爱与吻

8年以来，我一直都在美国报业发行人协会里混，但是业界的精英却从来没把我当作圈中的一份子，我就喜欢这样。如果你没有真正加入俱乐部，你就不会受到它的规定、教条束缚。

简而言之，你可以用自己的规则玩游戏。而且会更好玩。

像威灵顿报社这样的购并案本身已经够有趣了,尤其是你赢了之后。如果在别人知道之前你就晓得你已经赢了,那就更好玩。

这场交易的兴奋在早上10点的时候达到高峰。那时我离开夏威夷开会的会场,打电话回罗彻斯特的办公室,得知一切都按照原定计划进行。新闻稿马上就会发表,就在纽约时间下午4点,股市休市的时候。

我回到会议现场,用我惯用的桃红色便条纸,写了封"情书"给凯:"凯,艾文·沙皮诺刚才宣布,甘奈特标得威灵顿报社。价钱是6000万。赫斯特公司是第二名,你第三。附上我的爱及吻,艾尔敬上。"

这就是让她赶去打电话的那封信。她原本希望我是在开玩笑,就像我常做的一样。不过她的办公室和杜邦公司确认这项交易已经完成了。过了30分后,在休息时,她还是气得要死。

她告诉我:"我最气的是,我们公司董事会授权给我可以出6000万。"

我问她:"那你怎么没出?"

"因为我以为可以用更少的价钱得标。"

目标定得太低了。她还想着她俱乐部的圈内同伙会员资格，能够保护她的利益。毋庸置疑地，她原本期望如果标价太低，她多年的老友艾文·沙皮诺会先通知她，这样她就可以加价。她可不想冒险，多花个一两百万。但是沙皮诺照规则玩游戏，秘密投标就是秘密投标。

随着甘奈特购入愈多的报纸，再加上随之而来的利润，以及揪出其他媒体公司的管理缺失，愈来愈多公司加入这场混战。

现成的买主愈多，就会有愈多的卖主把产业托给投资银行管理。影响所及，就会有愈来愈多的封标竞投。出标的可能是任何握有资金的人，也有可能是来自一大串“合意的”买主。所谓“合意”指的是，卖主愿意把你当作继承者，把他的或她的媒体公司交在你手里。几乎每家公司都把甘奈特放在“合意的”买主名单上。但是名单上可能同时还有8家、10家或有时甚至更多资本雄厚、有信誉的媒体公司。

这就意谓着：摸清对手的底细就和摸清卖主的底细一样重要。

我们会收集关于其他竞争公司的资料书籍，这些书里有很重要的统计资料，大部分都是上市资料，但是也有类似赌梭哈时的心理分析。书里看得到：

* 出售的产业的大小与地理位置，借以判断相关的利

益。

＊其投资银行的作风与信誉。

＊该公司的财务记录，资金流向，以及有没有可用的资源来购并。

＊最新的财务状况如何；要消化其他交易，资金够不够。

＊最重要的：首席执行官的背景、个性和作风。

为其他老板写传记

首席执行官是决定生意要如何进行的人。能够多了解他这个人，常常能助我们一臂之力，打败其他竞标人。

打扑克牌要赢，就要了解并猜测其他人的动作。谁会虚张声势？谁会保留？谁会投降？在我记录这些老板的专书中，以下几位是重要人物：

华伦·菲力普（Warren Phillips）：道琼公司的老板，也是《华尔街日报》、《伯爵日报》（Barron's），以及其他好多家报纸的发行人。身为编辑，他是上流社会新闻的消息灵通人士，但是他没有胃口和会计人员吵。然而管钱的人才是我们这一行的混小子。就是因为他太绅士了，因此丢掉大部分的大生意。

艾瓦·查曼:耐特报业集团的老板,也是多家报社的发行人。在迈阿密、底特律、费城、圣保罗、圣荷西以及其他地方,都有他的报纸。他精明谨慎,属于教会里戒慎恐惧的教友。他的作风是拖拖拉拉,然后合掌祈祷。如果他心存质疑,根本不会插手。

史丹顿·库克(Stanton Cook):前锋公司(Tribune Company)的老板,也是《芝加哥前锋报》、《纽约每日新闻》,以及其他报社的发行人。他是有条不紊、井然有序的工程师。喜欢踢踢轮胎,换档变速,检查地基。对于报纸的灵魂核心编辑部,他不熟也待不住。所以他没有侵略性。

凯·葛瑞罕:《华盛顿邮报》的老板,发行该报还有《新闻周刊》这本杂志。大家所谓的美国最有权力的女人。在公开场合,对于这个称号,她嗤之以鼻;私底下,她倒是蛮高兴的。作风开放有胆识,风采迷人。喜欢在一堆男人里,像卡车司机那样讲话,但内心深处是很害羞的。她很听财务人员的话,但是这些人只研究过去,不会想到未来,每笔生意他们几乎都低估价码。

庞奇·舒兹博格:《纽约时报》的老板。他的声望使得生意之门大开。但是他的总裁华特·麦森(Walter Mattson),是个喜欢检查每样东西的工程师,他会找出有很多东西坏掉,可是又觉得修起来太花钱。不过要是时代集团社区报的头头杰克·哈瑞生(Jack Harrison)插手,那可就要小心了。他精明、大胆,又愿意花大钱。

竞标非常激烈的时候,这样的个人素描让我们能够投出精确的底价。当然这样作的理由,就是要让谈判桌上不会多出太多钱。

以下就是几个运作精确的例子:在路易斯安那的雪坞港(Shreveport),我们以6100万得标,第二的哈特汉克公司(Harte Hanks)则出价6000万。在路易斯维尔(Louisville),我们得标的价钱是3.05亿元,第二名出价大约是3亿元。在底特律,我们以7.17亿元得标,只比第二名多出1700万。

当然我们不是每次都赢。《纽约时报》在加州的圣塔巴巴拉赢过我们,我们一直很想要这个市场。位于佐治亚州奥格斯(Augusta),由比利·莫瑞斯(Billy Morris)经营的莫瑞斯通讯企业(Morris Communications Corporat),曾在佛罗里达的杰克逊维尔(Jacksonville)赢过我们,而那儿一直是我们想要纳入旗下的地方。

生意愈大,愈容易敲定

回顾我们所完成的几十笔交易,有一项特点非常突出:小生意会比大生意要花上更多的时间和精力。生意愈大,就愈容易尘埃落定。不管是在当初的谈判,或是在之后的接手经营,都是如此。

在较小的交易中,每一笔小小的钱对卖家而言都变得很重要,他们希望能争取、要计较的包括:公司的车辆,公司负担的别墅,老婆或特别是给女朋友的津贴。而在大型交易中,不论是只有一个卖主或很多个,他们知道,最后不管怎样,一定能得到足够的额外好处。所以他们还负担得起,可以自行吸收这些杂七杂八的费用。

常常基于一些最要不得的理由,生意会把卖方和买主凑在一块。在纳许维尔,我们7年内买了两家报社,这些卖主出售的理由是:算命的告诉其中一个卖主说,他只剩下两年可活。另一个需要一大笔钱来打发第五任老婆,然后迎娶第六个。

结果我们仅以1410万的价钱,顺利地购并《纳许维尔晚报》(Nashville Banner),如愿以偿地进入纳许维尔市场。7年后,我们将排名第二的《纳许维尔晚报》卖掉,赚了1000万,并买进在市场上举足轻重的早报《田纳西人报》(The Tennessean)。才花了5000万,跟偷来的差不多。

《纳许维尔晚报》的发行人吉米·史坦曼(Jimmy Stahlman)非常保守,又充满歧见。在听信算命仙琴·迪克森(Jeane Dixon)的话说他只有两年可活之后,他决定要卖掉报社。他需要时间来写他的书,书名很不相称,叫做《我所认识的混小子》。

他是我们大部分所认识的人当中最差劲的混小子。不过当我问他自己有没有包括在他的书内,他怒发冲冠地叫说:“我是作者!”他又多活5年,在83岁那年过世。那本书没有下文。

而《田纳西人报》的发行人艾蒙·依凡(Amon Carter Evans),是这个纳许维尔故事中的第二个混小子。他还有他作风自由的新闻小组,拿史坦曼一点办法都没有。依凡很生气史坦曼没有事先和他讨论出售的计划。他没有花很多时间,就决定他也不喜欢由我来接手经营。但是他喜欢钱,而且需要很多钱来打发第五任老婆,好娶第六个。

现在换另一个混小子登场,卡尔·艾勒。在我们买下他的联合传播公司后,加入我们的管理阵营。艾勒提出一个我觉得很聪明也很疯狂的主意:甘奈特应该卖掉《纳许维尔晚报》,买进《田纳西人报》。因为后者显然是占有市场的报纸。这两报共同签署了联合营运组织(Joint Operating Agency)的契约。

所谓的联合营运组织就是言明放弃反托拉斯的规定。这样一来,岌岌可危的报社就可以和对手合并营运,借此生存下去。新闻处理及编辑部的运作则必须维持独立和竞争。

我们把纳许维尔这件案子送到司法部，该部负责审核联合营运的事宜。他们没有发现什么违法的地方，所以我们就做成这项梦寐以求的生意。

我们拿到当地的大报，而依凡则娶到第六个老婆。

我们同时还延揽了《田纳西人报》的编辑约翰·森瑟勒(John Seigenthaler)，他是全美同行中的佼佼者。他本来对于新闻集团颇多微词，后来反而改变主意全心拥戴。之后他帮我们打入南方其他的市场。他也成为《今日美国报》的编辑总监。

“原罪”的焦点

我们在密苏里州杰克逊城的交易显示，是否得到当地社区的认同，对一项交易的成功与否，是多么要紧的事；也许更该说，能否得到当地教区的牧师许可才是最重要的。

在杰克逊城以及邻近的海丁堡地区，拥有当地报纸的是海得曼家族(Hederman)，他们是虔诚的南方浸信会教徒。

打开交易之门的是查尔斯·欧比(Charles Overby)给我的一个电话，他也是一个南方浸信会教徒，曾为我们在佛罗里达的《今日报》工作过，也曾任职于甘奈特新闻社华盛顿办公室,也当过《纳许维尔晚报》本市新闻组的主编。之后曾经离开甘奈特一阵子,成为田纳西州共和党主席。最后又反悔,重新回到甘奈特的怀抱。

欧比打电话来说,他知道海得曼家族因内部斗争而四分五裂,大家长小罗柏·海得曼(Robert Hederman, Jr.)正打算出售报社。欧比对如何进行交易的方式提出建议。除此之外,因为他了解我的德行,也提出一项警告:“记住,这些人全是善良的南方浸信会教徒,他们是不允许痛饮狂欢的。”

经过一些初步的讨论后,我们抵达当地开始一次马拉松似地谈判。每一位海得曼家族的成员都带着自己专属的律师,自己的银行人员。这些浸信会教徒相信上帝,却不相信自己的手足兄弟。

我们从晌午一直谈到深夜。唯一的提神点心只有一些不含酒精的饮料、咖啡和小饼干。不过双方对所有的条件都有共识,包括1.1亿的现金交易。彼此的律师整晚都在努力拟订原则上的协议,好让所有参与者隔天早上能共同签署,公开发表声明。

麦肯道尔和我在午夜前偷溜出来。当时杰克逊城是禁酒的。我们冲进去离报社不远的酒吧,快速地喝下几杯马丁尼,再很快买了一些油腻的速食当宵夜。

隔天早晨7点30分，所有的人都准时出现准备签字。

海得曼一开口就用很严肃的口吻说："努哈斯先生，再作更进一步的合作之前，我有一项非常严重的事，希望能在我办公室与你私下谈谈。"我跟着他到办公室。

我心里想："他发现我们昨晚喝酒的事了吗？希望只是一顿说教就好，可别搞砸这笔交易。"

海得曼关上门，很庄严地坐在书桌前，慢慢的，但语气严峻的，用他的南方口音说道："努哈斯先生，我们都是很虔诚的信徒。我们不赞成喝酒。"

我神经紧绷了一下。

海得曼继续说："这是交易的一部分，我必须要求你签下一份协议，保证在你的领导下，至少在未来10年里，这些报纸必须维持其一贯不刊登酒类广告的政策。"

我不确定是否会因酒类的议题扼杀此项交易，所以就援引好久以前的例子来寻求支持。

"海得曼先生，我完全能了解你的想法并感同身受。也许你也知道法兰克·甘奈特本人也是个禁酒主义者，他很可能会赞赏你的立场。不过，一旦甘奈特成为股票上市公司，我们的董事会决定，只要商品在我们报社运作当地可以合法贩卖，公司就不能拒绝为其刊登广告。因此我非常遗憾地要拒绝你的请求。"

他点点头，微笑并温和地说："我了解你的立场。也接受你的回答。现在，星期日我上教堂时，可以正大光明地跟牧师说，我已向你提出要求，但你拒绝了。"

我们彼此握手，重回会议室签下合约。

他问心无愧，心安理得。现在，如果罪恶降临密苏里州杰克逊维尔城，将是我的错，而不是他的责任。我倒猜想，法兰克·甘奈特和上帝都会原谅我的，因为对股东而言，这实在是个绝佳的购并计划。

实话实说

杰出的交易人才一定是个厉害的扑克牌玩家。

3. 钱浓于血

“艾尔·努哈斯来到路易维尔……在大厅昂首踱步，仿佛征服者。”

——玛莉·布瑞纳，《梦之屋：路易维尔的宾汉家族》

大部分富有人家的第三代、第四代什么都要——美国国内或国外的一流学校、惬意优渥的工作、名家设计服饰、拉风跑车、到瑞士滑雪、到夏威夷日光浴。然后他们到头来还会觉得不够。

这时候，他们的脑筋就动到家族财产头上，打算兑换现金。爷爷跷辫子了，除非孙子辈有人亲自参与家族企业——大部分情况都没有——否则家人对世代相传的事业都不会有什么留恋。

报业先驱的后代通常与众不同，但也今非昔比了。

在过去25年内，数百家报纸已不再是家族企业，几无例外的，钱是促使经营权转变的最大推动力。1985年7月到1986年7月，短短1年之间，3个报业世家将他们营利丰厚且备受尊崇的报业王朝放在市场上供人厮杀竞价。为抢购这几家报纸,主要媒体公司之间展开数十年来最激烈的竞争,包括:《德莫内纪录论坛报》(Des Moines Register and Tribune),《瞭望》(Look)杂志创办人加登纳·考威尔二世(Gardner Cowles, Jr.)一手建立的出版王国的领头企业。《底特律新闻报》詹姆斯·史格普(James E. Scripps)事业的基石,在美国正在成长的地区,史格普还拥有5家电视台和4家报纸。

《路易维尔通讯时报》(Louisville Courier、Journal and Times)的拥有者是报业王国里的王公贵族,全国、甚至全世界都知道的大名鼎鼎的"路易维尔的宾汉家族"。

十几个报业巨子都垂涎这3家地位崇高、盈利稳定的报纸。道琼、纽约时报公司、华盛顿邮报公司、芝加哥论坛报公司、赫斯特报系及其他报业巨人都锁定其中一家、甚至全部3家为目标。

甘奈特3家都要,最后也全部到手。成交总价:12亿美元。我们的报酬是:

* 打败同业中最好最大的公司,赢得当年报业三冠王的荣耀。

*《路易维尔通讯时报》和《德莫内纪录论坛报》获利丰富迅速,把荷包填得满满的;《底特律新闻报》将来也可望赚

取可观的利润。

＊在运筹斡旋的过程中，比以前的交易获得更多的乐趣。

甜言蜜语请君入瓮

谈成这3件交易的诀窍，全在引诱不在乎家族传奇故事的家族分子。没有一个大家长愿意卖掉家传报业，但其他的头头总在觊觎，小辈则最容易受到引诱。

每一桩交易中，我总先试图和长辈交上朋友，说服他，使他了解让我们加入竞购的行列对他有什么好处。

要拟出购并《路易维尔通讯时报》的策略，必得先了解宾汉家族。

老巴瑞·宾汉(Barry Bingham, Sr.)和他的家族拥有《路易维尔通讯时报》、1家著名的电视台、1家电台，再加上1间广告印刷公司。整个家族居住于可以俯瞰俄亥俄河的一片庞大壮观的产业上。

巴瑞·宾汉是个气质尊贵，具有威严的男人。他身材高大，满头白发，有如肯塔基州的国王。他和他的妻子玛莉(Mary)有3个孩子：巴瑞二世(Barry Jr.)，现年55岁，报纸总编辑暨发行人；莎丽(Sallie)，现年51岁，1977年第二次婚姻破裂后，从纽约返回路易维尔；艾莲娜(Eleanor)，43岁，1978年从加州回到家乡，嫁给路易维尔一位建筑师罗伦·米勒(Rowland Miller)。

兄弟姊妹之间的竞争随着年岁增长愈演愈烈。两个兄弟相继去世，使得巴瑞二世决心成为家族继承人；两姊妹则迫切希望填补兄弟去世所留下的空位——但是以不同的方式。

老巴瑞让莎丽和艾莲娜成为3个家族企业董事会的一员，他自己的妻子玛莉及巴瑞二世的妻子爱迪丝(Edith)也加入阵容。可是巴瑞二世不喜欢这些宾汉家的女人在董事会里，他认为她们没有任何贡献，应该由“受人尊敬的专业人士”取而代之。

最后，巴瑞二世向他父亲下了最后通牒：这些女人走，否则我走。

老巴瑞并不愿意偏袒任何一方，但还是接受了他儿子的命令。玛莉、艾莲娜和爱迪丝在要求之下辞职离开。莎丽拒绝辞职，只好动用董事会表决而被扫地出门。被迫离开的那一天起，莎丽就不再和她父亲说话，迳自搬回纽约市。

几个月之后，莎丽告知家人，她要出售她所有的宾汉事业王国15%的股份。宾汉家族雇用纽约一家投资银行公司余尔森雷门(Shearson Lehman)估计她拥有的股份价值，估计结果约在2,200—2,600万美元之间。莎丽觉得这个价格太低，她请自己的投资顾问亨利·安百契(Henry Ansbacher)估算，估算结果在4,500—5,000万之间。

宾汉家族拒绝接受这个较高的估价之后，莎丽做了一件其他家庭成员都无法想象的事：她开始寻求家族之外的出价。

那就是我开始行动的时候。

宫殿城墙的裂缝

银行的人打电话来问我有没有意思买莎丽的股份。我当然绝不会要她那15%的股权，竞购莎丽的股份会使她家族的其他成员与我保持距离，而且位居弱势的少数股权对我根本没有吸引力。吸引我的是：宫殿的城墙出现裂缝了，整个崩塌是迟早的事；到时候，我必须能捡到所有的碎片。

我们并没有让银行的人吃闭门羹，因为他们不但提供公司内部可靠的消息，更会透露莎丽将如何卖掉股份——而这会是老巴瑞想要的资讯。

我打电话给他。他知道莎丽准备卖掉股份，但是不知道她打算怎么卖。他非常感谢我给他消息，我则告诉他，只要他想要，我可以随时告知他我们得到的消息。他说他求之不得。而我向他保证我们绝不会买他王国里的任何股份,除非他亲自表示要出售。

我向老巴瑞示好,但不给他压力。在任何浪漫故事中,好的东西都是值得等待的。

老巴瑞向他的3个子女施压,私下告诉他们如果互不妥协,他就要把宾汉王国整个卖掉。

兄弟阋墙顿时成为众所瞩目的焦点。

1986年1月9日下午5点,我接到老巴瑞打来的电话。

"艾尔,我希望事情不会到这个地步。但是我刚才宣布把家族产业卖掉。我已经要我的银行把所有的帐目准备给你,希望你有兴趣。"我对他痛苦的决定深表同情,"但事已至此,你又肯邀请我们,我们当然非常感兴趣。"我向他保证。

老巴瑞那天下午不只打电话给我,但能接到他的电话仍十分重要。如果我们不在他批准的少数买主名单内,根本不可能有任何胜算。

我火速动员约翰·寇里和道格·麦肯道尔,搜集并分析所有资料,而且要确定其他可能的买主到达路易维尔之后,我们才到那儿。每当有报纸要出售时,我们总是尽量最后一个到,这样有利于我们得知其他竞价者的情报和他们之间有什么细微的差异。

一整列的媒体经营人朝着路易维尔前进。

《纽约时报》派出两位高层主管：总裁华特·麦特森(Walter Mattson)和副董事长辛尼·顾鲁森(Sydney Gruson)。宾汉家族希望纽约时报的两位高层主管能使他们印象深刻，但是他们失望了。事后，巴瑞二世曾经说："顾鲁森看来很无趣，而麦特森老问一些没有调查资料支持的问题。"

无可救药的傻瓜

《华盛顿邮报》派出发行人唐·葛瑞罕(Don Graham)及执行总编辑班·布莱德利。布莱德利私下跟一小群记者和编辑会面，留下褒贬不一的反应，其中有些人认为他自大傲慢，对老宾汉十分不敬。他称呼老巴瑞"老爷爷"，十足显现轻慢的态度。

巴瑞二世事后说："布莱德利是个'无可救药的傻瓜。'"《芝加哥论坛报》和赫斯特报系的代表也前来拜访。还有华盛顿红人队、《洛杉矶每日新闻》和其他大企业集团的老板，杰克·库克(Jack Kent Cooke)。

我和寇里、麦肯道尔、甘奈特新闻部执行总编辑约翰·昆恩等人来到路易维尔后，只要求与所有重要部门的领袖会面，不参观公司，不检阅一草一木、一砖一瓦。据我所知，之前的访客已经用显微镜检查过一切设备，而里头的人痛恨此种行径。

我们特别表明，我们有兴趣的是人员和他们的产品。

“我了解你们面对报社将被出售，心情一定很复杂，但我们是应邀来此，并非来检阅财产，而是想看看能否同心合作，让这家了不起的报纸更上一层楼。”我对各部门的主管表示。

我预期最大的敌手应该是《华盛顿邮报》和《纽约时报》，出价3亿美元以上可以致胜。

我的预测只对了一半。我们得标的价钱是3.05亿美元，比第二高的出价只多出500万。

但是《纽约时报》没有出价，时报的老板庞奇·舒兹博格知道我们势在必得，但他跟宾汉家族交情很深，又不以出低价得罪老朋友。

另外还有3个正式的竞标价：《芝加哥论坛报》、杰克·库克和《华盛顿邮报》。没得标的出价按理不会公布，但是我猜测出价经过大致如下：《华盛顿邮报》出价只有2.55亿，远远落在第三，只领先论坛报。巴瑞爵士对这个价钱非常失望，于是打电话给凯·葛瑞罕，让她有机会提高出价，但她拒绝了。

事后，巴瑞爵士说《华盛顿邮报》的出价等于侮辱。

令人惊讶的是杰克·库克出了3亿美元。我们原先是为了打败《华盛顿邮报》和《纽约时报》而出高价，没想到因此差点败在杰克·库克手下。

老兄，借个铜板吧？

我们来到路易维尔宣布购并成功的那天早晨，我照平日习惯晨跑。我已经打好主意，晨跑之后要去一下编辑室，让早到的员工吃一惊。每次到甘奈特新攻占的城市，我都这样做。

早上6点15分，我穿着运动服走进办公室时，身上1毛钱也没带，连准备给人抢的钱也没有。在纽约晨跑时，我通常会系一个腰包。

我走到办公桌前，开口说："嗨，我是艾尔·努哈斯。可以借个铜板投你们的咖啡贩卖机吗？"一个城市版助理编辑帕特·赫温顿(Pat Houington)吓了一跳，赶忙伸手到口袋里掏出二角五分钱的硬币。我喝咖啡闲聊了一会，看看早报，然后告诉帕特和其他人，再过几个小时我会再见到他们。

几个小时后，老巴瑞·宾汉向大家介绍我是报社的新老板。编辑室里架起讲台，公开演讲的设备也全部装配好。聚集的数百名员工中，大部分都已经知道我一大清早造访编辑室的小插曲。他们神色紧张，恐惧的时刻终于来临，报社被卖掉了,面前站的是新老板,对他们而言是极为戏剧化的经验。我已经经历过十数次这种场面,不过几乎都是在买方的立场。

我首先谢谢老巴瑞对我的称赞,然后报告成交价是3.05亿美元——典型的新闻报道形式。我保证支票不会透支。台下响起轻微的笑声。

然后我说:"接下来我想还帕特·赫温顿今天早上借我买咖啡的二角五分钱。"我轻轻弹了一枚硬币在他桌上。台下大笑。鼓掌。紧张的气氛消失了。

后来,员工都热衷于讨论我到底是个好家伙还是有爱出风头的怪癖。

许多《路易维尔新闻报》的员工到现在还不确定。

道琼斯愚行的惩罚

我们获得《路易维尔新闻报》的契机来自于家族内的成员。《德莫内纪录论坛报》和《底特律新闻报》的案子,则是外界的因素首先引发可能性,而由家族成员促成。

道琼斯公司将《德莫内纪录论坛报》放入战场。道琼斯拥有《华尔街日报》、《伯爵报》(Barron's)和其他商业出版事业等,在业界颇受尊崇。道琼斯经常对别人的商业行动加以分析及批评,自己却做了购并史上有史以来最愚蠢的策略:将目标放在战场,却没能密切追踪。

道琼斯一开始之所以采取行动,是被当时《德莫内纪录论坛报》的编辑、前《华尔街日报》头版编辑迈可·贾特纳(Michael Gartner)所煽动。贾特纳说服道琼斯的首席执行官华伦·菲利普(Warren Phillips)不请自来地向《德莫内纪录论坛报》公司出价。

他们出的价钱是1.12亿元。低得离谱,但是足以吸引来其他的不速之客。虎视眈眈的掠夺者开始蠢蠢欲动。

《德莫内纪录论坛报》公司的董事长兼首席执行官大卫·库鲁丹尼尔(David Kruidenier),对此行动感到震惊。他是考威斯(Cowles)家族的一员,考威斯家族自从1903年开始拥有这份产业。库鲁丹尼尔将贾特纳(现任NBC新闻总裁)资遣,并当众宣布,强调公司绝不出售。但是更多不请自来的出价持续涌进,价钱节节攀升。

如同我预料的,一旦家里的成员看到价钱日好,宫殿城墙就开始出现裂缝。唯一的问题是:何时会整个崩塌,而到时候要多少钱才能把所有的碎片都捡齐。

我与库鲁丹尼尔没什么私人关系。在新闻界里,他相当孤僻,在社交及同业的场合很不自在,也不善公开演说。于是我开始寻找中介人。

我一心想赚钱,却犯了个代价昂贵的错误。

我们网罗了奥图·席哈(Otto Silha),他是退休的明尼亚波利考威斯媒体(Cowles Media)总裁。席哈向我保证他与库鲁丹尼尔及考威斯家族有深厚的私人关系。我们和席哈协定,如果在他的帮助之下,我们购并《德莫内纪录论坛报》成功,他可以分到成交价的一定百分比做为顾问费。结果这笔顾问费高达108万美元。

我首先要求席哈亲自帮我送一封措辞谨慎的私人信件给库鲁丹尼尔,希望能借此向他致意。我想借我来自中西部的出身,与其他的一窝买者区别开来。我以为席哈帮我送这封信,将大大有助于我在关键时刻接近考威斯家人。

一百万美元的愚蠢标记

结果是,席哈与库鲁丹尼尔根本没有任何私人关系。事实上,席哈带着那封信飞到《德莫内纪录论坛报》时,库鲁丹尼尔甚至不愿意见他一面,所以席哈只好将信留在秘书的桌上。

在此之后,整桩交易过程中,我们再也没用过席哈。结果是:我们付了他一百多万美元请他送一封信给秘书。一张二角五分钱的邮票也可以把这件事做得一样好,事实上,应该会更好,因为我想邮差可能还没那么惹库鲁丹尼尔讨厌。

这件事让我觉得简直像个白痴。

当《德莫内纪录论坛报》的董事会投票决议寻求出价之后,惯常的竞购队伍又开始出现。几乎所有重要的面孔都在其中。出人意料的是,引发这一切的道琼斯到头来居然临阵退缩,没提出最后的出价。

如同以往,我们又刻意最后一个造访。我们探访其他人做了些什么,集中注意力在人员上,而非建筑或设备。

我们蛮喜欢碰面的那些人,所以决定出高价竞购:1.65亿美元。赫斯特居次,1.3亿美元;华盛顿邮报位居第三,出价1.15亿美元。

我们出价甚高,因为不知道东部的大企业对我们这群西部牛仔有多少戒心。

《华盛顿邮报》总是派长春藤院校毕业的记者到爱荷华来报道中西部的农业经济。这些东部人对中西部一无所知,所以满口批评。凯相信她在她自己的报上读到的——待在《华盛顿邮报》就是有这种风险——所以故意对《德莫内纪录论坛报》出低价。

我们的投资回收极快。取得所有权的头4年,盈余增加了4倍。

考威斯家族的一员查理斯·爱德华(Charles Edwards)留了下来,现在是发行人。他说:"如果我祖父早知道这些报纸能赚这么多钱,他绝对舍不得死。”

不再都是一家人

以电视影集《都是一家人》(All in the Family)成名的电视制作人诺曼·李尔(Norman Lear)和杰洛潘·伦奇欧(A. Jerrold Perenchio),以相当不友善的态度试图接收家族经营的“底特律晚间新闻协会”(ENA),在整个媒体购并圈掀起一阵疯狂热潮。

ENA拥有《底特律新闻报》,外加4家日报、5家电视台和2家电台。早先我待在《底特律自由报》时,就结识了ENA的董事长彼德·克拉克(Peter Clark),他是《晚间新闻报》创始人詹姆斯·史格普(James E. Scripps)的曾孙。

克拉克聪明而有礼,非常重视ENA的家族企业传统。ENA股票不上市,总共有350位持股人。

加州电视台制作人提出1股1000美元的高价企图收购ENA大部分的股权。不到一年前,股价不过才250美元。

这时候又该我出面扮演见义勇为的角色。

我致电克拉克询问有没有什么我帮得上忙的地方,并向他保证没有他的允许,我们绝不会采取任何行动。彼德说他希望能稳住局势,但是不确定还能撑多久。有些家族成员看到股票价格飞涨，忍不住重新评估是否要坚持承诺，保持ENA这份家族企业。

我惯用的问候信策略与购并《德莫内纪录论坛报》时的一样，但这次我贴了二角五分钱的邮票寄出去，不再雇用100万美元的信差。几个星期之后，李尔和潘伦奇欧出价1股1350美元，克拉克知道大势已去。他打电话给我，我向他保证我们的动作会快而狠。

10天之内，他在董事会内召开特别会议，考量所有出价。循往例，我们又是最后一个出现。

我们认为大概要7亿美元才能成交，董事会授权可以出价到7.5亿美元。

和ENA董事会会面时，我们出价1股1583美元，或总价7.17亿美元。起头的李尔、潘伦奇欧的出价排名第三；杰克·库克这回又是不动声色的最大敌手，出价7亿美元。

为什么竞购底特律公司的人较少？大部分的大玩家敬而远之，因为他们认为《底特律新闻报》并不出色。但他们完全低估了ENA其他的事业，尤其是WDVM电视台。WDVM是华盛顿首屈一指的电视台，我们后来将它改名为WUSA。光这个电视台就值4亿美元。

传家之宝依旧璀璨

估价收购 ENA 时，分配给《底特律新闻报》的预估金额只有 7500 万。有些华尔街的分析家认为 ENA 其他的企业价值如此之高，相较之下，《底特律新闻报》可以算是附带的赠品。

虽然《新闻报》赚取的利润微薄，仍然打败耐特报系的《自由报》(Free Press)，位居第一。就我所知，《自由报》当时已经准备弃甲投降，希望能和《新闻报》达成协议，联合经营，以转亏为盈。

和 ENA 完成交易后 3 个月，我们便宣布将与《自由报》签署一项百年合作经营协定。只要司法相关部门批准，这会是一项双赢的协议，两家报社前途大好。《自由报》得知法官建议不批准这项合并案时，便宣布如果不通过，就将关闭《自由报》。

目前这项合并案仍在法庭中悬而未决。如果通过，我们将拥有两家百年保证盈利颇丰的报社；如果不通过，我们将独占全美第六大报纸市场。当初不受重视的《底特律新闻报》即将在未来几年为甘奈特公司赚进上亿美元。

史格普家族成员一时贪婪，迫使 ENA 落到外人手上。有朝一日，他们可能会借着买甘奈特的股票，寄望再次由原本的传家宝获利——如果到时候他们还没把钱花完的话。

❊实话实说❊

温柔买下家族企业，狠狠赚它一笔。

七　与大人物面对面

“领导者就应该领导，否则就不该参与政治。”

——前美国总统杜鲁门

一个成功的首席执行官，一个聪明的混小子，应该有资格评论何谓领导者大份，够格说说不论领导任何领域的事业所需的技巧与气质。这些事业包括：经营美国境内任何一家公司，管理美国50个州里任何一州，治理美国，或全世界任何一个国家。

在私人领域里建立经营成功企业的经验，绝对有助于一个人来评断公共领域里领导者的成就。而且这些评价如果是根据和公众领袖面对面的接触，在他们家里促膝长谈，应该更具可信度。

我刚好有这样的机会，与公众领袖直接接触而得到第一手资料。我当面见过的领袖包括美国50个州州长，全球32个国家领导人，数位美国总统。所有的会面都集中在短短18个月之内。

我一生都待在新闻界，一直在不同的工作上以不同的观点看这个国家和全世界。作为一个记者，我保持着敏感度，永远可以迅速抓住一瞥之间得到的印象。但我终于有机会可以仔细近看这个世界的大人物。我好好地把握了这个机会。

作为一家大媒体公司的董事长和一个从事实务工作的记者，我在近半个世纪以来，一直对政治时事、政治人物和领导者的个性保持着清晰的观察力。之后，我呈现给大众的是新闻，而非个人观感。

现在我身为一个退休主管、专栏作家和自传作家，我觉得可以说出自己的意见了。以下就是我对国内外领导者的观察报告。

“如果你想了解什么叫民主，少花点时间在图书馆与柏拉图神游，多花点时间在公车上跟民众相处。”

——前《纽约时报》社论版主编

1. 给美国州长打分数

“全美最大报业集团的董事长努哈斯星期一抵达爱达倘首府波夕,他从州长口中得知州长多喜欢他的宝贝报纸。”

——《爱达荷政治家报》爱达荷首府波夕,

1987 年 6 月 9 日

美国 50 个州的州长各有风格,领导作风大异其趣:有些人有潜力再往上爬,大多数在州议会大厦里扮演称职的角色,许多在工作上表现突出,少数应该下台,从事别的行业。

整体来说,州长是全美国最不被了解,而最应该得到高一点评价的公职职位。而且他们通常最不受媒体青睐,除非是惹了麻烦。现任或已卸任的州长对整个国家的命运都有重大的影响,不过某些州最具开创性的领导风格却仅限于当地人知道,例如伊利诺州、爱荷华州、爱达荷州。

媒体不应该再以这种方式报道美国全国新闻。

随着美国真正的融合成一个国家,州与州的界线逐渐模糊了,我们更需要加强对各州领导人的报道。纵横全美总长34905英里的公路,使我们可以轻易深入大街小巷,来到乡间小屋或国会大厦。现代交通的发达拉近了人与人的距离。

现代媒体科技应该促进人与人的了解。四处旅行的生活方式表示人与人更关心彼此,更愿意与人分享。所以我们必须更加了解彼此。

我们与每一位州长的谈话,目的都在于更深入了解每一州的民众生活方式与环境气氛——他们的梦想与困难,上层社会与下层状况,面临的问题和希望的解决方法。

顺带一提,这些年来我曾加入民主党、共和党或保持中立。乔治·华勒斯开始以独立参选人身份展开总统竞选活动时,我就把我在佛罗里达的选举人党派注册改为“无党无派”。所以我对每一位州长的评语与政党无关。

我根据州长在该州建树评定出以下10位最佳州长,按字母顺序排列——

吉姆·布兰查(Jim Blanchard),密西根州州长,47岁(1989年,下同),民主党。

比尔·克林顿(Bill Clinton),阿肯色州州长,43岁,民主党。

史帝夫·寇柏(Steve Cowper),阿拉斯加州长,51岁,民主党。

马利欧·郭谟(Mario Cuomo),纽约州州长,57岁,民主党。

乔治·杜明杰(George Deukmejian),加州州长,61岁,共和党。

汤姆·柯恩(Tom Kean),新泽西州州长,54岁,共和党。

凯·俄尔(Kay Orr),内布拉斯加州州长,50岁,共和党。

威廉·雪佛(William Donald Schaefer),马里兰州州长,67岁,民主党。

约翰·森纽(John Sununu),新罕布夏州州长,50岁,共和党。

吉姆·汤普森(Jim Thompson),伊利诺州州长,53岁,共和党。

美国到1989年共有17位州长成为总统。我年轻的时候,州长通常就是成为总统的晋身阶。最近的前总统卡特、里根和现任总统克林顿也都是从州长身份进入白宫的。

我第一次问到罗纳德·里根关于他的出身背景时,他的回答非常强而有力:“州长职位是最好的总统职前训练。”

美国目前有几位州长可能入主白宫。当然有好几位有这样的资格,但是在美国的总统竞选过程中,除了能力以外,还有好几项因素会严重影响到结果:时机,政党归属,性别。

考虑各项因素后,80年代的我认为以下几位州长最有可能竞逐总统宝座,下表按字母顺序排列:

比尔·克林顿,阿肯色州长,民主党。

马利欧·郭谟,纽约州长,民主党。

汤姆·柯恩,新泽西州长,共和党。

凯·俄尔,内布拉斯加州长,共和党。

吉姆·汤普森,伊利诺州长,共和党。

时间表:克林顿已参加1992年大选,柯恩、俄尔和汤普森则可能角逐1996年大选。

如果你觉得凯·俄尔不可能,那你不是性别歧视,就是政治知识不足。

俄尔是美国目前仅有的三位女州长之一,也是内布拉斯加州首先担任州级职位的女性——1982年时任州财务部门首长,并在1986年被选为内布拉斯加州首位女州长,在1988年被民主党提名为首位女性党内政策委员会成员。

媒体通常将焦点放在东岸或西岸的女性,但凯·俄尔却在中西部成为重要的政治力量。我不会拿全部家产赌她成为美国总统,但是她目前(1996年)只有56岁,政治前途实在不可限量。

不过我敢用身家财产打赌某些州长绝对不会入主白

宫,事实上,他们其中某些人居然能做到州长,已经非常令我惊讶。

力有未逮,怀着遗憾和诚心,我选出以下这些我觉得不称职的州长:

比尔·克雷蒙(Bill Clements, Jr.),德州州长,72 岁(1989 年,下同),共和党。他是个旧派的州长,却要面临德州新时代的问题,他曾经说州立法委员是“一群白痴”,又无法解决德州面临的非法移民、毒品走私和石油减产带来的萧条等问题。

罗丝·莫菲(Rose Mofford),亚利桑那州州长,67 岁,民主党。先前投票选她作州务卿的人不会选她作州长,如果真有机会,他们很可能就会这么做。她之所以当上州长,只是因为原州长梅辰(Evan Mecham)被弹劾时,她刚好排在州务卿继任名单的第一位。

鲁迪·波平区(Rudy Perpich),明尼苏达州长,61 岁。很多州长告诉过我为什么不想竞选总统,波平区却告诉我为什么想竞选。他说美国人会乐见再出现一个来自明尼苏达州的总统候选人,还举了尤金·麦卡锡(Eugene Mccarthy),华特·孟岱尔(Walter Mondale),特别是修柏·韩佛瑞(Hubert Humphrey)等人为例。我认识麦卡锡和孟岱尔,跟韩佛瑞私交更好。波平区是一个牙医,既不是韩佛瑞，也不是孟岱尔，更不是麦卡锡。

其他州长一瞥

最平易近人：泰德·席温顿（Ted Schwinden），蒙大拿州长，64岁。他把家里的电话列在电话簿上，他告诉我们："很多蒙大拿州人都会毫不犹豫地打电话，告诉我他们对我施政的看法。"他乐意在家里接到这类电话，不论白天黑夜。他家电话是：(406)4421262。虽然他的任期到1989年已经届满，但他的电话还是列在电话簿上，他依然在家里接到来自朋友，或者陌生人的电话。

最亲切和蔼：洛伊·罗曼（Roy Romer），科罗拉多州长，60岁。坚持跟访客一起坐在一张小桌子旁，他比手划脚地指着州长的大办公桌说："我不喜欢这张大桌子，像是一道无形的围墙，把我和民众隔离开来。"

最直言不讳：马里兰州长威廉·雪佛（William Schaefer），他是一位温文儒雅的政治人物，可是他对自己的想法直言不讳。"媒体不喜欢我，因为我不喜欢他们说的东西，而且我坦白告诉他们这一点。"

最机智幽默：新罕布夏州长约翰·森纽（John Sununu），曾任布什总统的幕僚长。我曾问道新罕布夏州的初选居然对总统竞选过程有如此巨大的影响，他觉不觉得这很不公平，他笑答道："我想这是上帝的安排吧！"

最谨慎细心：怀俄明州长迈克·苏利文(Mike Sullivan)，50岁。当时他穿着牛仔靴，西部衬衫和牛仔裤，站在州长宅第门口迎接我们的新闻小组。他说："随你方便，在任何地方进行访谈。可以坐在屋里的咖啡桌，或是坐在屋外的阳光下，有狗在一旁。"

我们决定跟阳光和狗一起。

最沉稳低调：瑞士出生的佛蒙特州长梅德琳·库宁(Madeleine Kunin)，56岁。她特有的风格能将任何访谈导入安静沉稳的对话，永远给人冷静，高格调，有能力的印象。

最口无遮拦：前亚利桑那州长艾文·梅辰(Evan Mecham)，65岁。他宣布废除金恩博士生日的州假日时，引起群情沸腾。他之后还说他觉得"黑小鬼"(pickaninny)是对黑人小孩表示亲昵的称谓。

我问这种引起争论的发言是否伤害到亚利桑那州？他说："一点也不会，会关心政治人物到底是什么样子，或会想来亚利桑那州的人，1千万人里还找不到一个。"

最无法无天的：前路易斯安那州长爱德恩·艾德华(Edwin Edwards)，62岁。

他在大厦招待我们午餐时，一副信心十足的模样。

他喜欢自己恶名昭彰。他说："你可以说我变化多端，引人争议，鲁莽无礼，什么都好，就是不要说我是温和派。要我输掉下次的选举，唯一的可能是我被逮到在床上跟个死女人或活男孩子在一起。”

他真的输了下一次的选举，因为在初选时表现凄惨。

这使我想到我对美国和美国人民的评价。

我打的成绩是：A+ 如果你跟我一样走过美国这么多地方，见过这么多有活力，有能力，充满希望的美国人民，你绝对会赞同我给的成绩。

80 年代晚期的美国，依然跟 50 年前、我在南达科塔州成长的时候一样，是充满希望与机会的地方。

甚至比过去还好。在全美国，有越来越多人了解美国仍然是世界的边疆，充满了无限的机会，足以让个人和整体达到更高的成就。

这一点适用于每一个州政府，当然也适用于全美每一个家庭。

当然，在这个国家里，每个人有不同的问题，不同的解决之道和不同的目标。

但是作为一个民族整体，我们已经真正融合成一个国家。

❊实话实说❊

政治力量在华盛顿之外壮大。

2. 世界在我们手中

“努哈斯凭借着私人喷气式飞机、响亮名声和坚强毅力，开启了全球每一扇门……从最贫穷的地区到总统的华宅。”

——《文学期刊》(Literaturnaya Gazeta)，

1988 年 8 月 31 日

评断一位外国领导人要比评断美国的州长或总统困难多了。

不同国家的领导人和他的追随者，有不同的意识形态和道德标准，不同的历史背景和文化传统，不同的理想和野心。

新加坡总理李光耀的话值得警惕：“我恳求你们，不要相信在美国行得通的在其他地方就行得通。没错，我们都是人类，但是不一样的人类。你越是以自己的标准来评断别人，就越显示出你对别人整体环境的无知。”

李光耀的话在世界各地以各种方式得到呼应。

我身为美国公民和一位新闻工作人员，心里也一直谨记着,美国自建国以来誓言保障的人民自决与基本人权,是我们永远不该违反的。

因此所有报道全球,关心全球事务的人都应该挺身而出,坚决保障人类的自由,世界的自由。

但我们不该混淆了真实世界和梦想中的世界。我们应该坚持原则,但也该面对现实。

根据这个原则,我以开放的态度观察每个国家元首的成就与问题,观察市井小民和上层人士的心情与他们传达的讯息。

对政治领袖而言,真正的试验在于他或她能为国家人民做什么样的服务。

常常在美国大选中被问到的一个问题,提供了全球通用的标准,这个问题是:"你是否会做得比过去好?"

对外国领袖所做的评判范围要比针对美国国内领袖的大。其中为数不少的外国领袖真的非常杰出,少数人是头脑僵化,无药可救了,但绝大多数表现还算称职。

根据所见、所闻、所感,我列出以下美国之外的80年代十大最佳领袖,排列顺序是按国家的字母顺序。十大最佳国家领袖:

澳大利亚首相霍克,59岁。

加拿大总理马尔罗尼,50岁。

埃及总理穆巴拉克,61岁。

法国总统密特朗,72岁。

新加坡总理李光耀,66岁。

西班牙首相冈萨雷斯,47岁。

苏联秘书长戈尔巴乔夫[①],58岁。

英国首相撒切尔夫人,64岁。

梵蒂冈教宗约翰·保罗二世,69岁。

西德总理科尔,59岁。

既然我们短时间内不可能选出全世界的领袖——至少在我们有生之年都不太可能——那么我当然也没有必要像比较州长一样,在上表中找寻可能脱颖而出的世界领袖。

但是很可能会出现地区性的领袖,值得注意的地区是西欧,1990年代,此地很可能出现一位新的世界重量级人物。

1992年,包含12个国家的欧洲共同体正式成立之后,欧体的政治与经济实力可能与下列这些邻居旗鼓相当:

美国和加拿大的总和。

前苏联和整个东欧集团。

日本和所有太平洋国家。

---

① 戈尔巴乔夫1985年3月出任苏共中央总书记,1989年在首届苏联人民代表大会上当选为最高苏维埃主席。此处"苏联秘书长"之说有误。 ——编者

难怪三大西欧国家领袖现在一面忙着治理自己的国家,一面打算竞逐非正式的“欧洲总统”的职位。当然他们不会用这个职称,不过基本上他们的目标就在于此。

1988年6月6日,法国二次大战开战日44周年纪念时,我和法国总统密特朗一起搭直升机从巴黎飞到诺曼底。他曾向我表示说:“欧洲共同体在1992年完成独立和结盟之后,我们必须善加利用其衍生出来的力量。许多人以为欧洲共同体只是经济联盟,事实上绝不止于此,它将使欧洲对国际事务炮口一致,声音一致。”

密特朗希望这个声音就是他的声音,西德总理科尔将会提名自己竞选,而英国首相撒切尔夫人则认为她才是最佳人选。

听听他们跟我怎么说的。撒切尔夫人:“我认为此时此刻,我正该运用我的经验来帮助整个自由世界。希望这样听起来不会太自大,我无意自我抬举。”

科尔:“密特朗总统和我已达成共识,将作政治上的整合。我们跟撒切尔夫人谈的时候,她的意见跟我们有些分歧,我现在将目标放在1992年。”

究竟欧洲会不会、又将于何时产生一位众人认同的领袖,还是一个未知数。但如果真有这么一天,我预测的名单如下:密特朗年纪可能太大,本书写作时(1989年),他已经

72岁了。

科尔背负着德国的历史包袱,可能因此永远无法获得欧洲其他国家的完全信任。

撒切尔夫人可能脱颖而出,虽然目前她和密特朗、科尔及其他国家在北大西洋公约组织及一些经济议题上,仍有歧见。

铁娘子撒切尔夫人是英国本世纪执政最久的首相,有丰富的政治实战经验。她的头脑肯定和科尔及密特朗不相上下,而且作风可能更为强悍。

前英国首相威尔逊说:“你得用一队军队才拉得动她。”撒切尔夫人现在64岁,眼光放在未来。她在她唐宁街十号的首相办公室告诉我:“我总是往前看,直到我死的那一天。”

尽管这3位国家领导人都有此野心,在本世纪之内,欧洲似乎还不可能出现像美国或苏联,能独掌世界某集团力量的单一领导人。

至于要选出将来可能下台或出局的一些国家领导人,就简单多了。

对于以下名单里某些人,我寄予同情,因为他们接手的国家具有根深蒂固无法解决的问题,几乎无法统治。不过某些人一塌糊涂的结果完全是自己的责任。

心有余力不足的领导人

希腊首相安德瑞斯·帕潘德里欧(Andreas Papandreou),70岁。

印度首相拉吉夫·甘地。

以色列总理沙米尔。

日本首相竹下登。

菲律宾总统阿基诺夫人。

有些事实足以证明我的判断正确,例如1989年,日本首相竹下登宣布辞职,而帕潘德里欧领导的政党在1989年6月的希腊大选中也失利。

我希望其他3位下场不至于此,因为就个人观感而言,他们几位都令人觉得相处愉快,只是他们并不适合这份工作。其中两位不够像个混小子,另外一位则又太过。

阿基诺夫人身材娇小,是5个孩子的母亲,活力洋溢,认识她的人都会喜欢她。她因为丈夫遇刺而竞选成功,接下这个超过她负荷的重担。

不管在专业或经验方面,她都缺乏准备,无法收拾前任总统马科斯留下的烂摊子,领导菲律宾走出困局。

印度的拉吉夫·甘地是阿基诺夫人的男性翻版。他谦和有礼,说话温柔。他并不想要这份工作,当年因为他母亲被警卫刺杀身亡,他才被迫接任。

我问他身为一个人口8亿,40%人民生活水准在贫穷线之下的国家总理,要如何应付这样的压力,他回答:“我不认为自己是个总理。”

这个答案或许可以解释他在统治上的大问题。

以色列总理沙米尔是我见过最强悍的外国领导人。40年前,在以驱逐占领巴勒斯坦的英国人为目标的地下恐怖组织严苛帮(Stern Gang),沙米尔是3大领导人之一。他的统治理念充分反应出他当年的战斗经验。

如果我要找个顽强冷酷的混小子在战场上做领导人,肯定就是年轻时代的沙米尔。可是他现在已经74岁,而目前中东的情势必须以外交手段解决,这点他无法适应。

两位迷人的混小子

再看看其他国家领导人,其中有两位不属于上述任何一种,但他们两位都非常迷人,分别代表左派共产党和右派法西斯的极端。

古巴总统卡斯特罗,62岁。

南非总统威廉·博塔(Pieter Willem Botha),73岁。

他们两位管理办公室和处理行程的做法充分显示出不同的混小子作风。我和大多数国家领袖的访谈都是事先预定好的，约定好地点和时间，以配合他们忙碌的行程和我的全球访问计划。

但卡斯特罗和博塔的访谈并非如此。

我们一直等不到卡斯特罗接见的通知，只好在古巴来来回回晃了好几天。就在我们预定离开的前一天，晚上 9 点 45 分，一个电话打到哈瓦那饭店，饭店位于哈瓦那市中心，前身是希尔顿饭店。

电话中说："总统已经同意接见你们，5 分钟之内请到楼下大厅。"

卡斯特罗穿着惯常的军服接见我们，当时我们并不确定这会是短短 5 分钟的礼貌性接见，或者有深度的实质访谈。而他显然也在深入调查我们之后，才做成了决定。

他显然有备而来。

"我听说《今日美国报》已经赔钱 5 年了，你们怎么支持下去？"

他问道。

我说有 4 年多的时间，《今日美国报》是由甘奈特其他赚钱的单位来贴补。

"哈！"

卡斯特罗笑道："所以说你们公司跟我们国家一样实行社会主义。"

如果我跟他争论这个论点,这次访谈肯定到此为止。所以我跟着他笑。

6 个小时之内,我们听了卡斯特罗一堆引人入胜、真假掺杂的高谈阔论,分享了古巴甜酒和咖啡之后,终于在凌晨4 点告辞。

他回答了我问的每一个问题,除了以下这一个:“在古巴部署飞弹一事,是赫鲁晓夫的主张,还是你的主张?”

卡斯特罗犹豫了一下,然后说:“这个我留到回忆录里再说。”

博塔和卡斯特罗一样让我们苦等,而且等了更久。我们申请到南非的签证,要求访问总统,前后过程长达数月,一直不得其门而入。

我们曾在肯尼亚待一个星期,而肯尼亚飞到南非只要3 个半小时,我们使出全力想促成访谈,但运气不好。

1 个月之后,我们在南太平洋大溪地岛,处处美女的海滩上享受两天的假期。某天大溪地时间午夜 3 点,一个电话响起:“如果你们能在后天下午两点来到开普敦,博塔总统就愿意接见你们。”

我们做到了,飞了 13778 英里。

博塔准时于下午两点为我们打开办公室大门,跟我们站在一起拍照拍了两分钟,之后就要求摄影师离开。

他声明访问时间是1个小时。

“对我们国家而言,大多美国政客和媒体都只是一场灾难。”

我们不只访问过国家元首,还有家庭主妇,银行家和乞丐,立法委员和罪犯,年轻人和老人,有钱人和穷人。

访遍全世界6大洲,32个国家之后,我得到一些难以抹灭的印象:全世界的确已经变成地球村,跟玛莎·麦鲁罕(Marshal McLuhan)在1964年预测的一样。

世界上几乎已经没有难解的奥秘,即使在世界最遥远的角落也一样。

国与国之间、洲与洲之间,在电子网络上、经济上,有时候甚至情绪上,都已经连成一体。

实用主义是今日政治的主流,遍及资本主义或共产主义国家。

物质主义是穷人和富人,年轻人和老人共同的语言,主宰了大多数精神上和理性上的价值观。

感谢卫星即时传播科技,媒体得以将所有讯息连结起来。

过去许多国家的政治领袖只能影响该国的人民,而今他们都在国际舞台上扮演一个角色。

优秀的、差劲的、不好不坏的领导人,各自有不同的作风和方法,但最终目标是大致相同的:安定与繁荣。

我们几乎已经真正融合成一个世界了。

实话实说

今天的世界里,我们都是邻居,而非异乡人。

八　风格的要素

“风格代表一个人。”

——罗伯·佛斯特(Robert Frost),美国诗人

风格常常是领导与生活中被忽略的部分。

我经常利用自己特殊的风格,强调我的观念、计划和期望。不管是写一张备忘录,或是在环球访问中,我都希望我的风格能有助于我与人沟通。别人会同时记得沟通的内容和你沟通的风格。

简洁明白的谈话写作方式,还有第一流的生活与旅行的水准都是我的风格之一。我向来把这些都安排得好好的,绝不冒险。

大多数人听话时都有选择性,喜欢的就听进去,不喜欢的就忘掉,事后说:“我不记得你说过这件事。”

任何人都不会有机会跟我说这种话,因为如果是重要的事,我都会用白纸黑字写下来,并且存档。一份直接明白的备忘录有无可辩驳的沟通效果。

我当老板的这些年里,固定写备忘录和信,平均每天花1个小时以上,以一定的方式书写:大部分很短,少于一页;不拘大小事情;花同样多的力气给予赞美或责备。

接到赞美短笺的人通常会把纸条向人炫耀,带回家收藏起来。收到批评的人通常会把纸条撕掉,或塞在抽屉的角落。不论如何,他们都会谨记在心。我也是。

我所有对内部同事的短笺都用醒目的桃红色信纸和信封,其实颜色并不重要,但是这种醒目的颜色可以使属下很快注意到老板的指示。

不论于公于私,我都一样好恶分明。如果计划周详,工作时也可以享受乐趣。但随兴所致,不加计划,不论玩乐工作都可能产生不必要的不幸后果。

“好的沟通就跟一杯黑咖啡一样,具有刺激性,而且教人难以入眠。”

——安·林柏格(Anne Morrow Lindbergh),美国作家

1. 第一流，乐趣多

“如果艾尔·努哈斯真的退休了，那么我可以提供一个内线消息，你手上要是有克莉斯朵香槟的股票，赶快趁这时候买。

——汤姆·布洛考，NBC 新闻主播

紧张易怒的管理方式管不出有趣、赚钱的公司，想用廉价方式经营公司的首席执行官就会经营出廉价的公司。

无聊的人过的生活肯定不快乐。

终其一生，我都坚持过得有乐趣。即使我小时候还在南达科塔州，家里很穷的时候也一样，那时我负担不起什么东西，可是我能笑，而且我常笑。

不一定要有财富才有乐趣，要拥有乐趣，需要的是一种看法，懂得善加利用生命中的一切，从中获得乐趣。如果只有第二流生活水准时，你也懂得活的快乐，那么一旦有一流的生活水准，你会获得千万倍的乐趣。这也是我长大以后一直努力的方向。

我常常因为第一流的品味而受到批评我的人士、甚至我一些同事的辱骂责难。其实他们并不清楚身为一个首席执行官,在公司或私人生活上,我拥有多少特权和排场。其中包括:1 架价值美金 1700 万的喷射机,配备有打字机、电视机和浴室,视我工作上的需要,载我飞行到世界各地。出差的任何地点都有专用轿车和司机,以便我在路途上工作或与同事谈天。1 年租金 36 万美元,位于纽约市华尔道大摩天饭店、9 个房间的专用套房和 1 间年租金 16 万美元,位于华盛顿希尔顿首都饭店的套房,这两间房间专供交际应酬洽谈生意之用。

我的哲学、政策和风格是"多花一点钱,追求第一流的品味,对一个想往上发展的公司,绝对是聪明的投资。"

有些批评者一再建议我停止开玩笑,变得严肃正经一些。我嘲笑过他们大多数人,但他们其中多数人迟早会懂得乐趣何在。

如果甘奈特的同事不懂得笑,尤其是嘲笑自己,可能根本撑不过《今日美国报》草创时的艰辛日子。不懂得放松的人,就很可能在压力之下崩溃。

保持放松、获得乐趣和维持高效率的关键就在一天的开始,好的开始是成功的一半。每个人的工作时间可能不同,但是如何开始一天都是最重要的。

在当甘奈特首席执行官的 13 年任内,我通常都是这样开始一天的工作：

* 上午4点到5点之间起床。

* 上午5点到6点半看报纸，喝柳橙汁和无咖啡因咖啡。

* 上午6点半到7点半慢跑，运动。我在棕榈滩时，运动之前还会去一下我位于海边的小教堂。

* 上午7点半到8点15分：冲澡、刮胡子，着装，吃简单的早餐，一边看电视新闻。

到早上8点半左右，我人就在办公室里了。也许是棕榈滩中心、华盛顿、纽约或世界某个地方。此时我神智清醒，身体和精神都在最佳状态。

这样的生活作息，使我比同事或对手都占上风。

一个人如果不想成功，著名漫画"白朗黛"里白朗黛的丈夫白大梧那样好吃懒做的家伙，是很好的参考对象。白朗黛每天早上得把大梧从床上拖起来，帮睡眼惺忪的他穿衣服，推他出门去赶公车，由此可见他为什么一事无成。

如果你每天早上都不想去上班，肯定是选错工作了。

我从来不曾讨厌起床上班，努力工作；即使是二次大战时，在军队里，我也高兴每天早上听到起床号。当然我不是那么热衷于后来在欧洲的战争，但是我仍然愿意将那份工作做好。

我乐意工作，但也尽情享乐，而且通常这两者可以同时并存。

固定的运动对很多人而言是乏味单调的工作，对我而言，却是完成一件极有意义的工作，同时又得到许多乐趣。

我在1946年，22岁时离开军队，当时就热衷健身；可是真的对运动认真起来，甚至到痴迷的地步，是我47岁的时候。那一年我做例行身体检查时，医生发现我心律不整，他们帮我试装了一个电子调节器，但功效不大。

医生说："看来你得忍受这个毛病，但是如果你好好注意饮食，固定运动，你可以这样活上50年没问题。"

于是我每天必做的运动变成不得不然的工作。我渐渐将慢跑的距离从3英里延长到5英里，速度减慢，但距离加长。结果是，我到五六十岁时，觉得身体状况比40岁的时候更好。

身体状况良好与神智清醒有绝对的关系，而且也能使人更有生产力，活得更快乐。

四体不勤，神智不清

我从来不会将体重超重太多的人升上重要职位。怠惰的身体里通常有一颗懒惰的心,体重过重通常表示一个人缺乏自制力。大部分人希望可以轻轻松松地减肥,但以长远而言,绝对没有轻松的方法,你必须努力才能成功。

甘奈特公司和《今日美国报》的华盛顿总部都鼓励员工参与和健康中心合作的健身计划。一个公司如果懂得花钱让员工参与健康计划,为员工的孩子设立托儿中心,并能保障员工身心的健康,是最聪明的投资。

由于甘奈特的企业遍布全美国,主管必须到处出差,所以我鼓励员工不论在家或出外,都要懂得照顾自己的身体。因此我以身作则。一个人如果经常旅行,体重通常很容易增加,因为人在旅行中吃喝得多,运动得少。

1987 年,我在长达 6 个月、走遍全美 50 州的旅行中,体重减了两磅。1988 年,8 个月,飞遍世界 32 国,长达 148,261 英里的航程中,我减了 5 磅。

严格遵守运动习惯并不表示你就不能享受生命,事实刚好相反。你可以放纵自己享受最好的,有时候甚至最高热量的食物,尽情喝酒,只要你在事后能以运动燃烧多余的卡路里。这一点对我而言很重要,因为轿车、喷射机、一流餐厅、一流饭店里的一流套房,都是我不可或缺的享受。

有些批评我的人说这些都是不必要的,纯粹是努哈斯个人酷爱奢华的享受。说这些是奢华的享受可能没错,但绝不是没必要的，因为它们有助于我做好我的工作。

他们所不了解的是，我在享受的同时也在工作。我的轿车里有打字机、电话和电视机，让我随时了解新闻的发展。我一走进饭店套房，首先就检查我的办公室设备，我的秘书会预先向饭店确定，在套房里的某间房间放一张大书桌，配合适当的照明，装设好电视机和电话。我一到，秘书再拿来办公文具、打字机、影印纸、回纹针、橡皮圈等等。

不管我是凌晨3点到新加坡，还是下午3点到巴黎，立刻有一个办公室可以办公。我尽快处理公事，才好赶快去玩。

虽然我喜欢一流的住宿设备，但即使住到二流的地方，我还是能尽情享受。我可以举两个例子，一个是我1987年在美国做访问旅行时，一次是1988年环球访问时。

＊新墨西哥州哥波市的豪华西部汽车旅馆(The Best Western Hotel)。印第安人和牛仔聚集的地方，但是我很喜欢当地的风味，也开玩笑要我的同事学习拓荒精神，后来果真很开心。

＊越南河内国宾接待所。这个接待所就在吴廷琰总统府旁。这里头是蚊子苍蝇的大本营，陈旧破烂，设备大约是宿舍等级。但这是越南政府所能提供最佳的住宿。我们连

着3夜睡在闷热的房间里,备受蚊子侵扰,是我告诉同行的伙伴说,这情况已经比在越战中为美国打仗的官兵好多了。我大多数伙伴都能调整心态,从这个经验中获益。

如何防止工作倦怠

不论出门或在家,我随时都注意照顾自己。以努力工作自豪、却不懂得健身和娱乐的主管,可能很快就工作倦怠。

许多人问我为什么在一天工作或旅行后,看起来还那么轻松。答案很简单,只要当心照顾和使用身体,你也可能随时保持最佳状态,要诀如下:饿了才吃,渴了才喝,累了才睡,欲火中烧才做爱。

也许还有一些科学的方法可以用第一流的方式达到健身和娱乐的目的,不过我还没有找到。

2. 情书：简单明了的沟通

“艾尔用桃红色的小纸条写短笺，传达简短有力的讯息。很多张都写着：‘请改正。’其他的我都从记忆里抹去了，以保持我的自尊。”

——狄克·道提(Dick Dougherty)，甘奈特罗彻斯特区报纸编辑兼主笔

很多时候首席执行官的行为像政客，而不像老板。

下属并不想被阿谀谄媚，也不想被灌迷魂汤，他们要的是实话。

身为甘奈特的首席执行官，我常常告诉下属实话——用文字。

我称呼我用桃红色纸条写的短笺为“情书”，不管内容是好是坏。

有些不高兴接到纸条的人称它们为“桃色训话”。我不觉得自己写的是训话，我的目的是在帮助他们做好工作。不过有时候，我的确语气较重，而且相当针对个人——我又不想得最佳人缘奖，我关心的是成果。

从早先当经理人开始，我就一直沿用写短笺的做法，而使这些短笺成为甘奈特公司内的荣誉标章。桌上放着一个桃红色信封表示首席执行官注意到你了。

纸条里严厉的语气其实与我个人的观感无关，收到最严厉纸条的通常是与我最亲近的同仁。

对于《今日美国报》的诞生和发展，我某些措辞严厉直接的短笺实在贡献良多。每天公司里一千多人都得加以敦促鞭策，而我的短笺清楚表达了公司的目标与期许，使得上上下下能有一致共识。

我相当尊敬《今日美国报》的高级主管，但如果他们做了什么蠢事，我也会毫不犹豫地加以指责。约翰·昆恩，《今日美国报》的总编辑，也是我最亲近的工作伙伴，首当其冲经常接到我严厉的短笺。其他还有《今日美国报》创刊主编，现任甘奈特首席执行官的约翰·寇里，当时的执行主编朗恩·马丁，编辑主任约翰·赛根泰勒，以及运动版管理编辑亨利·佛瑞曼(Henry Freeman)。

编辑“编辑”

致约翰·昆恩、亨利·佛瑞曼：

“该死！报纸发行都两年了，难道我们的头版编辑还不知道怎么增删报道？难道我们的运动版编辑还不会看报道，不会思考，不会多检查一遍？今天的头版上职棒冠军的赛程表搞得一塌糊涂，不可原谅。除非我们能找出一种防止蠢事的方法，否则我很快就会日夜阴魂不散地在运动版和头版办公室出没，盯在你们背后。”

致约翰·昆恩：

“你觉不觉得，对于最近《今日美国报》国际版错误百出的天气图，你欠我一个迅速的解决或解释？我觉得，如果你还是主编，希望你尽快对我的建议有所回应，感激不尽。”

致约翰·赛根泰勒：

“我打算建议普立兹奖设立年度最愚蠢编辑奖，并提名《今日美国报》今天关于菲律宾选举的报道。其实这不只是今年最蠢的编辑表现，而是《今日美国报》有史以来最烂的。我们不打算为任何一位美国总统候选人背书，所以就帮菲律宾总统候选人背书?！我们当然可以在社论里赞许菲律宾举行公平自由的选举，可是像今天这样明显偏袒的报道，让我怀疑到底《今日美国报》在干什么。我永远不会忘记这件事，希望这张短笺会把你们拉回正轨。”

致约翰·昆恩和朗恩·马丁：

“我再帮你们上一次地理课：美洲(America)是由美国、加拿大、中美洲和南美洲等地组成(请见所附地图)。而美国(USA)则是由全美50州和其他属地组成，不多也不少。

“任何民意调查或新闻报道，比如今天《今日美国报》的生活版里，凡是应该讲USA的地方，却误用了America这个字，都是严重的编辑疏漏。尤其严重的是，这违反了《今日美国报》自创刊以来坚持的风格和政策。我们的新闻报道里绝不准拿America来指美国，凡是提到美国，我们必定用USA。

“请再确定一次，所有的编辑都清楚这一点，如果还有人不清楚，我很乐意送他去中南美洲，让他换个角度，以美洲其他地方的眼光做报道。”

激励行销人员

通常是因为下属没有达到原先的期望，或者有所拖延，我才会写短笺。我通常对广告和行销部门看得很紧，因为他们最有办法在会议上说的是一套，做起来又是另一套。

兼管广告的发行人凯西·布莱可和《今日美国报》第一位发行部副总裁法兰克·维加(Frank Vega)都经常接到我的短笺。

致凯西·布莱可：

“我知道你很忙，但是，对我询问有关希尔顿广告一事的纸条，我希望你有点反应。希尔顿的事非常重要，因为我星期六晚上就会在华盛顿与巴瑞·希尔顿(Barron Hilton)见面，我希望知道到时候我要说什么。事实上，我所写的全部问题和纸条都非常重要，否则我根本不会写。因此，我也希望你很快有所回应。”

致凯西:布莱可：

“我已经讲过无数次，广告的刊登方式非常重要，你也一再向我保证你会将分类广告按字母顺序排列。请问还要等多久你才会把这件事做好？你自己难道不关心工作的进度？”

致法兰克·维加：

“今天早上白宫对面宾州大道和行政大道的交叉口，《今日美国报》的报纸贩卖机里装的还是昨天的报纸。对街的另一台贩卖机门是开着的，里头空无一物。这种情形已经连续发生两天，昨天我没有说，是想看看你负责街上工作的下属什么时候才会把事情弄好。每天早上经过白宫附近的数百人，都是从这些贩卖机得到当天对《今日美国报》的第一印象,他们想必都看到这种情形。我们必须赶紧做一些踢屁股的动作,我已经开始,现在轮到你了。”

白纸黑字,明白指示

我从来不为我第一流的生活水准觉得抱歉。

我的同事了解,我希望我的私人生活和工作一样有秩序。事实上,在当首席执行官和董事长的那些年里,我根本没有私人的生活。我把所有的活动都当作工作的延伸,维持高效率的生活作息,以提升工作和私人生活的品质。

这就意味着生活细节都必须维持高标准。如果我的同事连小事都办不好,怎么可能妄想成大事?平时与我很亲近的工作伙伴都了解我的期望,可是因为我经常到处旅行,因此我把我的要求用白纸黑字写给各地的发行人,以节省时间,处理好所有细节,让我这个首席执行官做得更好,也活得更舒服。

致甘奈特所有地区发行人:

“由于最近我们将到各地召开地区性会议,大家以后也还有许多像这样共事的机会,我在此写下我个人的偏好(或偏见),如果能够合我的意,相信我的工作效率会更好,到访期间脾气也会非常好。

1. 我希望当地发行人亲自来机场接机,以便我们能在往饭店或办公室的路上讨论公事。

2. 我希望饭店的住房、钥匙、算帐方式等细节等事先都处理好,以节省时间。

3. 饭店套房必须包括会议室,在举行商务会议时,我的客人或同事才不至于要坐在地板或床上。

4. 套房里要有最新的当地报纸,有冰块和水果更好,酒不是必需品,不过一两瓶好酒也无伤大雅。

5. 在去办公室的路上,我要知道待会儿会见到哪些人,包括秘书和接待人员的名字,还有各部门的主管;此外如果有关于任何人的任何重要私事的资讯,也会大有帮助。

6. 会议室里要有上星期每一份当地的甘奈特报纸。

7. 如果当地的发行人或主编没有别的东西好登,想要访问我的话,可以,但是不要找刚入门的新手来访问,否则对大家而言都只是浪费时间。要做的话,就找一个有经验、有头脑,对甘奈特和我本人有一点认识的记者来。

8. 为达到良好社交效果,我必须事前拿到参加宴会人士的名单,最好还有他们小孩、生日、结婚周年,男女朋友等资讯。此外,胸前的名牌绝对不可或缺。

9. 早餐汇报对我而言是浪费时间,我宁可利用清晨慢跑、读报、打电话,为一天的行程做准备。

10. 不管我们在当地是否有发行早报，我希望早上6点以前，我在饭店房间可以看到最近一期的早报，包括《华尔街日报》。至于发行人或发行经理要在上班途中或从饭店回家途中拿过来，我都无所谓。

快乐的‘假日饭店’爱好者　艾尔”

致营运委员会所有成员：

“在过去，我们曾一致同意甘奈特地区会议必须维持一些高水准的做法。这些做法包括早上每个人在6点以前，都要拿到当天的报纸。

“还有我们吃的要好。如果会议地点有特别的名菜，那就是我们晚餐的佳肴；如果没有，我们就吃得简单一点，比如牛排。

“但上星期在奥林匹亚市，我们没拿到早报。而且奥林匹亚是全世界知名的鲑鱼产地，我们的晚餐居然是干酪小牛肉，还是次级的干酪。

请改进。”

致杰克·甘兰贺(Jack Gallagher，飞行航程主管)：

“我们的空服员将驾驶舱里的工作看得比服务乘客要重要，这已经不是第一次发生了。举例来说：

“上星期四,我从华盛顿飞到旧金山,途中需要冲澡整装,准备一抵达就要发表的晚餐演讲,而客舱浴室里居然只有冷水。不可原谅。

“上星期五,我从雷诺飞到佛罗里达,客舱浴室里的马桶不能冲水。不可原谅。

“这个星期天,从佛罗里达到华盛顿途中,所有的电视机不是毛病百出,就是根本不能看。不可原谅。

“我最后一次强调:我们的飞机里,乘客的舒适便利和机员的舒适同等重要。你已经没有借口可用了。如果你了解我的意思,请立刻改进,如果不了解,请来问我。”

致约翰·寇里:

“先前放在甘奈特第二大厦卅楼餐厅里喷水池旁的艺术裸女雕像,因为不受女同事欢迎,现在不得不暂时放在仓库里。现在我想把这两座雕像移到棕榈滩的甘奈特会议中心。相信那里不会有人有意见,尤其是放在我的浴室里。

“我已经要设计师芭芭拉·惠特妮在第二大厦卅楼喷水池旁放一个小男孩的雕像,而且要她保证这个雕像会穿一点衣服,不要露出什么令我们女同事不悦的东西。”

配给赞美之词

这些年来,我也写了不少正面的、令人愉快的短笺。我不滥用赞美,因为适度的称赞才能发挥最大的影响力。也因此《今日美国报》里接到严苛桃色的信笺的员工,也会记得曾经收到的恭维和赞美。

退休的老板都希望人家记得他,所以尽管我和前任首席执行官保罗·米勒理念诸多不同,他退休后,我还是常写信或打电话给他。

致约翰·昆恩和朗恩·马丁:

"今天早上我们关于美国总统候选人辩论会的报道,实在完美得无与伦比。不管在平面或电子媒体方面,处理概念和呈现方式,一切都完美无暇。头版标题'谁赢了?仍待争辩。'是谁下的?值得额外奖赏。"

致凯西·布莱可:

"你这个星期的表现棒透了。你为甘奈特年终会议所做的准备、参与的程度,都是第一流的。你使许多人印象深刻。我越来越庆幸你加入董事会,正考虑给我自己年终奖金,奖励我这么聪明地雇用你。"

致保罗·米勒：

“许多事情都让我记起你在首席执行官期间所做的一些重大改进。这个星期我更想到，如果不是你到圣伯纳迪诺(San Bernardino)当开路先锋，今天我们要将《今日美国报》推展到旧金山市场时，不会站在这么有利的位置。希望你知道我们时时惦记着你，对你满怀感激。问候你和露易丝。”

回 响

我的情书引来许多回应，当然也是有好有坏，可是都值得一读。

这些年来，我亲自阅览了数千封信，大多数是读者写来批评或赞美我们的报纸。我会亲自回信，或要求与信中事项最相关的部门主管亲自回信。

有些最具意义的信来自我的同事或竞争者，有些人跟我在商场上有过过节，却会寄给我满怀善意的信，使我自己大感意外。我最欣赏，但也最常责骂的财务主管麦肯道尔的信：

“艾尔：你辞去董事会的职位教我震惊。这些年来，我一直觉得我们是有史以来最棒的搭档。从你那里我学到很多，可以帮助我继续往前走，但是你不在之后，一切都会和以前不同,也会少了很多乐趣。你是最棒的。”

卡尔·艾勒,试图偷走我职位的混蛋,他的来信:

“亲爱的艾尔:事情过去一年了,一切都风平浪静了。最近甘奈特的增资和股利的上升,促使我写这封信向你恭喜,我非常欣赏甘奈特股票的表现。”

保罗·米勒二世,前任首席执行官保罗·米勒的儿子来信:

“亲爱的艾尔:你为家父办的80岁寿宴完美无缺,盖斯、我和其他的兄弟姊妹永远铭感在心,感谢家父的同事,更感谢你为我们造就了愉快的一夜。此外还要谢谢你送来当晚的录影带,这对家父非常重要,他可以一再回味。”

一些新闻界最优秀的女性因为甘奈特提供的平等升迁机会,而为甘奈特效忠。她们当然也得到我平等的对待,接到我责怪或赞美的纸条,而且都能坦然面对这些难受的挫折。

《今日美国报》发行人凯西·布莱可的信:

“亲爱的艾尔:过去这5年对我而言非常有意义。你遵守你的承诺,展现了独特的领导风格和远见。我非常欣赏你的决心、胆识和热情,也从你那里学到很多,在工作中得到无穷乐趣。”

维拉·莎宾,历任《今日美国报》广告部副总裁、《电视周刊》发行人和《纽约邮报》总裁。她写给我的道别短笺:

“亲爱的艾尔:在这份工作中,我承受前所未有的挑战、压力,也得到前所未有的丰富经验。这是我一生最重要的工作经验,我永远谨记在心。谢谢你领导我、启发我,对我严格要求,并且教我追求更高更远的梦想。”

购并别人的报纸是非常棘手的事,但如果处理得好,也可能发展出温暖的友谊,下面这张纸条就来自一个报纸被我们接收的家人:玛丽·宾汉——路易维尔老巴瑞·宾汉的妻子来信:

“亲爱的艾尔:感谢你的细心体贴,让我和巴瑞在这场交易过程中感觉不那么难过。你的飞机上机员亲切周到的服务,使那趟旅程舒适无比。你体谅到我们放弃这份报纸时无可避免的伤心,同时了解我们和儿子之间存在的歧见,实在令我们备感贴心,很高兴在这场交易中,交到你这样一个真诚的朋友。”

下属对上司偶有冒犯不是什么大不了的事，尤其是如果这种举动能促进双方的坦白沟通，把事情做好的话。最不懂外交辞令，但跟在我身边最久的同僚约翰·昆恩的短笺："艾尔，谢谢你在耶诞节送我一张臭骂今天头版的桃红短笺。狗屎！新年快乐。"

作者注："狗屎"这两个字是昆恩用橡皮图章印上去的，我第二个星期就没收了这个图章，他也改进了头版。

寄给自己的情书

我最喜欢的一封信上头没有我的签名，那是我自己写给自己的。

1987年，我乘坐专机在美国中西部旅行时，约翰·寇里捎来消息说《今日美国报》在5月已经开始赚钱，比我们预期的要早。

我决定从中获得一点乐趣。

我写给自己一封电报，嘱咐寇里寄给我，让我在抵达我的家乡南达科塔州黑山市时，刚好接到这封电报。此时距离我创立《南达运动周报》惨败，远离家乡，正好33年了。电报内容如下：

致：艾尔·努哈斯，史文湖接待所，黑山市，南达科塔

“亲爱的艾尔:‘速食报纸’成功了,《今日美国报》在5月转亏为盈,赚进1,093,754美元,比我们预期的要早了6个月。同事都打赌说你应该会原谅我们超出你的预料。希望你明天飞回华盛顿跟我们一起开香槟庆祝。

约翰·寇里”

当天晚上,我手上拿着自己写的电报,和南达科塔的老朋友一起庆祝。他们当中有一些是当年投资《南达运动周报》,跟我一起赔钱的朋友。第二天,我飞回华盛顿与帮助我成功达到目标的同事举杯庆贺。

计诱敌人

我喜欢与《华盛顿邮报》里的朋友保持联络。很多人对《华盛顿邮报》不满,可是又担心说出来会引起什么反应。很多政客则对《邮报》敢怒不敢言,怕执行总编辑班·布莱德利和他那一帮人,可以“造就”他,也可能“搞垮”他。

我与《邮报》的董事长凯·葛瑞罕和她的儿子发行人唐·葛瑞罕,经常互相赞美或攻击,而且乐在其中。但布莱德利就受不了我了。他喜欢在新闻专栏里大骂特骂,却不能接受别人的批评。

以下的信件来往可以看出各人风格的不同:

致凯·葛瑞罕:

“亲爱的凯:虽然这似乎不合我的风格,不过对于你上次处理会议的方式,我的确要深表赞佩。你处理事情的做法干净利落,许多人甚至在你背后以对你赞美有加。你在美国新闻协会里,为女性跨出一大步。我对你的作为深表感谢。”

“亲爱的艾尔:谢谢你上次的热情款待,也谢谢你进入发行人协会,在里面支持我。我获得很多乐趣,也获益良多。我们已经对彼此暂时撤下防线一会儿,现在可以再回到战场上针锋相对了。我希望不论你何时到城里来,都能通知我一声,我们可以一起吃顿饭。”

致班·布莱德利,《华盛顿邮报》执行总编辑:

“亲爱的班:我从旧金山回来之后,花了几天时间看看过去这段我们都不在的时间,城里报纸刊登的新闻,或不足以称为新闻的东西。

“后面这一类的报道中,我想你也许有兴趣,跟我一起实事求是,看看《华盛顿邮报》1 月 20 日金融版上所刊载的一篇关于甘奈特的报道,标题是《推荐进场股票,甘奈特退出榜外》。这篇报道和标题引申的来源是华尔街股市著名分析家艾德·唐利(Ed Dunleary)所写、所罗门兄弟投资顾问公司(Saloman Brothers)刊载的一篇甘奈特的分析报告。而事实上,唐利的报告中是说他将甘奈特的指标由O(预期在未来半年到一年之间,超越S&P史坦普前500种主要股票平均表现)更改为M(预期在未来半年到一年间和S&P平均表现相等)。

“你也知道(或者你并不知道),每天都有许多不同的来源提供股票分析报告,而其中如唐利的报告,是相当有权威的。

“为了让你进一步了解华尔街是如何运作的,我在此抄录过去几个星期里,大众媒体公司的股票分析报告:6月26日,所罗门兄弟公司分析,将《芝加哥论坛》报的指标由O更改为M(《邮报》没有报道)。6月28日,所罗门兄弟公司分析,将耐特报系的指标由O更改为M(《邮报》没有报道)。6月29日,所罗门兄弟公司分析,将每日镜报系的指标由O更改为M(《邮报》没有报道)。6月29日,唐纳生、卢金和珍芮特证券分析(Donaldson, Lufkin & Jenrette)建议暂缓购买几家媒体公司的股票,其中包括《华盛顿邮报》,但另外建议继续购买甘奈特股票(《邮报》没有报道)。7月8日,所罗门兄弟公司分析,将甘奈特指标由O更改为P(11天之后《华盛顿邮报》报道的根据)。7月12日,柏汉·兰柏特(Drexel Burnham Lambert)分析,称甘奈特为‘4月到

6月强势推荐购买股'(《邮报》没有报道)。7月12日,唐纳生、卢金和珍芮特分析建议继续购买甘奈特股票(《邮报》没有报道)。7月18日,柏汉·兰柏特分析表示:我们继续强力推荐购买甘奈特一般股(《邮报》没有报道)。然而,在7月20日,《邮报》根据11天前的分析报告,以极大篇幅写了一篇误解的报道,甚至没有写明原先的分析报告说的是什么。

"关于甘奈特的这篇报道甚至连当天终场股价都没写对。署名写这篇报道的记者迈可·舒拉兹(Michael Schrage)写甘奈特当天的终场股价为40.375美元,下跌0.25美元,贵报刊在下一页的股票看版却显示甘奈特终场价是40美元,上涨0.125美元。

"请不要误解我写这封信的目的,我绝不是要求你在报上刊登任何更正启事。(贵报的更正栏急速成长,隐然将成为贵报成长最快的版面。我不想再加重你们的负担。)我写这封信,并不是担心贵报会再乱拿华盛顿地区的同业开刀,而是担心无辜的大众无法了解一家好报有时候可能错得多离谱。

诚挚的艾尔"

以下是布莱德的回信:

“亲爱的艾尔:劳烦你不吝指教,写来这封令人甚为不悦的信,实在感激不尽。

“既然你们已经把公司总部迁出罗彻斯特这个小地方,就应该可以预料到我们会做关于你们的报道,尤其你们是本区第五大的企业(敝报只是勉强维持在区区第十大)。不过你也不能指望我们会像罗彻斯特的小报对你们多加礼遇,或指望我们的财经版像《今日美国报》一样,提供民众肤浅的股票推销资讯。

“你的来信我已经仔细看过。我想你对所罗门兄弟的分析是完全误解了。唐利代表全美最大最有信誉的投资公司所罗门兄弟公司发言,而据我了解,他特别劝告客户不要买甘奈特股票,不是因为甘奈特公司营运不良或正在赔钱,而是因为《今日美国报》不断亏损,使甘奈特不再能被标示为O级。这条消息之所以有新闻价值,就是因为分析家指出甘奈特是受到《今日美国报》这个实验的拖累。

“此外,所罗门兄弟分析报告的新闻价值,就如你信中所说的一样:其他的证券经理都推荐客户买进,忽然一家大投资公司却警告客户不要再买。

“我当然绝不可能误解你来信的意思,何况你还寄了同样的信给凯·葛瑞罕、唐·葛瑞罕、唐·利文等人。我是不晓得他们的反应如何,我个人是觉得恶心透顶。如果我需要上一堂华尔街分析入门课，我肯定会找其他人。

“P.S：我们确实犯了一个错误，当天收盘股价确实是40美元，上涨0.125美元。你对敝报更正栏的关切，真教我感激涕零。

班·布莱德利”

“亲爱的班：

“抱歉，我无意引你火冒三丈。

“你在7月27日的回信显然是急于报复之下，发泄错了方向，完全没有命中目标。

“我们两人都没有时间维持笔友关系，所以我就长话短说，不再对你的来信一一评点。我只想说：我了解你完全不了解我的意思。不过，班，你信中流露的傲慢自大实在玷污了《华盛顿邮报》的名誉。请仔细想一想。

“我认为新闻记者除了勇于指出别人的错误以外，也应该勇于面对自己的错误。前面这一项你已经做得够多了，应该想想后面这一件。

“朋友，在你事业的末期，这是你最后的机会，以公平一点的态度平衡你过去刻薄待人的名声。好好想想吧。”

作者与编者

建立新生意关系的乐趣之一，在于以书信往来增进彼此的了解。媒体首席执行官，书的编辑以及发行人之间，可能都有不同的风格和期望。我的解决办法是：明白说。

致哈丽叶·鲁宾(Harriet Rubin)，双日(Doubeday)执行编辑

“亲爱的哈丽叶：

“首先谢谢你留的纸条。但在几本书的封面设计上，你没能达到你原先自己定的进度，我感到很失望。我可以了解你的困难，但是你也要了解，如果我们所有的计划都要赶上你原定的进度，编辑和发行人都应该与作家一样承担起时间的压力。

“祝好。”

了不起的葬礼

我大部分的短笺目的都在策划未来，而非缅怀过去。我出席了亨利·福特盛大隆重、策划缜密的告别式之后，发现未来还有一件重要的事，我宁可预先策划，不要冒险。

致约翰·寇里：

“我们昨天谈过亨利·福特的丧礼真是了不起，福特家

族和福特公司密切合作,使丧礼完全符合亨利生前的要求,甚至远从新奥尔良请来他最爱的爵士乐团,完美地划下人生的休止符。

“我们也应该预先准备,和甘奈特历任(或现任)首席执行官的家人商量一下,万一有一天他们离开人世,我们公司要如何帮忙处理后事。

“亨利·福特给自己的丧礼帮了很多忙,因为他生前对于丧礼的细节写下很详细的指示,当然不是每个人都会这么做,但我一定会。”

❊实话实说❊

用纸条交代,谁也不健忘。

九　及时领导，及时离开

“趁你脑筋还没糊涂到让自己出丑之前,赶紧下台。”

——亚历山大·波普(Alexander Pope),英国诗人

人一生中每个阶段都有一定的目标。每个10年都有该做的事,该迟到的成就。当然,每个人的时间表会有所不同,以下是我推荐的生命阶段计划:

* 十几岁时,尽情的玩乐。
* 二十几岁时,尽量的冒险。
* 三十几岁时,尽量的学习。
* 四十几岁时,尽量的赚钱。
* 五十几岁时,尽力的领导。
* 六十几岁时,尽量潇洒的离开。
* 之后,你就可以尽情的享受。

依据这份时间表,我在1989年3月31日65岁时,开始退休生涯。不管在专业上或私人生活上,我都已经准备好了。我过了充实的一辈子,但眼光依然望向未来好几年。一路走来,有许多欢笑,当然也有一些泪水。两者都是不可或缺的因素,不管在生命中,在退休生活里,或在死亡里。

"逐渐退休的生活是人生中最甜蜜的时光。"

——西尼卡(Seneca),罗马哲学家及政治家

1. 迎向朝阳

“努哈斯努力了一生，现在终于可以好好享受他的成就。”

——《商业周刊》，1989 年 2 月

这可不是愚人节笑话，1989 年 4 月 1 日，是我退休的第一天。这一天早晨，我和平常一样去晨跑，我从华盛顿首都希尔顿饭店出发，跑过拉法叶公园，经过白宫、华盛顿纪念碑、越战纪念碑、林肯纪念堂，跑过罗斯福桥，经过阿灵顿公墓。

这条路我跑过数百次了，在上班之前给我许多灵感。

但是今天我不必上班。

我慢跑过白宫时，想到里根最后一次离开总统办公室时说：“我将迎向夕阳。”

“我将迎向朝阳。”我心里想，微笑着。

其间有很大的差别，但两人都自得其乐。

里根一生曾迎接无数成功的朝阳，包括在 69 岁时当选美国总统，在白宫迎接了 8 年的朝阳。77 岁时，他迎向夕阳，回到西岸他的老家加州。

我也迎接了属于我的朝阳，但在65岁退休时，还期待更多的成功。

退休的当天，我参加一连串有政治人士、媒体人士和业界大亨参加的宴会。他们来城里主要是为了当天晚上一年一度新闻界举办的嘲讽政客的玩笑晚宴。现任首席执行官约翰·寇里和公司员工则在鸟瞰美国首都的甘奈特大厦，为我安排一个致敬午宴。当时的副总统奎尔(Dan Quayle)主持了一开始的致词和敬酒。与我同桌的都是政界和新闻界的重要级人物，包括华特·克朗凯、《华盛顿邮报》凯·葛瑞罕，还有苏联和中国大陆的外交官。

午餐后，我到白宫参加布什总统作东、宾客有两百多人的社交聚会。

“艾尔，你老实说，你真的要退休吗？”总统似乎想引出我心底不同的答案。

“我期待新的冒险。”我简单回答，避免提什么细节。

当晚的宴会上，宾客摩肩擦踵，我的身边尽是甘奈特的主管、大法官、商业巨子和媒体明星。会场上每个人都有的一样东西：权力。

星期天一早醒来的时候，我的权力已经消失了。

权力和排场，这么多年来，这么容易得到的东西，今天已经全部不属于我，传给我的接班人了。再没有私人专机，再没有公司提供轿车，再没有一堆助手随时嘘寒问暖，确保我的舒适称心。

我在饭店门口招了一辆计程车，前往国家机场，我要回棕榈滩、我的家里，换上短裤、爬上树屋，在打字机上开始打这本书。

19 年来，我第一次搭乘国内线商业班机。我站在队伍中，翻着机票，找美国航空 987 班机的登机证，笑着想："那些说我不会退休的混小子该看看我现在的模样。"

其实我大可以不退休或延迟退休时间，任何事业有成的首席执行官都有权决定在什么时候、以什么方式放掉权力和排场。其中有许多人撑得太久了，后来根本是死抓着不肯放，而且大多数董事都没有胆量站起来，告诉老板说时间到了。

这种情形不仅是遗憾，甚至是悲剧。

老板的退休或多或少都会影响到公司内每一位员工，所以老板何时退休和如何退休，更应该谨慎为之。时机对，方式对，老板自己和所有员工都受益；反之，如果老板退得太早、太晚或太突然，每个员工的未来和前途都可能受害。

别感情用事

为了确保我的退休完美无缺,我从49岁被提名为甘奈特首席执行官时,就开始计划。在我的坚持之下,我做总裁开始的第一份工作合约就包括一项条款:"努哈斯最迟在1989年3月31日前就必须退休。"

我坚持在50岁以前确定退休的日子,我向董事会开玩笑说:"我希望退休这件事赶紧定案,免得我变成老糊涂,或是你们变得感情用事。"我希望离开时潇洒一如往常。

这件事处理掉之后,我才好全心工作,结果是我50—60岁这10年里,事业达到巅峰,成就最辉煌。

每个首席执行官都该为公司栽培好接班人,有效率有秩序的移转领导权;反之,每个公司也都应该为成功有贡献的首席执行官提供丰厚的经济报酬,确保他退休后生活的享受不至于一落千丈。事实上,首席执行官的任务不仅是准备交接计划,还应该随时留一份推荐名单给董事会,以防他万一被公车撞死了,有人立刻可以接手。

从我当上首席执行官开始,每年会交给董事会一份推荐名单,每年12月我跟董事会的管理延续委员会(Management Continuity Committee)开会,一起评估公司里高级主管的表现。每次会议结束时,我照例会说:"如果我明年不幸被公车撞死,这里头是我推荐的接班首席执行官人选。”

我写下推荐人选,封起来,吩咐董事会主席把它锁在保险箱里,非到不得已不可让其他的董事知道。知道这份名单的存在和内容的只有我和一位董事,其他的董事都不知道,当事人更不知道。

由于我躲避公车和旁人暗箭的技巧还不错,这份名单一直没用到。但是每个首席执行官都有义务提供公司这样一份名单,以防万一。

权力既然要移转,计划好比突然而来要好得多,也简单得多。

你可以考虑有潜力的候选人,如果他在重要的测试中失败了,就删掉他,如果他通过了,就给他更严苛的考验。有些人会感觉受到考验,有些人没感觉。

约翰·寇里通过了我在甘奈特给他的一切考验。

他当过记者、编辑、发行人,得过普立兹奖,《今日美国报》创立时的首位主编,地区报纸的总裁。当然他还是有一些缺点。他在宾州和新泽西长大,所以口音有点奇怪,而且他在学校没接受过书写的训练,所以他的笔迹几乎教人难以辨认。但是世界上没有人是完美的,以上这些缺点我都觉得可以忽略。

我在60岁生日时公开退休接班计划，我提名寇里为首席执行官和最高营运长。我告诉所有管理延续委员会的成员："如果他通过测验，我希望你们在2—3年内提名他为首席执行官，好让我在这期间教他怎么当好首席执行官。"

他们同意并赞许我的建议，但心里并不相信我。

没有人相信。

韦斯·葛棱赫，新闻协会前任理事长，当时是我们延续委员会的主席，他在我的退休宴会上告诉我："你真的照你当初所说的做了。那时候我们谁也不相信你，都觉得等你65岁时，肯定会要求我们延长年龄限制，好让你继续待着。"

最后的惊奇

他们会照我的话做吗？当然会。只要首席执行官开口，几乎所有董事会都会照做，然后首席执行官再发布新闻稿说他是"应董事会要求"留下来，完成未竟的工作。不过我还是做了一件令董事会惊讶的事，不让他们完全预料到我的一举一动。

根据甘奈特的公司规定，董事是3年一任。我在1988年再当选董事，在1991年任期届满。之后甘奈特规定当过首席执行官的董事退休年龄上限是70岁。所以大家都认为我会在1991年再出马，担任董事的职位到1994年。

1989年3月22日，我65岁的生日，我最后一次以董事长的身份，一如往常的主持完全董事会议。进行到最后的“其他事项”时，我给了每个董事一封信，每一封我都亲自手写感谢之词。

这是我向董事会辞职的信。我好几天前和寇里讨论过，几个钟头前才告诉麦肯道尔，他们是我唯一事先商量过的两位董事，而且要求他们保密。这封信部分如下：

> 根据我的经验和观察，首席执行官如果退休后还留在董事会里，经常会成为许多事的阻力。我不想使下届首席执行官和董事会觉得绑手绑脚。因此，我在此向甘奈特董事会请辞。

我要求就我的辞职案进行决议，有几位董事举手，还有几位同时要发言。我打断所有的讨论，问有什么问题，然后迅速宣布议案通过，宣布散会。他们后来围到我身边，表示非常震惊，有些人热泪盈眶，我也有些伤感。其实这并非出人意料的事，而是完全符合我16年来计划的有秩序的交接。交接就意味着完全改变，要完全改变，首席执行官就必须在离开时完全切断和公司相连的脐带。

对这一点,大部分首席执行官在理念上都能认同,可是一旦自己面临关键时刻,往往就失去客观立场。

我曾经跟一位有智慧的首席执行官讨论过这件事,他不但赞成,还大力赞扬这个决定,并解释理由。

彼得·于保洛(Peter B. Ueberroth)是美国职棒大联盟的总裁,我的好友。他喜欢《今日美国报》在棒球和运动方面所做的报道。连着好几年,他都邀请我在世界大赛时到他的包厢去看球赛。他的退休日期跟我刚好是同一天:1989年3月31日。他建议我们一起庆祝,而且是事先庆祝。

开完大联盟年度春季会议后,他就带着妻子吉妮来我位于棕榈滩的住处,大伙一起回忆往事,计划未来。

1989年3月9日,我们在可可亚海滩的芒果树餐厅共进晚餐、享受香槟时,我告诉他,我不但要从首席执行官职位上退下来,也不再担任董事。

他的回答更加强了我的决心,他说:“前任首席执行官继续待在董事会里,是没有任何胜算的。如果你反对现在任首席执行官的意思,别人会觉得你是酸葡萄心理;如果你赞成,别人会觉得你是委曲求全;如果你保持沉默,那待在里头干什么?”

还好我做了正确决定,上帝保佑。

拥抱者与被拥抱者

一个首席执行官如果爱他的公司,舍得在正确的时机以适当的方式辞职,公司也该给他足够的经济报酬,好好犒赏他一番,来个甜蜜的临别拥抱。当然这也要靠首席执行官仔细计划和设计。

董事当然很乐意好好照顾首席执行官的退休生活,但是麻烦在于,他们给失败首席执行官的犒赏经常比给成功首席执行官更丰厚。

1980 年代购并风潮最盛时,一旦公司所有权移转,许多退休的高级主管都得到可观的补偿金。

我喜欢对做得成功的首席执行官大大奖赏一番,至于那些表现差劲、甚至失败的,我可不赞同还给予大笔酬劳。这种补偿金等于引诱人失败,而非成功。

帮公司赶走虎视眈眈购并者的首席执行官,最后得到的只有一句感谢;而那些把公司拱手送人的首席执行官,退休后却得到百万美元以上的工作合约补偿金。

举例来说:赖瑞·汀许接手 CBS 时,汤姆·威曼被踢出来,补偿金高达 430 万美元。而当初如果卡尔·林纳干掉我,我会拿到 400 万美元的补偿金,相当我每年现金收入的 3 倍。我最后战胜林纳,赶走他,得到的报酬是一句谢谢。

多年来，我一直告诉甘奈特薪资委员会主席朱利安·古德曼和委员会成员，这种做法根本是开倒车。我的退休给了他们机会，实现我多年来耳提面命的原则。

这些年来，我的薪水、奖金和股利累积到数百万，但每一分都是我辛苦赚来的。

甘奈特由最初资产1.65亿美元的地区性公司，发展成资产30亿美元的全国性大公司，没有一位股东对我拿的酬劳有意见。

我认为我的表现值得公司给我一大笔奖赏，当作临别拥抱——最好是免费的公司股票。

依甘奈特的惯例，股票的分配是由薪资委员会在年终决定。

1988年10月，薪资委员会将在凤凰城开会，此时正是我退休前5个月，我特别做了些准备——寄给主席古德曼以下这封信：

相信你还记得，我认为成功的首席执行官退休时得到的报酬，至少应该与失败的首席执行官一样多。以我而言，如果我失败了，可以拿到450万美元，相当我每年现金酬劳的3倍。因为我的数学不怎么好，我想先在此计算清楚，公司给我的股票，依目前现值，总共值多少钱。（当时甘奈特的股票成交价是每股35美元。)

10万股——350万美元。

13万股——455万美元。

13.5万股——472.5万美元。

14万股——490万美元。

15万股——525万美元。

我希望你考虑给我的酬劳不少于450万美元。我相信,将来有一天,你一定会感到自豪,因为在你具启发性的领导之下,甘奈特对自愿退休的成功首席执行官的待遇,至少像别的公司对失败的首席执行官一样好。

我给的是一道选择题,大多数人碰到选择题时,如果不确定正确答案,都会选择中庸之道。古德曼果然如此,委员会也通过了他的建议。我退休那一天,13.5万股的股票就入了我的名下。既然我还有多年来分配到和购进的其他甘奈特股票,我决定把这13.5万股股票卖掉,获得某种情感上的满足。

另外我想,这样可以稍稍补偿我预期会拿到的退休纪念烂表。不过,事实上,寇里送了我一支相当昂贵的、附表链的金表,上面还有甘奈特的标志,令我相当惊讶。

我退休后第一个上班日,4月3日,甘奈特的股票升到每股38美元。我把公司给的临别拥抱兑现,抱了513万美元回家。

对一个南达科塔出身,第一份工作是捡牛粪的穷小子来说,算是相当不错了。

❊实话实说❊

位于成功巅峰时,就为退出战场做准备。

混小子十大成功秘诀

你也可以做一个混小子,乐在其中,并且成功。

而如果有人叫你混小子,你也可以微笑,或享受最后胜利,得意地笑一场。

但是首先,你必须做好一切准备,想想你的脚步要往哪走,又希望在身后留下什么样的足迹。准备工作是这样一趟生命旅程成功的关键,甚至也是其中最大的乐趣所在。

定义你心中所谓的混小子。

定义你认为的成功。

拥有与众不同的梦想。

不计代价实现梦想。

每一个人都能决定他要走什么路,留下什么样的足迹。亨利·朗法罗(Henry Wadsworth Longfellow)在《生命的赞美诗》中写道:

伟人的生命提醒我们,
我们可以使生命崇高,
离开时,
留下我们的足迹在生命的沙河里。

有些人追随前人脚步,我则喜欢自辟蹊径。

不论是选择人烟稀少的小径,或人潮汹涌的大道,凡是我们走过的，都会留下痕迹。这些足迹永远不会改变，永远留在时间的沙河里，不论好坏。最终，旁人会评价我们的足迹，他们往往比当事人看得更清楚。

过去的已经过去，但我们永远可以计划未来的路途，特别在退休之后。我怀着过去得到的自信，迎接退休生活里的朝阳，一切都安排妥当，不冒不必要的险，一如以往。

我的退休计划是少一点点工作，多一点点玩乐，比以前更加享受生活。只有工作没有娱乐，这个人肯定无趣；只有娱乐没有工作，这个退休者肯定让自己、别人都厌烦。

我的退休计划如下：捐钱，捐大量的钱给各种真正能改善世界的机构；散布我的人生智慧和技巧给那些愿意倾听、愿意阅读的人；计划各种冒险事业，为我和跟随我的人带来新的名声、财富或乐趣。

我同时担任甘奈特基金会的主席，每年负责分配2500万美元以上的经费，资助全美各种优良教育、慈善等非营利组织。

只要你的计划值得赞助，我确保基金会将认真考虑拨款。

至于那些善于诈骗的家伙，如果你想唬我，当心成为我下一本书里的混小子。记着，同样是混小子，你可逃不出我的眼睛。

乐意洒钱是我的另一面。

我作甘奈特首席执行官的目标是尽心尽力，建立全美最大的报业公司，建立属于美国的报纸，以及为公司和我自己赚进大把金钱。但是光有钱，没有原则、没有目的，根本毫无意义。我终其一生的目标都在为读者创立更好的报纸，给别人更多的机会；而我现在甘奈特基金会的目标则是成为给钱的专家。

我打算尽心尽力去看看是不是真的施比受更有福。

树屋新闻

我不在俯瞰华盛顿的甘奈特基金会办公室时，大部分时间都在佛罗里达州棕榈滩，我的树屋里，和我的1926年皇家打字机在一起，或者带着我的老式手提打字机在美国或全世界各地出差。

我是个幸运的记者。只要我的头脑和手指还没罢工，我就可以继续打出报道来，而且我还有每个记者梦寐以求的工作：自己选定报道对象。

我每周的专栏“实话实话”会出现在《今日美国报》和甘奈特其他的报纸上。总共有2200万读者，可是我坚持一对一方式的日常对话风格。

一旦有某些形式的鼓励，我可能还会再写一本书。对我而言，你，读者，就是我最大的鼓励。我写作是为了读者，或是《今日美国报》，可不是为了出版商、报纸编辑或评论家。

最后，对于从头到尾看完我的自白书的读者，我要致上我的谢意和敬意。

在此，诚挚地邀请你加入我的混小子行列，以下是关键方法：

混小子十大成功秘诀：

* 你如何待人，别人就如何待你。
* 如果有人觊觎你的东西，看紧它。
* 如果别人有你觊觎的东西，夺过来。
* 尽可能和善，必要时才卑鄙。
* 珍惜你的家庭和根源，但绝不回头。
* 勇于探索生命中的大道和小径。
* 想大的：大梦、大冒险、大回报。
* 往上爬，在高处别得意忘形。
* 急流勇退，到达高峰时及时下台鞠躬。
* 生命是一场游戏。要赢，也要享受。

北京科文剑桥图书有限公司

为你特别提供邮购服务

1. **邮费** 单次邮购金额低于人民币 30.00 元者恕不接受，单次邮购金额低于人民币 60.00 元，请附加相当于书款 15% 的邮费，单次邮购金额超过 60.00 元（含 60 元），免收邮费。
2. **缺书** 在收到你寄出订单后的三个星期左右，你就能收到你想要的书，如果你所订的书籍暂时缺货，我们会马上通知你这一消息，并尽快争取把书发送给你。
3. **退书** 如果你发现收到的图书有质量问题，我们将免费为你退换。请你在十天之内，将图书和发票一起寄回本公司读者服务部。我们一旦收到你的退书，将马上为你退换。
4. **邮购地址** 北京市海淀区白石桥路 39 号北京图书馆 K 栋一层（100081）
   北京科文剑桥图书有限公司读者服务部
5. **服务热线** 010－68415566 转 5504/5505/5509/5511

书 名	原 作 者	定 价	备 注
科文西方工商管理（MBA）经典文库（实战名著系列）（共 19 册）			
塑造企业形象 101 法	（英）福斯特	15.00	
口碑营销妙用 101 法	（美）古德弗瑞·哈瑞斯	15.00	
树立干练的专业形象 101 法	（英）埃勒瑞·萨迪森	15.00	
获得更好商机 101 法	泰姆茨·R·V·福斯特	15.00	
增加顾客满意度 101 法	泰姆茨·R·V·福斯特	15.00	
秘书如何与老板共事	伊丽沙白·克罗克	15.00	
老板如何与秘书共事	德贝拉·阿洛克	15.00	
成功的职业经理手册	奈杰尔·李纳克尔	19.00	
24 小时经营计划	罗恩·约翰逊	26.00	
谈判要点	（英）盖温·肯尼迪	29.00	
企业管理表格手册	（美）艾恩·迈特兰特	90.00	
低费用的市场营销	（美）罗斯·杰伊	26.00	
产品经理手册	林达·葛彻尔斯	45.00	
成为更出色的经理	麦克·阿姆斯约	29.00	
服务业国际标准手册	美国 Gower 公司提供	45.00	
优异顾客服务技巧	（英）伊安·林顿	26.00	
赊销管理手册	巴特·爱德华	45.00	

书　　名	原 作 者	定　价	备　注
作出高影响力的商业报告	弗吉尼亚·约翰逊	26.00	
美国市场协会顾客满意手册	美国市场协会	45.00	
科文西方工商管理(MBA)经典文库(创新企业家系列)			
世界最大房地产商的兴衰—不倒神话的破灭	沃德·斯蒂旺德	20.00	
体育产业的霸王—耐克的广告营销	唐纳尔·卡茨	24.00	
我愿全世界都买可口可乐	戴维·格雷辛	36.00	
整合未来	艾尔·努哈斯	26.00	
重组与利润	艾伦·沃德	26.00	
收购与接管	萨姆·沃拉德	36.00	
汉堡王—缔造速食王国	吉姆·麦克拉摩	26.00	
克里斯汀·迪奥—让世界焕然一新的人	马里·弗南斯·波茨纳	19.00	
圣罗兰传	爱丽丝·罗斯索恩	24.00	
我就是好莱坞—影视巨子巴里迪勒的娱乐产业概念	乔治·梅尔	19.80	
信息就是信息—布隆博格自述	马修·温克勒	15.00	
兼并经典—震惊华尔街的投资策略	盖尔·迪乔治	36.00	
笑傲股市	威廉·J·奥尼尔	19.00	
3000等于1—“诺氏”连锁销售经典	罗伯特·斯佩克特	15.00	
科文西方工商管理(MBA)经典文库(权威教材系列)			
财务管理分析	罗伯特·希金斯	38.00(平)	
		58.00(精)	
投资学(上、下)	汉姆·列维	98.00(平)	
		118.00(精)	
金融案例(上、下)	(美)卡斯特	98.00(平)	
		118.00(精)	
管理会计学(上、下)	冬·R·汉森、马亚尼	128.00(平)	
		148.00(精)	
市场营销管理—课文和案例(上、下)	库茨、杜兰	98.00(平)	
		128.00(精)	
产品管理	唐纳德·R·列曼	58.00(平)	
		78.00(精)	
科文全国经销—台湾赚钱之神丛书(大陆首版)			
邱永汉—理财秘诀	邱永汉	10.80	
邱永汉—赚钱自传	邱永汉	12.80	
邱永汉—谈创业之道	邱永汉	14.80	
邱永汉—谈赚钱秘诀	邱永汉	12.80	
邱永汉—股票入门	邱永汉	12.80	
科文健康文库(癌知识系列)			
最新治癌全书—癌的早期发现与治疗	小川一诚等	38.00	
征服癌基因—人类与癌的最后一战	黑木登志夫	9.00	
人为什么得癌—远离癌症的忠告	黑木登志夫	15.50	
得了癌怎么办—患者及家属必读	陈欣、周正	9.00	
科文医学文库(医学专业手册)			
血液学手册	威廉·威廉姆斯	45.00	
哈里特兰儿科手册	麦克·A·勃伦	45.00	
心脏外科手册	威廉·A·勃姆格特纳	45.00	

书名	原作者	定价	备注
临床专业问答要旨	埃尔顿·H·哈顿	28.00	
科文健康文库(糖尿病系列译丛)			
202个小窍门—糖尿病患者最想知道的	美国糖尿病协会	15.00	
糖尿病速查手册	美国糖尿病协会	15.00	
女性与糖尿病	劳琳达·M·波莱尔	15.00	
糖尿病权威指南	美国糖尿病协会	29.00	
科文健康文库(家庭养育良策丛书)			
0~18个月的婴儿游戏—如何开发幼儿的智力潜能	松原达哉	15.00	
0~5岁孩子智力激发方法—如何培养一个聪明孩子	乔·弗雷曼	15.00	
6~13岁孩子的教养良策—如何辨识孩子的天赋与才能	雷理尼·瑞恩和芮秋·瑞曼	9.00	
婴幼儿喂养百事通	邹春、杨紫霞	15.00	
婴幼儿疾病家庭防治百事通	邹春、杨紫霞	15.00	
科文健康文库(美国医生对患者的建议)			
家庭医疗百科	尼尔·保罗	120.00	
高血压	兰德·M·朱斯曼	9.00	
抑郁症	考尼.S.贝恩	15.00	
结肠直肠癌	诺曼·桑	9.00	
心脏病	威廉·乔	9.00	
消化性疾病	爱伦·普里斯曼	15.00	
哮喘病、过敏反应和食物敏感症	萨伯特·古德曼	15.00	
老年生活的软着陆	日本东京都老年综合研究所	7.00	
中老年健康与饮食	日本东京都老年综合研究所	7.00	
怎样才能健康长寿	日本东京都老年综合研究所	7.00	
老年性痴呆	日本东京都老年综合研究所	7.00	
痴呆患者的看护	日本东京都老年综合研究所	7.00	
中老年人血压变化	日本东京都老年综合研究所	7.00	
中老年骨质疏松	日本东京都老年综合研究所	7.00	
中老年糖尿病	日本东京都老年综合研究所	7.00	
失禁的原因与对策	日本东京都老年综合研究所	6.50	
健康的生活与运动	日本东京都老年综合研究所	6.50	
中老年人脑的变化	日本东京都老年综合研究所	6.50	
中老年白内障	日本东京都老年综合研究所	6.50	
中老年肿瘤	日本东京都老年综合研究所	6.50	
中老年免疫力的变化	日本东京都老年综合研究所	6.50	
中老年牙齿与健康	日本东京都老年综合研究所	6.50	
中老年人怎样用药	日本东京都老年综合研究所	6.50	
萨特小说《自由之路》(共3册)			
不惑之年·自由之路第一部	让·保尔·萨特	28.00(平) 38.00(精)	
缓期执行·自由之路第二部	让·保尔·萨特	28.00(平) 38.00(精)	
痛心疾首·自由之路第三部	让·保尔·萨特	28.00(平) 38.00(精)